좋은
속담과 고사
성어

저자
하태완

속담과 고사성어를 정리하며

우리 일상생활에서 많이 인용하는 속담은 대부분이 짧은 문장이지만 그 속에는 깊은 의미와 우리 조상들의 지혜가 담겨 있고, 그 전통이 지금까지 전해 내려와 여러 상황에서 유용하게 사용되고 있다. 그래서 우리 생활에서 자주 쓰는 속담과 그에 관한 한자어를 익힐 수 있도록 함으로써 다양한 언어 실력과 한자를 익히도록 하였다.

또한, 고사성어는 옛이야기에서 유래되어 생긴 말로 비유적인 많은 내용을 함축하고 있다. 그래서 고사성어 속에는 교훈이나 신화, 전설, 역사, 문학작품 등 다양한 내용이 포함되어 있어서 우리 언어생활에서 표현을 더욱 풍부하게 한다.

우리나라는 한자 문화권에 속하기 때문에 한자어로 된 낱말을 즐겨 사용하고 있으며 옛적부터 사람들이 속담이나 고사성어를 선호하여 일상생활에서 많이 애용하고 있다.

오늘날 젊은이들이 뜻을 전할 때에 글자 수를 줄여 말하거나 표현하는 방법을 즐겨 사용하고 있어서 그들의 말뜻을 이해하는데 노장년층들은 상당히 어려움을 겪고 있는데 따지고 보면 이러한 현상은 넓게 보면 고사성어에서 본받은 것이라는 생각이 든다.

저자는 독자들이 하나의 속담과 고사성어를 익히면서 한자를 배우고 익히는 것은 물론이고, 고사성어와 의미가 같은 말, 비슷한 말, 반대말까지도 익힐 수 있도록 이 책에 함께 표기함으로써 더욱더 표현력을 넓힐 수 있게 고려하였다.

　기존의 속담 관련 서적들은 단순히 속담의 뜻만 밝혀왔는데 본 서적은 한자로 표기할 수 있고 일상생활에서 많이 사용하는 속담을 소개하였으며, 고사성어도 이와 관련된 동의어(同義語), 유의어(類義語), 반대어(反對語)까지도 폭넓게 익혀서 언어생활을 더욱더 풍부하게 할 수 있도록 해야 한다는 목표를 가지고 집필하게 되었다.

　날로 문화가 발전하고 지식이 폭발적으로 늘어나면서 앞으로는 더욱더 하나의 낱말에 함축되어있는 의미는 늘어날 것이며, 속담이나 고사성어를 사용하는 횟수도 점점 많아질 것으로 예상된다.

　끝으로 각종 시험을 준비하는 사람들이나 학교에서 공부하는 학생들이 속담이나 그리고 고사성어를 폭넓게 익혀서 더욱더 보람된 일상생활을 이어가는데 이 서적이 많은 도움이 되기를 기원한다.

　그리고 본 서적이 발간되도록 많은 조언을 해준 동료 전직 교장 선생님들과 출판사 관계자 여러분께 깊은 감사의 말씀을 전한다.

2024년 4월

심천 하태완

차례

Ⅰ. 속담과 한자어

ㄱ

ㄴ

20. 낮말은 새가 듣고 밤말은 쥐가 듣는다. 畫語雀聽夜語鼠聽(주어작청야어서청)

21. 내가 부를 노래를 사돈이 부른다. 我歌査唱(아가사창)

22. 내 칼도 남의 칼집에 들면 찾기 어렵다. 我刀入他鞘亦難(아도입타초역난)

23. 내 코가 석 자. 吾鼻三尺(오비삼척)

24. 노루를 피하려다 호랑이를 만난다. 避獐逢虎(피장봉호)

25. 늙은 말이 콩마다 하랴. 老馬厭太乎(노마염태호)

ㄷ

26. 달걀에도 뼈가 있다. 鷄卵有骨(계란유골)

27. 달면 삼키고 쓰면 뱉는다. 甘吞苦吐(감탄고토)

28. 달아나는 노루 보다가 잡은 토끼 놓친다. 見奔獐放獲兔(견분장방획토)

29. 닭 쫓던 개 지붕(울타리) 쳐다본다. 逐鷄望籬(축계망리)

30. 대나무(장대) 끝에서 삼 년을 지낸다. 竿頭過三年(간두과삼년)

31. 대청을 빌려 쓰다 점점 안방까지 들어간다. 借廳借閨(차청차규)

32. 등잔 밑이 어둡다. 燈下不明(등하불명)

ㅁ

33. 먼 곳 친족은 가까운 이웃만 못하다. 遠族近隣(원족근린)

34. 모로 가도 서울만 가면 된다. 橫步行好去京(횡보행호거경)

35. 목마른 사람이 우물 판다. 渴而穿井(갈이천정)

36. 무턱대고 쏜 화살이 과녁에 맞았다. 射空中鵠(사공중곡)

37. 물고기 한 마리가 온 냇물을 흐려 놓는다. 一箇魚渾全川(일개어혼전천)

38. 물속 깊이는 알아도 사람 마음속은 모른다. 測水深昧人心(측수심매인심)

39. 믿는 도끼에 발등 찍힌다. 知斧斫足(지부작족)

ㅂ

40. 바늘 도둑이 소도둑 된다. 針賊大牛賊(침적대우적)

41. 법은 멀고 주먹은 가깝다. 法遠拳近(법원권근)

42. 병이 없는 데 스스로 뜸을 뜬다. 無病自灸(무병자구)

43. 부부 싸움은 칼로 물 베기. 夫婦戰刀割水(부부전도할수) ·············· 25

44. 비록 말똥에 굴러도 이승이 낫다. 雖臥馬糞此生可願(수와마분차생가원)

45. 사돈의 팔촌. 查頓八寸(사돈팔촌)

46. 새벽달 보자고 초저녁부터 나와 앉아 있으랴. 看晨月坐自夕(간신월좌자석)

47. 서당 개가 풍월을 읊는다. 堂狗風月(당구풍월)

48. 선무당이 사람 잡는다. 生巫殺人(생무살인)

49. 세 살 버릇 여든까지 간다. 三歲之習至于八十(삼세지습지우팔십)

50. 썩은 새끼줄로 범을 잡는다. 藁網捉虎(고망착호)

51. 소경(맹인)이 단청을 구경한다. 盲玩丹靑(맹완단청)

52. 수박 껍질(겉) 핥기. 西瓜皮舐(서과피지)

53. 수염(나룻)이 석 자라도 먹어야 양반이다. 三尺髥食令監(삼척염식영감) · 26

54. 신을 신고 발바닥을 긁는다. 隔靴搔癢(격화소양)

55. 아는 게 병이다. 識者憂患(식자우환)

56. 앞 수레가 엎어지는 것을 보고 뒷 수레는 미리 경계한다. 覆車之戒(복거지계)

57. 양 잃고 우리 고친다. 亡羊補牢(망양보뢰)

58. 어 다르고 아 다르다. 於異阿異(어이아이)

59. 언 발에 오줌 누기. 凍足放尿(동족방뇨)

60. 열 번 찍어 안 넘어가는 나무 없다. 伐樹十斫無蹶(벌수십작무궐)

61. 오랜 가뭄 끝에 내리는 단비. 久旱甘雨(구한감우)

62. 외손뼉(한 손바닥)으로는 울리지 않는다. 獨掌不鳴(독장불명)

63. 우물 안의 개구리. 井中之蛙(정중지와)

64. 원수는 외나무다리에서 만난다. 獨木橋冤家遭(독목교원가조) ········· 27

65. 윗물이 맑아야 아랫물도 맑다. 上濁下不淨(상탁하부정)

66. 으르렁대는 호랑이가 개펄에 빠진다. 咆虎陷浦(포호함포)

67. 이가 없으면 잇몸으로 산다. 齒亡脣亦支(치망순역지)

68. 이불의 길이를 헤아려 다리 뻗는다. 量衾伸足(양금신족)

ㅊ

69. 촌닭 관청에 잡아다 놓은 것 같다. 村鷄官廳(촌계관청)

70. 친구 따라 강남 간다. 追友江南(추우강남)

ㅌ

71. 티끌 모아 태산. 塵合泰山(진합태산)

ㅍ

72. 팔은 안으로 굽지 밖으로 굽지 않는다. 臂不外曲(비불외곡)

ㅎ

73. 한번 잡은 호랑이의 꼬리는 놓기가 어렵다. 虎尾難放(호미난방)

74. 호랑이도 제 말을 하면 온다. 談虎虎至(담호호지)

Ⅱ. 고사성어

ㄱ

ㄴ

ㄷ

ㅅ

ㅇ

ㅎ

제자백가(諸子百家)

제자(諸子)라는 말은 여러 학자라는 의미이고, 백가(百家)는 수많은 학파를 뜻한다.

1. 공자(孔子 BC 551.~BC 479. 73세, 노나라)

공자(孔子)는 존칭이며 본명은 공구(孔邱)이고 자는 중니(仲尼)이다. 그는 유가(儒家)의 시조이며 저서를 남기지 않았다. 그의 저서로 알려진 논어(論語)는 제자들이 스승인 공자의 언행을 기록한 언행록이다.

2. 맹자(孟子 BC 372.~BC 289. 84세, 노나라)

맹자(孟子)는 존칭이며 본명은 맹가(孟軻)이고 자는 자여(子輿)이다. 그는 아버지를 일찍 여의고 교육에 관심이 지극한 어머니 슬하에서 자랐다.

맹자의 어머니가 아들의 교육을 위해 세 번이나 이사했다는 데에서 맹모삼천(孟母三遷)이라는 말이 생겼다. 대표이론은 성선설(性善說)이며 저서로는 맹자가 있다.

3. 순자(荀子 BC 298. ~ BC 238. 61세, 조나라)

순자(荀子)는 존칭이며 본명은 순황(荀況)이고 자는 순경(荀卿) 또는 손경(孫卿)이다.

그는 맹자의 성선설을 비판하여 성악설(性惡說)을 주장했으며, 예를 강조하는 유학 사상을 발달시켰다. 저서로는 순자가 있다.

4. 노자(老子 BC 5~6세기. 초나라 허난성)

노자(老子)는 존칭이며 본명은 이이(李耳)이고 자는 노담(老聃)이다. 도가(道家)의 창시자로 저서로는 도덕경(道德經)이 있다.

5. 장자(莊子 BC 370경~BC 285경. 전국시대 송나라)

장자(莊子)는 존칭이며 본명은 장주(莊周)이다. 그는 노자의 뒤를 이어 노자(老子) 사상을 계승, 발전시켰으며 도가의 대표적인 인물이다.

저서로는 장자가 있는데 내편, 외편, 잡편으로 나뉘는데, 장자가 내편을 썼고, 제자와 같은 계열의 철학자들이 외편과 잡편을 썼다고 한다.

6. 한비자(韓非子 BC 280.~BC 233. 48세, 한나라)

한비자(韓非子)는 존칭이며 본명은 한비(韓非)이다. 전국시대 말기 한(韓)나라 왕족 출신이다. 법치주의를 주장했으며 법가를 집대성한 철학자로 알려져 있다. 한비의 우선순위가 낮기 때문에 이름 전체를 넣어서 한비자라고 부르게 된 것이다. 저서로는 한비자가 있다.

일러두기

이 책에서는 독자들의 이해를 돕기 위하여 다음과 같이 표기하였다.

① 고사성어 의미는 최대한 한자말에 맞게 1차 풀이를 한 후에, 2차 속뜻 풀이를 하여 의미를 독자들이 정확히 인식하도록 하였다.

② 고사성어와 의미가 같은 말은 동의어, 비슷한 말은 유의어, 반대말은 반의어로 표기하였고 목차에는 줄여서 동, 유, 반으로 표기하였다.

③ 최대한 출전이나 전해오는 고사성어를 밝히려고 노력하였으며, 고사성어가 아닌 경우는 일상생활에서 많이 활용하는 성어(成語)를 기술하였다.

④ 출전이 여러 곳인 경우는 모두 밝히려고 노력했으며, 유래는 그중에서 많이 인용하는 것을 등재(登載)하였다.

I 속담과 한자어

순	속 담	한자어
1	**가는 말이 고와야 오는 말이 곱다.** 뜻: 내가 남에게 좋게 대해야 남도 나에게 좋게 대한다.	**去言美來言美(거언미래언미)** 去 갈 거, 言 말씀 언, 美 아름다울 미, 來 올 래(내)
2	**간에 붙었다 쓸개에 붙었다 한다.** 뜻: 자기에게 잇속이 있는 데 따라서 이 편에 붙었다 저 편에 붙었다 한다.	**附肝附念通(부간부염통)** 附 붙을 부, 肝 간 간, 念 생각할 염(념), 通 통할 통
3	**감나무 아래에 입 벌리고 누워있다.** (감나무 밑에 누워 감 떨어지기 기다린다) 뜻: 아무런 노력도 하지 않고 좋은 결과만을 바라지 말아야 한다.	**柿樹下開口臥(시수하개구와)** 柿 감나무 시, 樹 나무 수, 下 아래 하, 開 열 개, 口 입 구, 臥 누울 와
4	**같은 값이면 다홍치마.** 뜻: 같은 조건이면 더 좋은 것을 선택한다.	**同價紅裳(동가홍상)** 同 한가지 동, 價 값 가, 紅 붉을 홍, 裳 치마 상
5	**까마귀 날자 배 떨어진다.** 뜻: 상관없는 일이 동시에 일어나 억울하게 의심을 받거나 난처하게 된다.	**烏飛梨落(오비이락)** 烏 까마귀 오, 飛 날 비, 梨 배나무 이(리), 落 떨어질 락
6	**개 약과 먹듯이 한다.** 뜻: 개가 약과를 넣고 바로 삼켜 맛을 모르듯이 남의 말을 듣고도 뜻을 모르거나 뜻을 모르면서 글을 보는 것과 같다.	**如狗食藥果(여구식약과)** 如 같을 여, 狗 개 구, 食 밥 식, 藥 약 약, 果 실과 과
7	**개 꼬리 삼년 묵어도 황모 못 된다.** 뜻: 사람의 품성과 버릇은 세월이 꽤 흘러도 좋아지지 않는다.	**三年狗尾不爲黃毛** **(삼년구미불위황모)** 三 석 삼, 年 해 년, 狗 개 구, 尾 꼬리 미, 不 아니 불, 爲 할 위, 黃 누를 황, 毛 털 모
8	**개밥에 도토리.** 뜻: 한데 어울리지 못하고 따돌림을 당하거나 외톨이가 되는 것.	**狗飯橡實(구반상실)** 狗 개 구, 飯 밥 반, 橡 상수리나무 상, 實 열매 실
9	**개천에서 용 난다.** 뜻: 어려운 환경에서도 훌륭한 사람이 나올 수 있다.	**開川龍出乎(개천용출호)** 開 열 개, 川 내 천, 龍 용 용, 出 날 출, 乎 어조사 호
10	**거지가 하늘을 불쌍히 여긴다.** 뜻: 불행한 처지에 놓여 있는 사람이 부질없이 행복한 사람을 동정한다.	**乞人憐天(걸인연천)** 乞 빌 걸, 人 사람 인, 憐 불쌍히 여길 연(련), 天 하늘 천

순	속 담	한자어
11	검은 개가 돼지를 쫓는다. 뜻: 겉모양이 비슷한 것끼리 서로 한 편이 된다.	黑狗逐彘(흑구축체) 黑 검을 흑, 狗 개 구, 逐 쫓을 축, 彘 돼지 체
12	고래 싸움에 새우가 죽는다. (고래 싸움에 새우 등 터진다) 뜻: 강자끼리 싸우는 틈에 끼여서 약자가 아무런 상관없이 화를 입는다.	鯨鬪鰕死(경투하사) 또는 鯨戰蝦死(경전하사) 鯨 고래 경, 鬪 싸움 투, 鰕 새우 하, 死 죽을 사, 戰 싸울 전
13	고무래를 보고도 정(丁)자를 모른다. 뜻: 글자를 전혀 모르는 사람이나 무식한 사람을 가리킨다.	目不識丁(목불식정) 目 눈 목, 不 아닐 불(부), 識 알 식, 丁 고무래 정
14	고양이 목에 방울 달기. 뜻: 실행할 수 없는 것을 헛되이 논의한다.	猫項懸鈴(묘항현령) 猫 고양이 묘, 項 목 항, 懸 매달 현, 鈴 방울 령(영)
15	꼬리가 길면 밟힌다. 뜻: 나쁜 짓을 계속하면 당장은 드러나지 않더라도 결국 들키고 만다.	尾長則踏(미장즉답) 尾 꼬리 미, 長 길 장, 則 곧 즉, 踏 밟을 답
16	공든 탑이 무너지랴. 뜻: 공을 들여 정성껏 이루어 놓은 일은 쉽게 깨뜨려지지 않으며 그 결과가 헛되지 않는다.	積功之塔不隳(적공지탑불휴) 積 쌓을 적, 功 공 공, 之 갈 지, 塔 탑 탑, 不 아니 불, 隳 무너뜨릴 휴
17	구슬이 열 말이라도 꿰어야 보배다. 뜻: 아무리 좋은 물건이라도 쓸모 있게 만들어야 가치가 있다.	眞珠十斗貫乃成寶 (진주십두관내성보) 眞 참 진, 珠 구슬 주, 十 열 십, 斗 말 두, 貫 꿸 관, 乃 이에 내, 成 이룰 성, 寶 보배 보
18	귀에 걸면 귀걸이 코에 걸면 코걸이. 뜻: 정해 놓지 않고 둘러대기에 따라 이렇게도 되고 저렇게도 된다.	耳懸鈴鼻懸鈴(이현령비현령) 耳 귀 이, 懸 매달 현, 鈴 방울 령(영), 鼻 코 비
19	남의 잔치에 배 놔라 감 놔라 한다. 뜻: 남의 일에 공연히 쓸데없는 참견을 한다.	他人之宴曰梨曰柿 (타인지연왈리왈시) 他 다를 타, 人 사람 인, 之 갈 지, 宴 잔치 연, 曰 아뢸 왈, 梨 배 리, 柿 감 시
20	낮말은 새가 듣고 밤말은 쥐가 듣는다. 뜻: 말은 언제나 새어 나가게 마련이므로 항상 말은 조심해야 한다.	晝語雀聽夜語鼠聽(주어작청야어서청) 晝 낮 주, 語 말씀 어, 雀 참새 작, 聽 들을 청, 夜 밤 야, 鼠 쥐 서

순	속 담	한자어
21	**내가 부를 노래를 사돈이 부른다.** 뜻: 비난을 받아야 할 사람이 도리어 큰소리를 친다.	**我歌査唱(아가사창)** 我 나 아, 歌 노래 가, 査 사돈 사(조사할 사), 唱 부를 창
22	**내 칼도 남의 칼집에 들면 찾기 어렵다.** 뜻: 자기 물건이라도 남의 수중에 들어가면 마음대로 할 수 없다.	**我刀入他鞘亦難(아도입타초역난)** 我 나 아, 刀 칼 도, 入 들 입, 他 다를 타, 鞘 칼집 초, 亦 또 역, 難 어려울 난
23	**내 코가 석 자.** 뜻: 자기 사정이 급하여 남을 돌볼 겨를이 없다.	**吾鼻三尺(오비삼척)** 吾 나 오, 鼻 코 비, 三 석 삼, 尺 자 척
24	**노루를 피하려다 호랑이를 만난다.** 뜻: 작은 재앙을 피하려다가 도리어 큰 화를 당한다.	**避獐逢虎(피장봉호)** 避 피할 피, 獐 노루 장, 逢 만날 봉, 虎 범 호
25	**늙은 말이 콩마다 하랴.** 뜻: 본능적인 욕망은 늙는다고 없어지는 것이 아니다.	**老馬厭太乎(노마염태호) 또는** **老馬不辭豆(노마불사두)** 老 늙을 노(로), 馬 말 마, 厭 싫어할 염, 太 클 태, 乎 온 호, 不 아닐 불, 辭 말 사, 豆 콩 두
26	**달걀에도 뼈가 있다.** 뜻: 운수가 나쁜 사람은 모처럼 좋은 기회를 만나도 일이 잘 안 풀린다.	**鷄卵有骨(계란유골)** 鷄 닭 계, 卵 알 란, 有 있을 유, 骨 뼈 골
27	**달면 삼키고 쓰면 뱉는다.** 뜻: 자신에게 이익이 될 때는 가까이하고 불리할 때는 모르는 척한다.	**甘呑苦吐(감탄고토)** 甘 달 감, 呑 삼킬 탄, 苦 쓸 고, 吐 토할 토
28	**달아나는 노루 보다가 잡은 토끼 놓친다.** 뜻: 큰 것에 욕심을 내다가 도리어 자기가 가진 것마저 잃는다.	**見奔獐放獲兎(견분장방획토)** 見 볼 견, 奔 달릴 분, 獐 노루 장, 放 놓을 방, 獲 얻을 획, 兎 토끼 토
29	**닭 쫓던 개 지붕(울타리) 쳐다본다.** 뜻: 애써 하던 일이 실패로 돌아가거나 남보다 뒤떨어져 맥이 빠진다.	**逐鷄望籬(축계망리)** 逐 쫓을 축, 鷄 닭 계, 望 바랄 망, 籬 울타리 리
30	**대나무(장대) 끝에서 삼 년을 지낸다.** 뜻: 끈기 있게 목표를 향해 괴로움을 오랫동안 참고 지낸다.	**竿頭過三年(간두과삼년)** 竿 장대 간, 頭 머리 두, 過 지날 과, 三 석 삼, 年 해 년
31	**대청을 빌려 쓰다 점점 안방까지 들어간다.** 뜻: 처음에는 남에게 의지하다가 점차 그의 권리까지 침범한다.	**借廳借閨(차청차규)** 借 빌 차, 廳 관청 청, 閨 안방 규(도장방 규)

순	속 담	한자어
32	등잔 밑이 어둡다. 뜻: 가까이에 있는 물건이나 사람을 잘 찾지 못한다.	**燈下不明(등하불명)** 燈 등불 등, 下 아래 하, 不 아니 불(부), 明 밝을 명
33	먼 곳 친족은 가까운 이웃만 못하다. 뜻: 가까이 있는 사람이 더 소중하므로 이웃을 귀하게 여겨야 한다.	**遠族近隣(원족근린)** 遠 멀 원, 族 겨레 족, 近 가까울 근, 隣 이웃 린
34	모로 가도 서울만 가면 된다. 뜻: 방법이야 어쨌든지 결과가 좋으면 된다.	**橫步行好去京(횡보행호거경)** 橫 가로 횡, 步 걸음 보, 行 갈 행, 好 좋을 호, 去 갈 거, 京 서울 경
35	목마른 사람이 우물 판다. 뜻: 어떤 일에 대해 절실히 필요한 사람이 그 일을 서둘러 시작하게 된다.	**渴而穿井(갈이천정) 또는 臨渴掘井(임갈굴정)** 渴 목마를 갈, 而 말 이을 이, 穿 뚫을 천, 井 우물 정, 臨 임할 임, 掘 팔 굴
36	무턱대고 쏜 화살이 과녁에 맞았다. 뜻: 멋모르고 한 일이 우연히 들어맞아 성공하였다.	**射空中鵠(사공중곡)** 射 궁술 사, 空 빌 공, 中 가운데 중, 鵠 고니 곡
37	물고기 한 마리가 온 냇물을 흐려 놓는다. 뜻: 한 사람의 잘못으로 여러 사람이 피해를 입게 된다.	**一箇魚渾全川(일개어혼전천)** 一 한 일, 箇 낱 개, 魚 고기 어, 渾 흐릴 혼, 全 온전 전, 川 내 천
38	물속 깊이는 알아도 사람 마음속은 모른다. 뜻: 사람의 마음은 헤아리기가 어렵다.	**測水深昧人心(측수심매인심)** 測 잴 측, 水 물 수, 深 깊을 심, 昧 어두울 매, 人 사람 인, 心 마음 심
39	믿는 도끼에 발등 찍힌다. 뜻: 믿는 사람에게서 배신을 당한다.	**知斧斫足(지부작족)** 知 알 지, 斧 도끼 부, 斫 벨 작, 足 발 족
40	바늘 도둑이 소 도둑 된다. 뜻: 작은 잘못도 자꾸 하게 되면 더 큰 잘못을 저지르게 된다.	**針賊大牛賊(침적대우적)** 針 바늘 침, 賊 도둑 적, 大 큰 대, 牛 소 우
41	법은 멀고 주먹은 가깝다. 뜻: 일이 급박할 때는 이성보다 완력에 호소하기 쉽다.	**法遠拳近(법원권근)** 法 법 법, 遠 멀 원, 拳 주먹 권, 近 가까울 근
42	병이 없는 데 스스로 뜸을 뜬다. 뜻: 쓸데없이 불필요하게 노력한다.	**無病自灸(무병자구)** 無 없을 무, 病 병 병, 自 스스로 자, 灸 뜸 구

순	속 담	한자어
43	부부 싸움은 칼로 물 베기. 뜻: 부부간에 싸움은 심각하게 싸우더라도 쉽게 화해하고 사이좋게 지낸다.	**夫婦戰刀割水(부부전도할수)** 夫 지아비 부, 婦 며느리 부, 戰 싸움 전, 刀 칼 도, 割 나눌 할, 水 물 수
44	비록 말똥에 굴러도 이승이 낫다. 뜻: 아무리 고생스럽고 가난하게 살더라도 죽는 것보다 사는 것이 낫다.	**雖臥馬糞此生可願 (수와마분 차생가원)** 雖 비록 수, 臥 누울 와, 馬 말 마, 糞 똥 분, 此 이 차, 生 날 생, 可 옳을 가, 願 원할 원
45	사돈의 팔촌. 뜻: 소원한 친척으로 남이나 다를 바 없다.	**查頓八寸(사돈팔촌)** 查 조사할 사, 頓 조아릴 돈 八 여덟 팔, 寸 마디 촌
46	새벽달 보자고 초저녁부터 나와 앉아 있으랴. 뜻: 주책없이 너무 일찍부터 서두른다.	**看晨月坐自夕(간신월좌자석)** 看 볼 간, 晨 새벽 신, 月 달 월, 坐 앉을 좌, 自 스스로 자, 夕 저녁 석
47	서당 개가 풍월을 읊는다. 뜻: 그 분야에 경험과 지식이 전혀 없는 사람도 오래 있으면 얼마간의 경험과 지식을 가지게 된다.	**堂狗風月(당구풍월)** 堂 집 당, 狗 개 구, 風 바람 풍, 月 달 월
48	선무당이 사람 잡는다. 뜻: 미숙한 사람이 일을 그르친다.	**生巫殺人(생무살인)** 生 날 생, 巫 무당 무, 殺 죽일 살, 人 사람 인
49	세 살 버릇 여든까지 간다. 뜻: 어린 시절에 배운 습관은 어른이 되어서도 계속 이어진다.	**三歲之習至于八十 (삼세지습지우팔십)** 三 석 삼, 歲 해 세, 之 어조사 지, 習 익힐 습, 至 이를 지, 于 어조사 우, 八 여덟 팔, 十 열 십
50	썩은 새끼줄로 범을 잡는다. 뜻: 서투른 솜씨로 큰일을 하려는 것은 어리석다.	**藁網捉虎(고망착호)** 藁 짚 고, 網 그물 망, 捉 잡을 착, 虎 범 호
51	소경(맹인)이 단청을 구경한다. 뜻: 멋모르고 구경함을 비유하거나 사물을 보아도 사리를 분별하지 못한다.	**盲玩丹靑(맹완단청)** 盲 소경 맹, 玩 희롱할 완 丹 붉을 단, 靑 푸를 청
52	수박 껍질(겉) 핥기. 뜻: 사물의 속 내용은 모르고 겉만 건드린다.	**西瓜皮舐(서과피지)** 西 서녘 서, 瓜 오이 과, 皮 가죽 피, 舐 핥을 지

순	속 담	한자어
53	**수염(나룻)이 석 자라도 먹어야 양반이다.** 뜻: 아무리 점잖은 사람이라도 배가 불러야만 체면도 살릴 수 있다.	**三尺髥食令監(삼척염식영감)** 三 석 삼, 尺 자 척, 髥 구레나룻 염, 食 밥 식, 令 영 영, 監 볼 감
54	**신을 신고 발바닥을 긁는다.** 뜻: 일을 하느라고 애를 쓰지만 효과를 얻지 못해 안타깝다.	**隔靴搔癢(격화소양)** 隔 사이 뜰 격, 靴 가죽신 화, 搔 긁을 소, 癢 가려울 양
55	**아는 게 병이다.** 뜻: 똑바로 잘 알지 못하기 때문에 아는 것이 오히려 근심이 된다.	**識者憂患(식자우환)** 識 알 식, 者 놈 자, 憂 근심할 우, 患 근심 환
56	**앞 수레가 엎어지는 것을 보고 뒷 수레는 미리 경계한다.** 뜻: 남의 실패를 거울삼아 자기를 조심하여 실패가 없도록 한다.	**覆車之戒(복거지계)** 覆 뒤집힐 복, 車 수레 거 之 갈지, 戒 경계할 계
57	**양 잃고 우리 고친다.** 뜻: 이미 어떤 일을 실패한 뒤에는 뉘우쳐도 아무 소용이 없다.	**亡羊補牢(망양보뢰)** 亡 잃을 망, 羊 양 양, 補 기울 보, 牢 우리 뢰
58	**어 다르고 아 다르다.** 뜻: 같은 말이라도 어떻게 표현하는가에 따라 상대가 받아들이는 기분이 다를 수 있다.	**於異阿異(어이아이)** 於 어조사 어, 異 다를 이, 阿 언덕 아
59	**언 발에 오줌 누기.** 뜻: 잠시동안 효력이 있을 뿐 곧 바로 사라져 더 나쁜 결과를 초래한다.	**凍足放尿(동족방뇨)** 凍 얼 동, 足 발 족, 放 놓을 방, 尿 오줌 뇨
60	**열 번 찍어 안 넘어가는 나무 없다.** 뜻: 아무리 심지가 굳은 사람이라도 여러 번 유인하면 결국 그 말을 믿고 따른다.	**伐樹十斫無蹶(벌수십작무궐)** 伐 칠 벌, 樹 나무 수, 十 열십, 斫 벨 작, 無 없을 무, 蹶 넘어질 궐
61	**오랜 가뭄 끝에 내리는 단비.** 뜻: 간절히 기다림 끝에 바라던 일이 이루어졌다.	**久旱甘雨(구한감우)** 久 오랠 구, 旱 가물 한, 甘 달 감, 雨 비 우
62	**외손뼉(한 손바닥)으로는 울리지 않는다.** 뜻: 혼자서는 일을 이루지 못한다. 또한, 맞서는 이가 없으면 싸움은 되지 않는다.	**獨掌不鳴(독장불명)** 獨 홀로 독, 掌 손바닥 장 不 아니 불, 鳴 울 명
63	**우물 안의 개구리.** 뜻: 제한된 환경과 지식 내에서만 세상을 바라보아 소견이 좁다.	**井中之蛙(정중지와)** 井 우물 정, 中 가운데 중, 之 어조사 지, 蛙 개구리 와

순	속 담	한자어
64	**원수는 외나무다리에서 만난다.** 뜻: 일이 나쁜 형태로 공교롭게 마주치게 된다.	**獨木橋冤家遭(독목교원가조)** 獨 홀로 독, 木 나무 목, 橋 다리 교, 冤 원통할 원, 家 집 가, 遭 만날 조
65	**윗물이 맑아야 아랫물도 맑다.** 뜻: 윗사람이 행실이 바르지 못하면 아랫사람도 행실이 바르지 못하다.	**上濁下不淨(상탁하부정)** 上 위 상, 濁 흐릴 탁, 下 아래 하, 不 아닐 부, 淨 깨끗할 정
66	**으르렁대는 호랑이가 개펄에 빠진다.** 뜻: 큰소리만 치고 일은 이루지 못한다.	**咆虎陷浦(포호함포)** 咆 으르렁거릴 포, 虎 범 호, 陷 빠질 함, 浦 개 포
67	**이가 없으면 잇몸으로 산다.** 뜻: 요긴한 것이 없어지면 다른 것으로 그 기능을 대신한다.	**齒亡脣亦支(치망순역지)** 齒 이 치, 亡 잃을 망, 脣 입술 순, 亦 또 역, 支 가를 지
68	**이불의 길이를 헤아려 다리 뻗는다.** 뜻: 어떤 일을 할 때 주어진 조건을 고려하면서 해야 한다.	**量衾伸足(양금신족)** 量 헤아릴양(량), 衾 이불 금, 伸 펼신, 足 발 족
69	**촌닭 관청에 잡아다 놓은 것 같다.** 뜻: 경험이 없는 일을 당하여 어리둥절한다.	**村鷄官廳(촌계관청)** 村 마을 촌, 鷄 닭 계, 官 벼슬 관, 廳 관청 청
70	**친구 따라 강남 간다.** 뜻: 자신의 의지와 상관없이 남에게 이끌려 덩달아 하게 된다.	**追友江南(추우강남)** 追 쫓을 추, 友 벗 우, 江 강 강, 南 남녁 남
71	**티끌 모아 태산.** 뜻: 작은 물건도 많이 모이면 나중에 크게 이루어진다.	**塵合泰山(진합태산)** 塵 티끌 진, 合 합할 합, 泰 클 태, 山 뫼 산
72	**팔은 안으로 굽지 밖으로 굽지 않는다.** 뜻: 가까운 관계에 있는 사람에게 인정이 쏠리거나 자기에게 이익되게 처리하는 것이 사람의 마음이다.	**臂不外曲(비불외곡)** 臂 팔 비, 不 아니 불(부) 外 바깥 외, 曲 굽을 곡
73	**한번 잡은 호랑이 꼬리는 놓기가 어렵다.** 뜻: 위험한 일에 손을 대어 그만두기도 어렵고 계속하기도 어렵다.	**虎尾難放(호미난방)** 虎 범 호, 尾 꼬리 미, 難 어려울 난, 放 놓을 방
74	**호랑이도 제 말을 하면 온다.** 뜻: 이야기에 오른 사람이 마침 그 자리에 나타난다.	**談虎虎至(담호호지)** 談 말씀 담, 虎 범 호, 至 이를 지

Ⅱ 고사성어

고사 성어	**1. 가담항설(街談巷說)**
한자	街 거리 가, 談 말씀 담, 巷 거리 항, 說 말씀 설
의미	길거리에서 떠도는 이야기나 일반 사람들 사이에 오가는 소문.
유의어	①**가담항의(街談巷議):** 길거리나 사람들 사이에 떠도는 이야기. ②**가설항담(街說巷談):** 거리나 항간에 떠도는 소문.
출전	반고의 한서(漢書) 문예지(藝文志)

유래	가담항설(街談巷說)이라는 말은 후한 초기 역사가 반고(班固)의 작품 한서 문예지에서 소설을 설명하면서 사용한 말이다.
	  '소설가는 패관(稗官)으로부터 나왔으며 거리나 골목에 떠도는 이야기를 길에서 듣고 길에서 이야기하는 대로 지어낸 것이다 (小說者流 蓋出於稗官 街談巷說 道聽塗說之所造也. 소설자류 개출어패관 가담항설 도청도설지소조야).'라고 설명했다.
	  패관은 민간에 떠도는 이야기를 모아서 기록하는 일을 맡아 하는 하급관리이다.
	  패관소설은 임금이 패관에게 가담항설을 모아서 기록하게 함으로써 설화문학(說話文學) 형태로 쓴 패관문학이다.

고사 성어	**2. 가고가하(可高可下)**
한자	可 옳을 가, 高 높을 고, 下 아래 하
의미	높아도 옳고 낮아도 옳다. 즉 어진 사람은 높은 지위에 있어도 교만하지 않고 낮은 지위에 있어도 떳떳함을 잃지 않는다.
출전	좌구명(左丘明)의 국어(國語)
유래	좌구명(좌구실명 左丘失明)이 지은 국어에 가고가하(可高可下)라는 말이 실려 있는데 가고가하라는 말은 자주 쓰이는 사자성어는 아니다. 표준국어대사전을 비롯해 네이버에서 제공하는 국어사전 등에는 등재(登載)되어 있지 않은 말이다. (주) 좌구명은 중국 춘추시대 말기 노나라의 역사가이며, 춘추좌씨전(春秋左氏傳)과 국어(國語)의 저자이다. 좌구명은 실명한 뒤에는 좌구실명(左丘失明)이라고 부르기도 하고 맹좌(盲左)라고 부르기도 하였다.

고사 성어	**3. 가렴주구(苛斂誅求)**
한자	苛 가혹할 가, 斂 거둘 렴(염), 誅 벨 주, 求 구할 구
의미	가혹하게 세금을 거두거나 목을 벨 듯이 겁을 줘서 백성들의 재물을 빼앗는다.
유의어	①**주구무이(誅求無已):** 가혹한 요구가 끝이 없다. ②**횡정가렴(橫征苛斂):** 제멋대로 취하고 가혹하게 거두다.
출전	예기(禮記)의 단궁편(檀弓篇)
유래	가렴주구(苛斂誅求)라는 말은 가혹한 정치는 호랑이보다 무섭다고 한 고사에서 유래되었는데 그 내용은 다음과 같다. 　춘추시대(春秋時代) 말엽 공자(孔子)의 조국인 노(魯)나라가 조정의 대부 계손자(季孫子)의 횡포로 큰 혼란 상태에 빠지자 공자는 제자들을 이끌고 제(齊)나라로 향하고 있었다. 오악(五岳: 태산, 화산, 형산, 항산, 숭산) 중의 으뜸인 태산을 지날 때 구슬픈 여인의 울음소리가 귓전을 때렸다. 　너무나 구슬프게 우는 소리에 마음이 쓰인 공자는 제자인 자로(子路)에게 가서 그 까닭을 물어보라고 하였다. 자로가 가서 보니 길가에 있는 세 구의 묘지 앞에서 소복한 여인이 무덤에 엎드려서 흐느끼며 곡을 하고 있었다. 　자로는 부인에게 다가가 정중하게 물었다. "무슨 연유로 그렇게 구슬프게 울고 있습니까?" 자로가 묻자 그 여인은 눈물을 훔치며 힘겹게 대답했다. "옛적에 시아버님이 호랑이에게 잡혀먹혔고, 남편 또한 호랑이에게 목숨을 잃었는데, 이제 아들마저 그 호랑이에게 당해 세상을 떠났습니다."라고 하면서 더욱 소리를 높여서 우는 것이다. 　자로는 부인에게 "그런데 어찌하여 이 마을을 떠나지 않는 것이요?"하고 물었다. 　그러자 여인은 "호랑이가 무섭긴 하지만 그래도 이곳에 살면 세금을 혹독하게 징수하거나 부역(負役)을 강요하는 일이 없습니다."라고 말했다. 　이 말을 자로에게 전해 듣고 공자는 말하기를, "가혹한 정치는 호랑이보다 더 무서운 것이니라(苛政猛於虎 가정맹어호)." 　이후부터 세금을 모질게 거두고, 백성들의 재물을 강제로 빼앗아 괴롭히는 것을 가리키는 의미로 가렴주구(苛斂誅求)라는 말을 사용하게 되었다.

고사 성어	**4. 가인박명(佳人薄命)**
한자	佳 아름다울 가, 人 사람 인, 薄 엷을 박, 命 목숨 명
의미	재주가 많고 아름다운 사람은 명이 짧고 운명이 기박하다.
유의어	**①미인박명(美人薄命):** 미인은 불행하거나 요절하는 일이 많다. **②홍안박명(紅顔薄命):** 얼굴이 예쁜 여자는 팔자가 사나운 경우가 많다.
출전	소식(蘇軾)의 시(詩) 박명가인(薄命佳人)
유래	소식(蘇軾, 아호 동파 東坡)의 칠언율시에 '자고가인다박명(自古佳人多薄命)'이란 글귀에서 가인박명(佳人薄命)이라는 말이 유래 되었다. 소식은 송나라 서천성 미산 출신으로, 아버지 소순(蘇洵)과 동생 소철(蘇轍) 세 부자를 삼소(三蘇)라고 하며 이들은 당송팔대가(唐宋八大家)에 속한다. 　소식의 칠언율시 박명가인(薄命佳人)은 다음과 같다. 　　두 뺨은 하얀 우유빛 머리는 옻칠한 듯 　　눈빛은 발에 들어와 구슬처럼 또렷하구나. 　　원래 흰 비단으로 선녀의 옷을 만들어도 　　붉은 연지로 타고난 바탕을 더럽히지 못하리. 　　오나라 사투리 귀엽고 부드러워 어린 티 나고 　　무한한 인간의 근심 전혀 알지도 못하는구나. 　　예로부터 가인은 운명이 기박한 사람 많다지만 　　닫은 문에 봄도 다 가니 버들 꽃이 지는구나. 　　雙頰凝酥髮抹漆 쌍협응소발말칠 　　眼光入簾珠白樂 안광입렴주백락 　　故將白練作仙衣 고장백련작선의 　　不許紅膏汚天質 불허홍고오천질 　　吳音嬌軟帶兒癡 오음교연대아치 　　無限間愁總未知 무한간수총미지 　　自古佳人多薄命 자고가인다박명 　　閉門春盡楊花落 폐문춘진양화락 　(주) 소식(蘇軾)은 자신이 항주, 양주 등의 지방 장관으로 있을 때 우연히 사찰에서 본 어여쁜 젊은 여승(女僧)의 모습을 보고, 그녀의 아리따웠을 소녀 시절을 생각하며 우수(憂愁)에 젖은 듯한 표정을 보면서 미인의 운수가 기박한 것 같다고 시를 읊었다.

고사 성어	**5. 각골난망(刻骨難忘)**
한자	刻 새길 각, 骨 뼈 골, 難 어려울 난, 忘 잊을 망
의미	뼛속에 새겨 두고 잊지 않는다. 즉 남에게 입은 은혜가 마음속 깊이 새겨져 잊히지 아니하다.
유의어	① **결초보은(結草報恩):** 죽어서도 은혜를 잊지 않고 갚는다. ② **난망지은(難忘之恩):** 잊기 어려운 은혜. ③ **백골난망(白骨難忘):** 죽어서 백골(흰 뼛가루)이 되어도 그 은덕을 잊지 못하다.
반의어	**배은망덕(背恩忘德):** 남에게 입은 은덕을 저버리고 배신하다.
출전	좌구명(左丘明)의 춘추좌씨전(春秋左氏傳)
유래	각골난망(刻骨難忘)이라는 말은 춘추좌씨전의 결초보은(結草報恩)과 같은 고사성어에서 유래되었다. 　진(晉)나라에 대부 위무(魏武)라는 사람이 살았는데 그에게는 첩이 한 명 있었다. 어느 날 위무는 병으로 몸져눕게 되었다. 그는 아직 제정신일 때 아들 위과(魏顆)에게 일러두었다. "내가 죽으면 내 첩을 다른 사람에게 개가시켜라." 하더니, 그 뒤 병이 심하여 죽게 되었을 때는 "내가 죽으면 내 첩을 순장시켜라."라고 유언했다. 　위과는 아버지가 정신이 있을 때의 명령을 좇아서 아버지 첩을 개가시켜 주려고 생각하였다. 그리하여 서모(아버지 첩)를 개가시켜서 순사를 면하게 하였다. 　후에 진(晉)나라와 진(秦)나라 사이에 전쟁이 일어나서 위과가 전쟁에 나갔다. 진(秦)나라의 두회(杜回)와 싸우다가 위험한 지경에 이르렀을 때 두회가 풀에 걸려 넘어져 위과가 두회를 사로잡아 뜻밖에 큰 전공을 세웠다. 그날 밤에 서모(아버지 첩) 친정아버지의 망혼이었던 노인이 위과의 꿈속에 나타나서 말하였다. "나는 그대가 출가시켜 준 여인의 아비요. 그대는 아버지가 제정신일 때의 유언(遺言)에 따라서 내 딸을 개가시켜 주었소. 그때 이후로 나는 그대에게 보답할 길을 찾았는데 이제야 그 은혜를 갚은 것이오."라고 했다. 　이처럼 각골난망은 은혜를 뼈에 새겨 두고 잊지 않는다는 뜻으로 쓰이고 있다.

고사 성어	**6. 각자무치(角者無齒)**
한자	角 뿔 각, 者 놈 자, 無 없을 무, 齒 이 치
의미	뿔을 가진 놈(짐승)은 날카로운 이가 없다. 즉 한 사람이 여러 가지 복을 받거나 재주를 갖추기는 어렵다.
출전	회남자(淮南子) 지형훈(墜形訓) 상사단락(相似段落)
유래	회남자 지형훈 상사단락에 다음과 같은 글에서 각자무치(角者無齒)라는 말이 유래되었다 네 발을 가진 짐승은 날개가 없고, 뿔이 있는 짐승은 윗니가 없으며, 뿔이 없는 짐승은 즙이 없고, 뿔이 있는 짐승은 손가락이 없다(四足者無羽翼 戴角者無上齒 無角者膏而無前 有角者指而無後. 사족자무우익 대각자무상치 무각자고이무전 유각자지이무후).

고사 성어	**7. 각주구검(刻舟求劍)**
한자	刻 새길 각, 舟 배 주, 求 구할 구, 劍 칼 검
의미	뱃전에 그 자리를 표시했다가 나중에 그 칼을 찾으려고 하다. 즉 판단력이 둔하여 융통성이 없고 세상일에 어둡고 어리석다.
유의어	**①각선구검(刻船求劍):** 칼이 강물에 떨어지자 뱃전에 그 자리를 표시했다가 나중에 그 칼을 찾으려고 하다. **②각주방검(刻舟訪劍):** 뱃전에 새겨 칼을 찾으려고 하다.
출전	여씨춘추(呂氏春秋) 찰금편(察今篇)
유래	춘추전국시대 초(楚)나라의 한 젊은이가 매우 소중히 여기는 검(劍)을 가지고 양자강(揚子江)을 건너기 위하여 배를 탔다. 배를 타고 가다가 강 한복판에서 그만 실수로 쥐고 있던 검을 강물에 떨어뜨리고 말았다. 놀란 이 젊은이는 얼른 주머니칼을 꺼내서 검을 빠뜨린 부분의 뱃전에 자국을 내어 표시해 놓았다. 그는 '검이 떨어진 자리에 표시해 놓았으니 찾을 수 있겠지.'라고 생각하고 배가 언덕에 닿자 뱃전에 표시해 놓은 물속으로 뛰어 들어가 검을 찾았으나 검은 없었다. 사람들은 그의 어리석은 행동을 보고 비웃었다. 이렇게 해서 각주구검(刻舟求劍)이라는 말은 '어리석고 융통성이 없음'을 나타내는 말이 되었다.

고사성어	**8. 간뇌도지(肝腦塗地)**
한자	肝 간 간, 腦 뇌 뇌, 塗 칠할(진흙) 도, 地 땅 지
의미	간과 뇌를 땅에 쏟아내다. 즉 나라를 위하여 목숨을 돌보지 않고 힘을 다하다.
유의어	①**분골쇄신(粉骨碎身)**: 뼈를 가루로 만들고 몸을 부수다. ②**분신쇄골(粉身碎骨)**: 뼈를 가루로 만들고 뼈를 부수다. ③**이신허국(以身許國)**: 나라에 몸을 바치기로 결심하다.
출전	사기(史記) 유경숙손통열전(劉敬叔孫通列傳), 나관중(羅貫中)의 삼국지연의(三國志演義)
유래	간뇌도지(肝腦塗地)라는 고사성어는 사기 유경숙손통열전에 나오는 '사천하지민간뇌도지(使天下之民肝腦涂地)'에서 유래되었다. 한나라 고조 유방(劉邦)에게 유경(劉敬)은 다음과 같이 말한다. 지금 폐하께서 풍현(豊縣)의 패읍(沛邑)에서 일어나 군사 3천명을 모아 진격해 촉과 한을 석권하고, 삼진(三秦)을 평정하고 항우(項羽)와 형양(滎陽)에서 교전하고 성고의 요새를 장악하기 위해 70차례의 큰 전투를 하고, 40차례의 작은 전투를 치러서 천하 백성들의 간과 뇌를 대지에 쏟아지게 하고, 아버지와 자식의 뼈가 함께 들판에 뒹굴게 한 것이 이루 헤아릴 수 없는 지경이며, 통곡하는 소리가 끊이지 않고 부상한 사람들이 아직 일어나지도 않았는데 주나라의 성왕과 강왕 때와 융성함을 비교하려 하시니 소인은 아직은 서로 비교할 수 없다고 생각합니다(今陛下起豊沛 收卒三千人 以之徑往而卷蜀漢 定三秦 與項羽戰滎陽 爭成皋之口 大戰七十 小戰四十 使天下之民肝腦涂地 父子暴骨中野 不可勝數 哭泣之聲未絶 傷痍者未起 而欲比隆於成康之時. 금폐하기풍패 수졸삼천인 이지경왕이권촉한 정삼진 여항우전형양 쟁성고지구 대전칠십 소전사십 사천하지민간뇌도지 부자폭골중야 불가승수 곡읍지성미절 상이자미기 이욕비륭어성강지시). 나관중의 삼국지연의(三國志演義)에서는 다음과 같이 전하고 있다. 조운(趙雲)이 기뻐하며 말했다. "다행히 공자께선 무탈하십니다!" 조운은 두손으로 아두(阿斗)를 현덕(玄德)에게 넘겨주었다. 현덕은 아들을 받아들고 지난 일을 생각해 보다가 땅에 내던지며 말했다. "이 어린 네놈 때문에 나의 장수 하나를 거의 잃을 뻔했구나." 조운은 급히 떨어진 땅바닥의 아두(阿斗)를 안아 일으키고, 울면서 절하며 말했다. "제가 비록 간과 뇌를 땅에 쏟아 범벅이 될지라도 나라를 위하여 목숨을 어찌 갚을 수 있겠습니까!"(雲喜曰: 幸得公子無恙 雙手遞與玄德. 玄德接過 擲之於地曰: 爲汝這孺子 幾損我一員大將. 趙雲忙向地下抱起阿斗 泣拜曰: 雲雖肝腦塗地 不能報也! 운희왈: 행득공자무양 쌍수체여현덕. 현덕접과 척지어지왈: 위여저유자 기손아일원대장. 조운망향지하포기아두 읍배왈: 운수간뇌도지 불능보야!)

고사 성어	**9. 간담상조(肝膽相照)**
한자	肝 간 간, 膽 쓸개 담, 相 서로 상, 照 비출 조
의미	간과 쓸개를 서로 비추어 본다. 즉 서로가 마음속을 툭 털어놓고 숨김없이 친하게 사귄다.
유의어	**복심지우(腹心之友):** 서로 속마음까지 아는 친구.
출전	한유(韓愈)의 유자후묘지명(柳子厚墓誌銘)
유래	간담상조(肝膽相照)라는 말은 한유의 유자후묘지명에 새긴 '악수출폐간상시(握手出肺肝相示)'에서 유래하였다. 당송팔대가에 속한 한유와 유종원(유자후)은 당시 사람들이 인정하는 절친한 친구였다. 그런데 당나라 제11대 황제인 헌종 때 유종원이 유주자사로 좌천되었는데 그때 유종원 친구인 유우석 역시 파주자사로 좌천되었다. 유종원은 그 소식을 듣고 노모를 모시고 파주로 떠날 유우석을 걱정했다. 그래서 그는 유우석 대신 자신이 파주자사에 가겠다고 상소를 올리게 되었고 헌종은 이를 받아들여 유우석을 연주자사로 보내게 된다. 이후 유종원이 자사를 하다 죽자 친구였던 한유가 유종원의 묘지명에 유우석과 우정을 지켰던 유종원을 찬양하는 글을 남겼다. 아! 선비는 곤궁하여야 비로소 절의(節義)가 드러난다. 지금 사람들은 평소 마을에서 살며 서로 존경하고 기뻐하며, 먹고 마시고 놀며 서로 왕래가 빈번하여, 비위를 맞추고 아첨하며 서로 겸손해하고, 손을 붙잡고 서로 폐와 간이라도 꺼내 보일 것처럼 하며, 하늘의 해를 가리키며 눈물까지 흘리면서 살아서나 죽어서나 서로 배신하지 않겠다고 맹서하니, 진실로 믿을 수 있는 것 같이 행동한다(嗚呼! 士窮乃見節義. 今夫平居里巷相慕悅, 酒食遊戲相征逐 詡詡強笑語以相取下, 握手出肺肝相示, 指天日涕泣, 誓生死不相背負, 真若可信. 오호! 사궁내견절의. 금부평거리항상모열, 주식유희상정축 후후강소어이상취하, 악수출폐간상시, 지천일체읍, 서생사불상배부, 진약가신). 그러나 어느 날 작은 이해관계를 얽히게 되면 겨우 머리카락처럼 미세한 일에도 마치 서로 알지 못하는 사람처럼 반목하여 함정에 빠져도 손을 내밀어 구하지 않고, 도리어 밀쳐내고 또 돌을 던져 넣는 자들이 대부분이다(一旦臨小利害, 僅如毛髮比, 反眼若不相識, 落陷阱不一引手救, 反擠之, 又下石焉者, 皆是也. 일단림소리해, 근여모발비, 반안약불상식, 낙함정불일인수구, 반제지, 우하석언자, 개시야).

고사 성어	**10. 감언이설(甘言利說)**
한자	甘 달 감, 言 말씀 언, 利 이로울 이(리), 說 말씀 설
의미	달콤한 말과 이로운 말. 즉 남의 비위에 맞도록 꾸미거나 이로운 조건을 내세 워 그럴듯하게 꾸미는 말
유의어	**교언영색(巧言令色):** 말을 교묘하게 하고 얼굴빛을 꾸미다.
반의어	**충언역이(忠言逆耳):** 충직한 말은 귀에 거슬린다.
출전	서해문집(書解文集)
유래	당나라 현종 때 이임보(李林甫)가 현종의 비유를 맞추기 위해 한 말에서 감 언이설(甘言利說)이라는 말이 유래되었다. 간신인 이임보는 '달콤한 말과 이 로운 말(甘言利說)'로 현종의 비위를 잘 맞추는 뛰어난 처세술을 갖추고 있 었다. 그는 현종의 비위를 맞추면서 절개가 곧은 신하의 충언이나 백성들의 간언이 황제의 귀에 들어가지 못하게 하였다. 현종은 이임보의 말에 속아 간 신들을 곁에 두었다가 뒤늦게 잘못을 깨달았다.

고사 성어	**11. 갑남을녀(甲男乙女)**
한자	甲 첫째 천간 갑, 男 사내 남, 乙 둘째 천간 을, 女 여자 녀
의미	갑이란 남자와 을이란 여자. 즉 평범한 보통사람들.
유의어	①**장삼이사(張三李四):** 중국에서 가장 흔한 성씨인 장씨의 셋째 아들과 이 　씨의 넷째 아들을 가리키는 말 즉 평범한 사람들. ②**초등급부(樵童汲婦):** 땔나무를 하는 아이와 물을 긷는 아낙네. ③**필부필부(匹夫匹婦):** 평범한 남자와 평범한 여자.
출전	구전(口傳) 용어(用語), 승정원일기(承政院日記)
유래	남자는 양(陽), 여자는 음(陰)으로 구분되고, 갑과 을은 흔히 불특정한 사람 이나 사물을 가리킨다. 그래서 갑남을녀(甲男乙女)는 불특정한 남자와 불특 정한 여자를 가리키게 되었다. 　우리 고전에서는 승정원일기(承政院日記)에서 검색된다. 영조 9년에 '장삼 이사나 갑남을녀는 피차의 옳고 그름과 좋아하고 싫어하는 차이가 분분하게 일치되지 않는다(張三李四 甲者乙者 彼此是非 好惡同異 紛然不一. 장삼 이사 갑자을자 피차시비 호오동이 분연불일).'라는 말에서 찾아볼 수 있다.

고사성어	**12. 객반위주(客反爲主)**
한자	客 손 객, 反 되돌릴 반, 爲 할 위, 主 주인 주
의미	손님이 도리어 주인 노릇을 한다. 즉 부차적인 것을 주된 것보다 오히려 더 중요하게 여기다.
유의어	①**관리도치(冠履倒置):** 갓과 신발의 위치가 뒤바뀌다. ②**적반하장(賊反荷杖):** 도적이 도리어 몽둥이를 든다. 즉 잘못한 사람이 아무 잘못도 없는 사람을 나무라다. ③**주객전도(主客顚倒):** 주인과 손님의 위치가 뒤바뀌다.
반의어	**본말상순(本末相順):** 본말이 서로 거스르지 않고 응한다.
속담	①배보다 배꼽이 크다. ②산보다 골이 크다. ③기둥보다 서까래가 더 굵다.
출전	좌구명(左丘明)의 춘추좌씨전(春秋左氏傳)

유래	객반위주(客反爲主)라는 말은 춘추좌씨전에 손님과 주인이 경우에 따라서 어떻게 해야 하는지에 대한 예화(例話)에서 생겼다.
	  정(鄭)나라의 명신 자산(子産)이 간공(簡公)을 호종하여 진(晉)나라를 방문했을 때이다. 이때 평공(平公)은 이웃 노(魯)나라 양공(襄公)의 장례를 이유로 만나주지 않았다.
	  정나라는 노나라나 진나라에 비해 소국이어서 홀대받을 수밖에 없었다. 그러자 자산은 객관의 담을 부수고 거마(車馬)를 안으로 들여놓았다. 진나라의 대부 사문백(士文伯)이 찾아와 문책하니 자산은 예물(禮物)을 가지고 왔는데 도둑은 설치고 만나주지도 않아서 담장을 부쉈다고 했다.
	  그러면서 자산은 항의하였다. "이전 문공(文公) 때에는 사절이 도착하면 온갖 편의를 다해줬다는데 지금은 도대체 무슨 짓이냐?"고 몰아붙였다. "그때는 손님이 자기 집에 온 것처럼 포근하게 느꼈으니 재난 같은 것은 없고 도적을 걱정하지 않았다(賓至如歸 無寧災患 不畏寇盜. 빈지여귀 무녕재환 불외구도)."라고 했다.
	  사문백이 돌아가 경대부인 조문자(趙文子)에게 보고하니 불찰을 깨달았다. '하인들이나 살 집에 제후들을 맞이하고 있었으니(隸人之垣 以贏諸侯 예인지원 이영제후) 자신의 죄'라 하고 '사문백을 보내 자신의 어리석음을 사과하게 했다(使士文伯 謝不敏焉. 사사문백 사불민언).'

고사 성어	**13. 거두절미(去頭截尾)**
한자	去 갈 거, 頭 머리 두, 截 끊을 절, 尾 꼬리 미
의미	머리와 꼬리는 끊어 버리다. 즉 요점만을 남기고 나머지 부분은 모두 없애 버리다.
유의어	**단도직입(單刀直入):** 혼자 칼을 들고 곧장 적진으로 쳐들어가다. 즉 요점이나 문제의 핵심을 곧바로 말하다.
반의어	**도비순설(徒費脣舌):** 입술과 혀만 수고스럽게 하다. 즉 말은 많이 하나 보람이 없다.
출전	진시황(秦始皇)과 재상의 대화(對話)
유래	거두절미(去頭截尾)라는 말은 중국 진나라 시황제의 말에서 유래하였다. 재상이던 이사가 한비자의 법치주의 논리를 설명하려고 하자 시황제가 '거두절미하고 본론(本論)만 말하라.'라고 말했는데 이후부터 사람들이 이 말을 사용하면서 유래하게 되었다.

고사 성어	**14. 거무구안(居無求安)**
한자	居 살 거, 無 없을 무, 求 구할 구, 安 편안할 안
의미	살아감에 있어서 편안함만 구하지 않는다. 즉 학문에 뜻을 두려면 살아감에 편한 것만 추구하지 않는다.
출전	논어(論語) 학이편(學而篇)
유래	거무구안(居無求安)이라는 말은 논어 학이편에 공자께서 한 말에서 유래되었다. 공자께서 말하기를, "군자는 먹는 데 있어서 배부름을 구하지 아니하며, 거처함에 편안함을 구하지 않으며, 일하는 데는 민첩하고 말을 하는 데는 신중히 하고, 도가 있는 사람을 찾아가 나의 잘못됨을 꾸짖어 바로잡는다면, 배움을 좋아한다고 이를 만하니라(子曰, 君子食無求飽 居無求安 敏於事而愼於言 就有道而正焉 可謂好學也已. 자왈, 군자식무구포 거무구안 민어사이신어언 취유도이정언 가위호학야이)."

고사성어	**15. 건곤일척(乾坤一擲)**
한자	乾 하늘 건, 坤 땅 곤, 一 한 일, 擲 던질 척
의미	하늘이냐 땅이냐를 한 번 던져서 결정한다. 즉 운명을 걸고 단판걸이로 승부를 겨루다.
유의어	①**일결승부(一決勝負):** 한 번에 승패를 결정짓는다. ②**일결자웅(一決雌雄):** 한 번에 암수를 결정짓는다. ③**일척건곤(一擲乾坤):** 한 번 던져서 건곤을 결정하다. ④**재차일거(在此一擧):** 한 번 들어서 단 판을 짓는다.
출전	한유(韓愈)의 과홍구(過鴻溝)
유래	건곤일척(乾坤一擲)이라는 말은 한유의 시에 담긴 '진성일척도건곤(眞成一擲賭乾坤)'에서 유래하였다. 홍구는 옛날 진(秦)나라가 망하고 천하가 아직 통일되지 않았을 때 초(楚)나라의 항우(項羽)와 한(漢)나라의 유방(劉邦)이 세력 다툼을 한 곳이다. 이곳을 경계로 동쪽은 초나라가 서쪽은 한나라가 차지하기로 협약했던 곳이다. 그때 장량(張良)과 진평(陣平)이 유방에게 진언(盡言)하여 초나라를 공격할 것을 청했다. 유방은 마침내 초나라를 해하(垓下)에서 무찔러 승리했다. 마침 이곳을 지나던 한유는 이때의 싸움을 천하를 건 일대 도박으로 보고 회고시를 썼다. 당송팔대가(唐宋八大家)의 한 사람인 한유의 시 칠언절구(七言絶句) 과홍구(過鴻溝)는 다음과 같다. 용은 지치고 범도 피곤하여 강과 들을 분할하니 이로 인해 억만 창생의 목숨이 살아남게 되었네. 누가 임금에게 권하여 말머리를 돌릴 것인가 참으로 한 번 던져 하늘과 땅을 걸게 만들었던가. 龍疲虎困割川原 용피호곤할천원 億萬蒼生性命存 억만창생성명존 誰勸君王回馬首 수권군왕회마수 眞成一擲賭乾坤 진성일척도건곤 (주) 홍구(鴻溝)는 전국시대에 만들어진 운하로 황하와 회하를 연결했는데, 현재 하남성 형양현에 폭 300m의 흔적이 남아 있다. 양안의 산에 당시 유방 군과 항우 군의 요새 유적이 남아 있다.

고사 성어	**16. 견군남대(牽裙攬帶)**
한자	牽 이끌 견, 裙 치마 군, 攬 가질 남(람), 帶 띠 대
의미	치마를 잡아당기고 허리띠를 붙잡는다. 즉 이별하는 사람을 떠나지 못하게 강하게 만류하다.
출전	고대소설 창선감의록(彰善感義錄)

유래	견군남대(牽裙攬帶)라는 말은 한자사전에는 등록되어 있으나 국어사전과 지식백과에는 등록되어 있지 않다.
	  그런데 창선감의록(彰善感義錄)에 다음과 같은 말에서 견군남대라는 말이 유래하게 되었다.
	  '그와 그의 송사에도 치맛자락이 휘날리고, 차마 참을 수 없었다(及其將送也 牽裙攬帶 躑躅而不忍別. 급기장송야 견군남대 척촉이불인별).'
	  또한 고대 중국에서 남자가 여인을 보내지 않으려고 '치마를 잡아당기고 허리띠를 붙잡으며' 떠나지 말라고 애원한 데서 견군남대라는 말이 유래되었다고도 한다.

고사 성어	**17. 견리망의(見利忘義)**
한자	見 볼 견, 利 이로울 리(이), 忘 잊을 망, 義 옳을 의
의미	이익을 보고 올바름을 잊어버린다. 즉 눈앞의 이익을 보고 의리를 잊어버린다.
반의어	**견리사의(見利思義):** 사사로운 이익보다 의로움을 먼저 생각하다.
출전	한서열전(漢書列傳) 역상전(酈商傳)
유래	견리망의(見利忘義)는 한서열전 역상전에 나오는 '위견리이망의(謂見利而忘義)'라는 말에서 유래되었다. 　역상(酈商)은 한나라 고조 유방(劉邦)과 함께 고양(高陽)에서 군대를 일으켰다. 　역상은 자신의 4천 병마를 유방에게 바치고, 자신은 적진으로 돌진하여 여러 차례 큰 공을 세웠다. 이 때문에 유방은 천하를 차지하고 황제가 된 이후에 역상을 우승상에 임명하고, 그를 매우 중시하였다. 　유방이 사망하자, 여태후(呂太后)가 대권을 장악하고 자기 친족들의 세력을 넓히려고 하였다. 　이에 여태후는 자신의 조카인 여신(呂辛)과 여록(呂祿)을 왕에 봉하고 중앙의 대권을 장악하려고 하였다. 이 때문에 여태후는 민심을 얻지 못하고, 대신들의 반대를 당하게 되었다. 　여태후가 사망하자, 주발(周勃)과 진호(陳乎)를 중심으로 한 신하들은 여씨 가족들을 살해할 계획을 세웠다. 　그러나 여록이 북군을 관장하고 있었으므로, 주발은 그에게 접근하여 그를 죽일 방도가 없었다. 　이때 그에게 늙은 승상인 역상이 떠올랐다. 역상의 아들 역기와 여록은 절친한 친구였으므로, 이러한 관계를 이용하여 여록을 유인하여 그를 제거할 수 있었다. 　역상은 여씨 제거에 협조할 것을 동의하고, 역기에게 사냥을 구실로 여록을 유인하도록 명하였다. 주발은 이 틈을 이용하여 북군을 장악하고, 곧이어 여씨 가족 모두를 제거하였다. 같은 해 역상은 병으로 세상을 떠났지만, 역기는 황제에 의해 장군에 봉하여졌다. 　훗날, 사람들은 이 일을 두고 "역기는 친구를 팔아먹었으며, 그러한 행위를 일러 곧 이익에 어두워 의를 잊어버린 행위(賣友者, 謂見利而忘義 매우자, 위견리이망의)."라고 비난하였다.

고사 성어	**18. 견마지로(犬馬之勞)**
한자	犬 개 견, 馬 말 마, 之 갈 지, 勞 일할 로
의미	개나 말의 노고(노력). 즉 윗사람에게 충성을 다하는 자신의 노력을 낮추어 이르는 말이다.
유의어	①**견마지성(犬馬之誠):** 개나 말의 정성. 즉 자신의 정성을 낮추어 이르는 말이다. ②**견마지심(犬馬之心):** 개나 말이 주인을 위하는 마음. 즉 임금이나 나라에 충성하는 마음을 낮추어 이르는 말이다.
출전	진수의 삼국지(三國志)
유래	삼국지에 제갈량이 자신을 등용하기 위해 삼고초려(三顧草廬)한 유비에게 자신을 버리지 않으면 평생 견마지로(犬馬之勞) 하겠다고 말했다는 고사에서 유래하였다. (주) 옛날에는 장군을 용감한 짐승과 비유하기도 했는데 제갈량(諸葛亮), 제갈근(諸葛瑾), 제갈탄(諸葛誕)을 평하기를 촉나라는 용(龍 제갈량)을 얻고, 오나라는 범(虎 제갈근)을 얻었지만, 위나라는 개(狗 제갈탄)를 얻었다고 비유하기도 하였다.

고사 성어	**19. 견모불욕(見侮不辱)**
한자	見 볼 견, 侮 업신여길 모, 不 아닐 불(부), 辱 욕되게 할 욕
의미	업신여김을 당하더라도 치욕스럽게 여기지 않는다.
반의어	**견모위욕(見侮爲辱):** 업신여김을 당한 후 이를 치욕으로 느끼다.
출전	순자(荀子)의 정론편(正論篇)
유래	순자의 정론편에 송자(본명 송견 宋鈃)가 한 말에서 견모불욕(見侮不辱)이라는 고사성어가 유래되었다. 송자께서 말했다. 남에게 모욕을 당하고도 수치스럽게 여기지 않는다고 한다면, 사람들은 다투지 않게 될 것이다. 사람들은 모두 모욕당하는 것을 수치스럽게 여기기 때문에 그러므로 싸우게 되는 것이다. 모욕당하는 것이 수치스러운 것이 되지 않음을 알게 되면 싸우지 않게 될 것이다(宋子曰, 明見侮之不辱 使人不鬪. 人皆以見侮爲辱 故鬪於也. 知見侮之爲不辱 則不鬪矣. 송자왈, 명견모지불욕 사인불투. 인개이견모위욕 고투어야. 지견모지위부욕 칙불투의).

고사성어	**20. 견물생심(見物生心)**
한자	見 볼 견, 物 만물 물, 生 날 생, 心 마음 심
의미	실물을 보게 되면 그것을 가지고 싶은 욕심이 생기다.
반의어	①**불감생의(不敢生意):** 힘에 부쳐서 감히 할 생각을 못하다. ②**안감생심(安敢生心):** 전혀 그런 마음이 없다. ③**언감생심(焉敢生心):** 감히 그런 마음이 없다.
출전	구전(口傳) 용어(用語)

유래	견물생심(見物生心)이라는 말은 사자성어일 뿐 고사성어가 아니므로 전해져 내려오는 옛이야기가 없다.
	  욕심(慾心)은 사람의 본성이 사물을 접하면서 드러나는 자연적인 감정인 칠정(七情) 가운데 하나이다.
	  사람이 가지는 일곱 가지 감정(七情)을 정리하면 다음과 같다.
	①희노애구애오욕(喜怒哀懼愛惡欲): 기쁨, 분노, 슬픔, 두려움, 사랑, 싫어함, 욕망 → 예기 예운편
	②희노애락애오욕(喜怒哀樂愛惡欲): 기쁨, 분노, 슬픔, 즐거움, 사랑, 싫어함, 욕망 → 중용, 유학
	③희노우사비공경(喜怒憂思悲恐驚): 기쁨, 분노, 근심, 생각, 슬픔, 두려움, 놀람 → 한의학

고사성어	**21. 결자해지(結者解之)**
한자	結 맺을 결, 者 놈 자, 解 풀 해, 之 갈 지
의미	맺은 사람이 풀어야 한다. 즉 원인을 제공한 사람이 그 일을 끝까지 책임지고 해결해야 한다.
반의어	**수수방관(袖手傍觀):** 팔짱을 끼고 보고만 있다. 즉 간섭하거나 거들지 아니하고 그대로 버려두다.
출전	홍만종(洪萬宗)의 순오지(旬五志)
유래	결자해지(結者解之)라는 말은 조선 인조 때의 홍만종(洪萬宗)이 지은 문학평론집(文學評論集) 순오지에 '맺은 자가 그것을 풀고, 일을 시작한 자가 마땅히 끝까지 책임져야 한다(結者解之 其始者 當任其終 결자해지 기시자 당임기종).'에서 유래하였다. 대부분의 고사성어나 사자성어가 중국에서 전해오는 고사나 이야기에서 유래하였으나 결자해지라는 사자성어는 조선 시대에 만들어진 말이다.

고사 성어	# 22. 결초보은(結草報恩)
한자	結 맺을 결, 草 풀 초, 報 갚을 보, 恩 은혜 은
의미	풀을 묶어서 은혜를 갚는다. 즉 죽어서도 은혜를 잊지 않고 갚는다.
유의어	①각골난망(刻骨難忘): 입은 은혜에 대한 고마운 마음이 뼈에까지 사무쳐 잊혀지지 않는다. ②백골난망(白骨難忘): 죽어서 백골(흰 뼛가루)이 되어도 은덕을 잊지 못한다. 즉 결코 은덕을 잊을 수 없다.
반의어	배은망덕(背恩忘德): 남에게 입은 은덕을 저버리고 배반하다.
출전	좌구명(左丘明)의 춘추좌씨전(春秋左氏傳)
유래	진(晉)나라에 대부 위무(魏武)라는 사람이 살았는데 그는 첩(妾)이 있었다. 어느 날 위무가 병으로 몸져눕게 되었다. 그는 제정신일 때에는 아들 위과(魏顆)에게 말하기를 "내가 죽으면 첩을 다른 사람에게 개가시켜라."라고 하더니, 그 뒤 병이 심하여 죽게 되었을 때는 "내가 죽으면 첩을 순장시켜라."하고 유언했다. 　위과는 정신이 있을 때의 명령을 좇아서 '아버지 첩(서모)을 개가시키겠다.'라고 생각했다. 그리하여 아버지 첩을 개가시켜 순사(殉死: 남편과 순장시키는 것)를 면하게 했다. 후에 진(晉)나라와 진(秦)나라 사이에 전쟁이 일어나 위과가 전쟁에 나갔다. 진(秦)나라의 두회(杜回)와 싸우다가 위험한 지경에 이르렀을 때 두회가 풀에 걸려 넘어져 위과가 두회를 사로잡아 뜻밖에도 큰 전공을 세웠다. 그날 밤 위과의 꿈속에 한 노인이 나타나서 "나는 그대가 출가시켜 준 여인의 아비요. 그대 아버지가 제정신일 때의 유언에 따라서 그대가 내 딸을 출가시켜 주었소. 그 이후로 나는 그대에게 보답할 길을 찾았는데 이제야 그 은혜를 갚은 것이오."라고 말했다. 꿈속의 노인은 첩 아버지의 망혼이었다. 　결초보은(結草報恩)이라는 말은 중국 춘추시대에, 진나라의 위과가 아버지가 세상을 떠난 후에 아버지의 첩(서모)을 개가시켜 순사하지 않게 하였더니, 그 뒤 싸움터에서 그 첩의 아버지 혼령(魂靈)이 적군의 앞길에 풀을 묶어서 적을 넘어뜨려 위과가 공을 세울 수 있도록 도와주었다는 고사(古事)에서 유래되었다.

고사성어	**23. 겸양지덕(謙讓之德)**
한자	謙 겸손할 겸, 讓 사양할 양, 之 어조사 지, 德 큰 덕
의미	겸손한 태도로 남에게 양보하거나 사양하는 아름다운 마음씨나 행동.
유의어	**양례지주(讓禮之主):** 사양하는 것은 예의 근본이다.
출전	논어(論語) 옹야편(雍也篇) 제13장
유래	논어 옹야편 제13장에 맹지반(孟之反)의 사례에서 겸양지덕(謙讓之德)이라는 말이 유래되었다. 　맹지반의 사례는 공자(孔子)가 다음과 같이 말한 데서 엿볼 수 있다. 　공자께서 말하기를 "맹지반은 공을 자랑하지 않았다. 달아날 때는 군대의 후미에서 적을 막아 싸웠고, 문에 들어올 때는 자기 말에 채찍질하며 말하기를, 내가 용감하여 뒤에 처지려고 한 것이 아니라 말이 나아가지 않았기 때문이다(孔子曰 孟之反 不伐. 奔而殿 將入門 策其馬曰, 非敢後也 馬不進也. 공자왈 맹지반 불벌. 분이전 장입문 책기마왈, 비감후야 마불진야)."라고 자기의 공을 과시하지 않았다. 　공자는 맹지반이 자신의 공로를 과시하지 않고 겸양의 덕을 보인 것에 대해서 그를 높이 평가하였다.

고사 성어	**24. 겸인지용(兼人之勇)**
한자	兼 겸할 겸, 人 사람 인, 之 어조사 지, 勇 날쌜 용
의미	혼자서 몇 사람을 능히 감당할 만한 뛰어난 용기.
유의어	**겸인지력(兼人之力)**: 여러 사람을 당해낼 만한 강한 힘
출전	논어(論語) 선진편(先進篇)
유래	겸인지용(兼人之勇)이라는 말은 논어 선진편(先進篇)에서 언급된 고사성어로 공자와 제자의 대화에서 유래되었다. 논어 선진(先進) 제21장 　자로(子路, 본명 중유 仲由)가 공자에게 물었다. "(도와 덕을) 들으면 바로 실행해야 합니까?" 　공자가 말했다. "부형이 살아계시는데 어찌 들으면 바로 실행할 수 있겠는가." 　염유(冉孺, 자 자노 子魯)가 물었다. "(도와 덕을) 들으면 바로 실행해야 합니까?" 　공자가 말했다. "들으면 바로 실행하거라." 　공서화(公西華)가 물었다. "유(중유 仲由)가 물을 때는 부형이 살아계시는데 어찌 바로 실행할 수 있겠는가? 하시고, 구(염유 冉孺)가 물을 때는 들으면 바로 실행하라고 하셨습니다. 이 공서화가 혼란스러워 감히 여쭙습니다." 　공자가 말했다. "구(염유)는 물러서려 하기에 나가게 한 것이고, 유(중유)는 다른 사람 몫까지 하려고 해서 물러서게 한 것이다." 　子路問 聞斯行諸. 자로문 문사행저. 　子曰 有父兄在 如之何其聞斯行之 자왈 유부형재 여지하기문사행지 　冉有問 聞斯行諸 염유문 문사행저 　子曰 聞斯行之. 자왈 문사행지. 　公西華曰 由也問聞斯行諸 공서화왈 유야문문사행저 　子曰 有父兄在 求也問聞斯行諸 자왈 유부형재 구야문문사행제 　子曰 聞斯行之 赤也惑敢問. 자왈 문사행지 적야혹감문. 　子曰 求也退故 進之 由也兼人故 退之. 자왈 구야퇴고 진지 유야겸인고 퇴지.

고사 성어	**25. 경거망동(輕擧妄動)**
한자	輕 가벼울 경, 擧 들 거, 妄 망령될 망, 動 움직일 동
의미	가볍고 망령되게 행동하다. 즉 전후 사정을 따지지 않고 조심성 없이 행동하다.
유의어	①**망자존대(妄自尊大):** 자기만 잘났다고 뽐내어 자신을 높이고 남을 업신여기다. ②**방약무인(傍若無人):** 곁에 사람이 없는 것처럼 아무 거리낌 없이 함부로 말하고 행동하다. ③**안중무인(眼中無人):** 방자하고 교만하여 사람을 업신여김. ④**안하무인(眼下無人):** 방자하고 교만하여 사람을 업신여김. ⑤**오만무도(傲慢無道):** 태도나 행동이 건방지거나 거만하여 도의를 지키지 아니하다. ⑥**오만불손(傲慢不遜):** 거만하고 잘난체하며 예의를 지키지 않는다.
반의어	**은인자중(隱忍自重):** 밖으로 들어내지 않고 참고 감추어 몸가짐을 신중히 하다.
출전	한비자(韓非子)의 해로편(解老篇)
유래	경거망동(輕擧妄動)이라는 말은 한비자의 해로편에 나오는 고사에서 유래하였다. 　"도리에 따라 행동하는 사람은 어떤 일도 이루지 못하는 것이 없다. 이는 크게는 천자와 같은 세력과 존귀를 얻는 일이고 작게는 공경과 재상, 장군과 같은 공훈과 작록을 어렵지 않게 손에 얻을 수 있다는 것이다. 도리를 버리고 멋대로 행동하는 자는 비록 천자와 제후처럼 높은 위치에 있고 많은 재산과 재물을 가지고 있다 하더라도 그 백성을 잃고 그 재산을 잃게 되는 것과 같다. 세상 사람들이 함부로 도리를 버리고 멋대로 행동하는 것은 화복이 변화하는 도의 광활함을 알지 못하기 때문이다(衆人之輕棄道理而易妄擧動者 不知其禍福之深大而道闊遠若是也. 중인지경기도리이역망거동자 부지기화복지심대이도활원약시야)." 　사람이 세상의 이치와 인간적 도의를 지킬 줄 안다면 바라는 바를 이룰 수 있지만, 반대로 사람이 마땅히 행하여야 할 의리를 지키지 않고 오만방자하게 움직이면 가지고 있는 것마저 잃어버릴 수 있다는 말이다.

고사성어	**26. 경국지색(傾國之色)**
한자	傾 기울 경, 國 나라 국, 之 갈 지, 色 빛 색
의미	나라를 기울게 할 만큼 미모가 뛰어난 여인. 즉 뛰어나게 아름다운 여인.
유의어	①**경성경국(傾城傾國)**: 성을 기울어지게 하고 나라를 기울어지게 하다. ②**경성지미(傾城之美)**: 성을 기울어지게 할만한 미인. ③**천하일색(天下一色)**: 세상에 드문 매우 뛰어난 미인. ④**천하절색(天下絶色)**: 세상에 드문 아주 뛰어난 미인.
출전	한서(漢書) 효무이부인열전(孝武李夫人列傳)
유래	경국지색(傾國之色)이라는 말은 한서의 효무이부인열전에 실린 이연년(李延年)의 시에서 유래하였다. 이연년이 시를 노래로 부른 상황과 시가 소개되어 있다. 그 뒤 이 시의 제목을 '이연년가(李延年歌)'로 부르고 있다. 북방에 어여쁜 여인이 있어 세상을 벗어나 홀로 빼어났다네. 한번 눈길을 주니 성이 기울고 다시 눈길을 주니 나라가 기우네. 어찌 성이 기울고 나라 무너짐을 알지 못하는가 아리따운 여인은 다시 얻기 어려우리. 北方有佳人　　　북방유가인 絶世而獨立　　　절세이독립 一顧傾人城　　　일고경인성 再顧傾人國　　　재고경인국 寧不知傾城與傾國　영부지경성여경국 佳人難再得　　　가인난재득 (주) 이연년(李延年)은 중국 한나라 무제(유철) 때 음악을 관장하는 벼슬인 '협률도위'로 있었다. 그는 절세미인 누이동생을 자랑하여 시를 지어서 노래로 부르기도 하였다. 한나라 무제는 이연년의 누이동생 이부인(李夫人)을 만년에 첩(후궁)으로 받아들여 그녀는 한나라 무제의 총애를 독차지했다. 그녀는 병들었을 때 무제가 문병 와서 얼굴 보기를 청하였으나 초췌한 얼굴을 보이기 싫다며 끝내 얼굴을 들지 않았다고 한다.

고사 성어	**27. 고성낙일(孤城落日)**
한자	孤 외울 고, 城 성 성, 落 떨어질 낙(락), 日 날 일
의미	고립된 성과 기울어지는 낙조. 즉 남의 도움이 없이 고립되어 세력이 다하고 있는 매우 외로운 상태.
유의어	①**고립무원(孤立無援):** 외로이 서서 구원받을 곳이 없다. ②**고립무의(孤立無依):** 외로이 서서 남의 도움을 받지 못하여 외롭고 의지할 데가 없다. ③**사고무친(四顧無親):** 사방을 돌아보아도 친한 이가 없다.
출전	왕유(王維)의 송위평사(送韋評事)
유래	왕유의 송위평사라는 시는 독특한 송별시(送別詩)로 이별하고 전송하는 장면을 그린 것이 아니라, 한(漢)나라 때의 거기장군(車騎將軍) 위청(衛靑)이 흉노를 공격하여 우현왕(右賢王)을 잡은 고사를 인용하여 쓴 이별시의 '수견고성낙일변(愁見孤城落日邊)'에서 고성낙일(孤城落日)이라는 말이 유래되었다. 　장군을 좇아 (흉노의) 우현왕을 잡자고 하여 　모래땅에 말을 달려 거연으로 향하네. 　아마도 한나라 사신은 소관 밖에서 　외로운 성에 지는 해를 수심에 차 바라보겠구나. 　欲逐將軍取右賢 욕축장군취우현 　沙場走馬向居延 사장주마향거연 　遙知漢使蕭關外 요지한사소관외 　愁見孤城落日邊 수견고성락일변 　(주) 왕유는 당(唐)나라의 시인이자 화가로 자는 마힐(摩詰)이고 분주(汾州, 오늘날 山西省 汾陽) 출신이다. 그는 전원생활을 노래한 시인으로 이백, 두보와 함께 서정시 형식을 완성한 시인이다. 주요시작품으로 구월구일억산동형제(九月九日憶山東兄弟), 송원이사안서(送元二使安西), 잡시(雜詩) 3수(首) 등이 있고 동양화로는 강간설제도(江干雪霽圖), 강산설제도(江山雪霽圖), 복생수경도(伏生授經圖) 등이 있다.

고사 성어	**28. 고장난명(孤掌難鳴)**
한자	孤 외로울 고, 掌 손바닥 장, 難 어려울 난, 鳴 울 명
의미	손바닥 하나로는 소리가 나지 않는다. 즉 서로 협력해야 어떤 일이 이루어지기 쉽다.
동의어	**독장난명(獨掌難鳴):** 손바닥 하나로는 소리가 나지 않는다.
속담	백지장도 맞들면 낫다.
출전	한비자(韓非子)의 공명편(功名篇)
유래	고장난명(孤掌難鳴)은 중국의 법가(法家)사상의 확립가 한비자(韓非子)가 저술한 한비자의 공명편(功名篇)에 다음과 같은 '일수독박 수질무성(一手獨拍 雖疾無聲)'이란 말을 줄여서 사람들이 고장난명이라고 한데서 유래된 사자성어이다. 군주의 걱정은 호응함이 없음에 있으므로, 한 손으로 홀로 손뼉을 쳐서는 소리가 나지 않는다(人主之患 在莫之應 故曰 一手獨拍 雖疾無聲. 인주지환 재막지응 고왈 일수독박 수질무성).

고사 성어	**29. 고진감래(苦盡甘來)**
한자	苦 쓸 고, 盡 다될 진, 甘 달 감, 來 올 래(내)
의미	쓴 것이 다하면 단 것이 온다. 즉 고생 끝에 즐거움이 오다.
반의어	**흥진비래(興盡悲來):** 즐거운 일이 다하면 슬픈 일이 닥친다.
출전	논어(論語)
유래	원나라에 도종의(陶宗儀)라는 농부가 살았다. 그는 매우 똑똑하고 성실했으나 가난하여 제대로 공부를 할 수가 없었다. 그러나 그는 그런 상황에도 좌절하지 않고, 붓 대신에 숯으로, 종이 대신에 나뭇잎을 이용하여 열심히 공부했다. 그래서 그는 성인이 되어 크게 성공하였다. 이와같이 도종의가 가난하게 살면서도 성공을 위해서 고난을 슬기롭게 헤쳐나가서 결국 크게 성공했다는 데에서 고진감래(苦盡甘來)라는 말이 생기게 되었다. (주) 도종의(陶宗儀)는 남촌철경록(南村輟耕錄)이라는 책을 썼으며, 기타 저서로는 사부비유(四部備遺), 설부(說郛), 초망사승(草莽史承) 등이 있다.

고사 성어	## 30. 공자천주(孔子穿珠)
한자	孔 구멍 공, 子 아들 자, 穿 뚫을 천, 珠 구슬 주
의미	공자가 구슬을 꿴다. 즉 자기보다 못한 사람에게 모르는 것을 묻는 것은 부끄러운 일이 아니다.
유의어	①**불치하문(不恥下問):** 자신보다 못한 사람에게 묻는 것을 부끄럽게 여기지 않는다. ②**하문불치(下問不恥):** 아랫사람에게 묻는 것을 부끄럽게 여기지 않는다.
출전	목암선경(睦庵善卿)의 조정사원(祖庭事苑)
유래	공자천주(孔子穿珠)라는 말은 송(宋)나라의 목암선경이 편찬한 조정사원에 나오는 고사에서 유래하였다. 　공자(孔子)가 진(陳)나라를 지나갈 때 있었던 일이다. 공자는 어떤 사람에게 진기한 구슬을 받았는데, 이 구슬의 구멍이 아홉 구비나 되었다. 그는 이것을 실로 꿰려고 여러 가지 방법을 써 보았지만 성공(成功)할 수 없었다. 　그러다 문득 '바느질하는 아낙네라면 그 방법을 알고 있지 않을까'라는 생각이 들어 근처의 뽕밭에서 뽕잎을 따고 있는 여인에게 물었다. 그러자 그 아낙네는 이렇게 말했다. "차근차근 생각하고, 다시 생각을 차근차근 해보세요(密爾思之 思之密爾 밀이사지 사지밀이)." 　공자는 그 아낙네의 말대로 골똘히 생각해 보았다. 잠시 후 그 아낙네의 말의 의미를 깨닫고 '그렇지' 하고 무릎을 쳤다. 그리고는 나무 아래를 왔다갔다 하는 개미 한 마리를 붙잡아 그 허리에 실을 묶고는 개미를 구슬의 한쪽 구멍에 밀어 넣고, 반대편 구멍에는 꿀을 발라 놓았다. 그 개미는 꿀 냄새를 맡고 이쪽 구멍에서 저쪽 구멍으로 나왔다. 이리하여 구슬에 실을 꿸 수 있었다. 　공자는 배우는 일에 있어서 나이의 많고 적음이나 신분의 높고 낮음에 관계하지 않고 배웠다. 그래서, 공자의 이와 같은 언행을 두고 공자천주(孔子穿珠)라고 한다. 　공자는 "세 사람이 길을 가면 그중에는 반드시 나의 스승이 있다(三人行必有我師 삼인행필유아사)."라고 하여 세 사람이 어떤 일을 같이할 때는 반드시 스승으로서 배울 만한 사람이 있는 법이라고도 하였다.

고사 성어	**31. 과유불급(過猶不及)**
한자	過 지날 과, 猶 오히려 유, 不 아닐 불(부), 及 미칠 급
의미	정도가 지나치는 것은 미치지 못한 것과 같다.
유의어	①**교각살우(矯角殺牛):** 뿔을 바로잡으려다 소를 죽인다. ②**교왕과정(矯枉過正):** 굽은 것을 펴려다 정도를 지나치다. ③**교왕과직(矯枉過直):** 굽은 것을 바로잡으려다 지나치게 곧게 하다. ④**소담대실(小貪大失):** 작은 것을 탐하다 큰 손실을 입다.
출전	논어(論語)의 선진편(先進篇)

유래	과유불급(過猶不及)이라는 말은 논어의 선진편에서 공자(孔子)가 제자들과 대화 중에 하는 말에서 유래되었다.
	  공자의 제자 자공이 "사와 상은 누가 더 현명합니까?"라고 묻자, 공자는 "사는 지나치고 상은 미치지 못한다."라고 하였다(子貢問 師與商也孰賢. 子曰 師也過 商也不及. 자공문 사여상야숙현. 자왈 사야과 상야불급).
	  자공이 "그러면 사가 낫습니까?"라고 묻자, 공자는 "지나친 것은 미치지 못하는 것과 같다."라고 하였다(子貢問 然則師愈與 子曰 過猶不及. 자공문 연칙사유여 자왈 과유불급).
	
	  (주 1) 공자는 존칭이며, 본명은 공구(孔丘), 자는 중니(仲尼)이다. 춘추시대 노나라 출신의 유학자이며 논어는 공자의 제자들이 공자의 말을 옮겨 적은 언행록이다.
	  (주 2) 자공은 자이고 본명은 단목사(端木賜)이다. 자공은 언변에 뛰어나고 정치적 수완이 뛰어나서 노나라와 위나라의 재상을 지냈다.
	  (주 3) 사의 본명은 전손사(顓孫師)이고 자는 자장(子張)이다.
	  (주 4) 상의 본명은 복상(卜商)이며 자는 자하(子夏)이다.

고사 성어	**32. 과하지욕(袴下之辱)**
한자	袴 사타구니 과, 下 아래 하, 之 어조사 지, 辱 욕되게 할 욕
의미	바짓가랑이(사타구니) 사이를 기어가는 치욕을 참는다. 즉 큰 뜻을 이루기 위해서 작은 부끄러움(치욕)은 참는다.
동의어	①**면출과하(俛出胯下):** 바짓가랑이 사이를 기어가는 치욕을 참는다. ②**수과하욕(受袴下辱):** 바짓가랑이 사이를 기어가는 치욕을 참는다.
출전	사기(史記) 회음후열전(淮陰侯列傳)
유래	과하지욕(胯下之辱)은 사기 회음후열전에 나오는 고사로서 한신(韓信)이 불량배에게 당한 일화에서 유래하였다. 한신은 회음 출신으로 어릴 적에는 집이 가난하였다. 장사꾼이 되어 돈을 벌지도 못한 채 늘 남의 신세를 지며 생계를 이어갔다. 한신은 하향 남창의 정장(亭長: 향촌의 장)에게 빌어먹은 적도 있었는데 정장의 아내는 그를 못마땅하게 생각해서 새벽부터 일어나 식사를 준비해 일찍 끝내버렸다. 아침 식사 때에 가도 그가 먹을 밥상이 차려져 있지 않자, 한신은 그녀의 뜻을 알고 그 집에서 나왔다. 어느 날 한신이 성 아래서 낚시를 하고 있었는데 옆에서 빨래하던 아낙이 불쌍히 여기고 밥을 주었다. 수십 일을 그렇게 얻어먹고 한신이 말했다. "제가 후에 반드시 이 은혜를 두터이 갚겠습니다." 이에 아낙이 화를 내며 "젊은 대장부가 먹고 살아가지도 못하니, 그대가 불쌍해서 밥을 차려준 것이오. 보답을 바라고 한 일이 아니란 말이오!"라고 하였다. 회음의 불량배는 "남자가 칼을 차고 다니기나 좋아하고 겁만 많다니."라고 한신을 비난하며, 사람들 앞에서 한신을 망신줄 요량으로 "죽음이 두렵지 않다면 그 검으로 나를 찌르시오. 죽음이 두렵다면 내 가랑이 밑으로 지나가시오(能死 刺我 不能 出跨下. 능사 자아 불능 출과하)."라고 하였다. 한신은 불량배를 한참 보다가 몸을 구부려 바짓가랑이 밑으로 기어서 지나갔다. 이 모습을 본 사람들은 한신을 비웃으며 못난 겁쟁이라고 놀려댔다. 그러나 그는 후에 능력을 인정받고 한(漢)나라의 무장이 되어 유방(劉邦)을 도와 초(楚)나라 항우(項羽)를 패배시키는데 많은 공을 세웠다. 고향으로 금의환향(錦衣還鄉)한 한신은 어려웠던 시절에 밥을 먹여준 정장과 빨래하던 아낙에게 은혜를 갚았으며, 저잣거리에서 가랑이 밑으로 기어가는 치욕을 준 사람은 치안을 담당하는 관리로 임명하였다.

고사성어	**33. 관포지교(管鮑之交)**
한자	管 피리 관, 鮑 절인 어물 포, 之 어조사 지, 交 사귈 교
의미	관중과 포숙의 사귐. 즉 우정이 아주 두터운 친구 관계.
유의어	①금란지교(金蘭之交): 단단하기가 쇠와 같고 아름답기가 난초의 향기와 같은 사귐. ②죽마고우(竹馬故友): 대나무로 만든 말을 함께 타고 놀던 벗. 즉 어릴 때부터 같이 놀며 자란 벗. ③지란지교(芝蘭之交): 지초와 난초같이 향기로운 사귐. 즉 친구 사이의 아름다운 우정.
출전	사마천의 사기(史記) 관안열전(管晏列傳), 좌구명(左丘明)의 춘추좌씨전(春秋左氏傳)
유래	사기 관안열전과 좌구명이 지은 춘추좌씨전에 관중과 포숙의 이야기에서 관포지교(管鮑之交)라는 말이 생기게 되었다. 　관중(管仲)과 포숙(鮑淑)은 춘추시대 제나라의 명재상들로서 어렸을 때 더없이 절친한 친구였다. 　포숙이 자본을 대고 관중이 경영을 담당하며 서로 동업하였으나, 관중이 이익금(利益金)을 혼자 독차지한 적이 있었으나 집안이 부유했던 포숙은 너그럽게 이해하면서 다음과 같이 말하였다. '혼자 독차지한 것은 관중의 집안이 가난한 탓이다.' 　또 한번은 함께 전쟁에 출병한 적이 있었는데, 관중이 세 번이나 도망을 친 적이 있었다. 이때도 포숙은 그를 비겁자라고 생각하지 않고 너그럽게 이해하였다. '도망친 것은 관중에게는 늙으신 어머님이 계시기 때문이다.' 　후에 두 사람은 정계에 진출하여 관중은 규(糾)를 포숙은 소백(小白)을 섬기게 되었고, 이로 인해 서로 대치하는 사이가 되었다. 그러나 얼마 후 춘추전국시대 소백(환공 桓公)이 제나라 실권을 장악하게 되자 관중은 죽을 위기에 처하였다. 　그러자 포숙이 제나라 임금인 환공에게 아뢰었다. "전하께서 제나라에 만족하신다면 저 하나로 족합니다. 하지만 천하를 얻고자 하신다면 관중을 죽이지 말고 등용하셔야 합니다." 　포숙의 진언 덕분에 관중은 겨우 목숨을 구했다. 관중은 나중에 수상이 되어 환공을 패자로 만드는 데 큰 공을 세웠다. 이와같이 포숙은 관중을 끝까지 믿고 그를 밀어주었다. 　그래서 관중은 뒷날 포숙을 평하여 '나를 낳아준 사람은 부모이지만 나를 알아준 사람은 포숙뿐이다(生我者父母 知我者鮑子也. 생아자부모 지아자포자야).'라고 말했다.

고사성어	**34. 교언영색(巧言令色)**
한자	巧 공교할 교, 言 말씀 언, 令 영 영(령), 色 빛 색
의미	호감을 얻기 위해 말을 교묘하게 하고 얼굴빛을 꾸민다. 즉 환심을 사기 위해 꾸미는 교묘한 말과 아첨하는 얼굴빛을 말한다.
유의어	**아유구용(阿諛苟容):** 남의 환심을 사려고 구차하게 행동하고 아첨하다.
반의어	**강의목눌(剛毅木訥):** 강직하고 굳세며 순박하고 말이 적어 듬직하다. ※ 訥: 말더듬을 뜻이 아니라 '말이 적음'이란 뜻이다.
출전	논어(論語) 학이편(學而篇)
유래	교언영색(巧言令色)이라는 말은 논어 학이편에서 공자(孔子)께서 "교묘하게 말을 꾸며서 아첨하는 얼굴을 하는 사람은 어진 사람이 드물다(子曰 巧言令色 鮮矣仁. 자왈 교언영색 선의인)."라고 한 데서 유래하였다. 또한 공자께서는 굳세고 꿋꿋하고 질박하고 어눌함이 인에 가깝다(子曰 剛毅木訥 近仁. 자왈 강의목눌 근인).라고도 말했다.

고사성어	**35. 교학상장(敎學相長)**
한자	敎 가르칠 교, 學 배울 학, 相 서로 상, 長 긴 장
의미	가르치고 배우면서 서로 성장하다.
동의어	**효학상장(斅學相長):** 가르치고 배우면서 서로 성장하다.
출전	예기(禮記) 학기편(學記編)
유래	예기의 학기편에 '교학상장야(敎學相長也)'라는 말에서 교학상장(敎學相長)이라는 말이 유래하였다. 사람이 배우고 나서야 부족함을 알게 되고, 가르쳐보고 나서야 비로소 어려움을 알게 된다. 자신의 부족함을 알고 나면 스스로 반성하게 되고, 어려움을 안 후에야 스스로 강해질 수 있다. 그러므로 가르침과 배움은 함께 성장하는 것이다(學然後知不足 敎然後知困. 知不足然後能自反也 知困然後能自强也. 故曰 敎學相長也. 학연후지부족 교연후지곤. 지부족연후능자반야 지곤연후능자강야. 고왈 교학상장야). 열명편에서 가르침이 배움의 반이라 한 것은 이를 두고 한 말이 아니겠는가(兌命曰 斅學半 其此之謂乎 열명왈 효학반 기차지위호)?

고사성어	**36. 구밀복검(口蜜腹劍)**
한자	口 입 구, 蜜 꿀 밀, 腹 배 복, 劍 칼 검
의미	입에 꿀이 있고 배에 칼이 있다. 즉 겉으로는 절친한 척하지만 내심으로는 음해할 생각을 하거나 돌아서서 헐뜯는다.
유의어	**소중유검(笑中有劍):** 웃음 속에 칼이 있다. 즉 겉으로는 미소를 띠우고 온화한 것 같으나 내심으로는 음흉하고 악독하다.
출전	증선지(曾先之)의 십팔사략(十八史略)
유래	당나라 현종(玄宗)은 45년 치세의 초기에는 측천무후 이래 정치의 난맥을 바로잡고 안정된 사회를 이뤄 정치를 잘한 인물로 칭송을 받았으나 시간이 흐르면서 정치에 염증을 느끼고 양귀비(본명 양옥환 楊玉環)를 총애하여 주색에 빠져들기 시작했다. 　그 무렵 간신 이임보(李林甫)는 환관에게 뇌물을 바친 인연으로 왕비에 들러붙어 현종의 환심을 사서 재상이 되었으며 황제의 비위만 맞추면서 절개가 곧은 신하의 충언(忠言)이나 백성들의 간언(諫言)이 황제의 귀에 들어가지 못하게 막았다. 한번은 비리를 탄핵하는 어사에게 이렇게 말했다. 　"폐하께서는 명군이시오. 그러니 신하들이 무슨 말을 아뢸 필요가 있겠소. 저 궁전 앞에 서 있는 말을 보시오. 어사도 저렇게 잠자코 있으시오. 만일 쓸데없는 말을 하면 가만두지 않겠소." 이런 식으로 신하들의 입을 봉해 버렸다. 설령 직언을 생각하고 있는 선비라도 황제에게 접근할 엄두조차 낼 수가 없었다. 　사람들은 '이임보는 현명한 사람을 미워하고 능력 있는 사람을 질투하여 자기보다 나은 사람을 배척하고 억누르는 성격이 음험한 사람이다. 사람들이 그를 보고 입에는 꿀이 있고 배에는 칼이 있다(李林甫 妬賢嫉能 性陰險 人以爲 口有蜜腹有劍. 이임보 투현질능 성음험 인이위 구유밀복유검).'라고 말했다. 　그가 야밤 중에 서재 언월당에 들어앉아 장고를 했다하면 다음 날은 예외없이 누군가가 주살되었으며, 자주 옥사를 일으켰으므로 황태자를 비롯해 많은 사람이 그를 두려워했다. 　그는 재상으로 19년 동안 있으면서 국가를 어지럽히는 데도 현종은 깨닫지 못했다. 　그리고 안녹산(安祿山)도 이임보의 술수를 두려워해서 감히 반란을 일으키지 못했다. 이임보가 죽자 양귀비의 일족인 양국충(楊國忠)이 재상이 되었다. 양국충은 재상이 되자 죄목을 낱낱이 밝혀 현종에게 고하자 이제야 깨달은 현종은 그의 생전의 관직을 박탈하고, 부관참시의 극형에 처했다. 이임보가 죽은 후 안녹산의 난이 일어나 당나라가 멸망하는 주원인이 되었다.

고사 성어	**37. 구사일생(九死一生)**
한자	九 아홉 구, 死 죽을 사, 一 한 일, 生 날 생
의미	아홉 번 죽을 뻔하다가 한 번 살아난다. 즉 죽을 고비를 여러 차례 넘기고 겨우 살아나오다.
유의어	①**기사근생(饑死僅生):** 거의 다 죽어가다가 겨우 살아나다. ②**기사회생(起死回生):** 거의 죽을 뻔하다 도로 살아나다.
출전	사기 굴원(屈原) 열전편(列傳篇) 시 이소(離騷)
유래	전국시대 초나라 정치가이자 시인인 굴원(屈原)은 학식이 깊고 글재주가 뛰어나 삼려대부(三閭大夫)의 벼슬에 오르기도 했다. 하지만 그를 시기하는 간신들에게 모함받아 관직에서 쫓겨났다. 그 뒤 굴원은 좌절과 방황 속에 불행하게 살다 돌을 안고 멱라수(汨羅水)에 몸을 던져 죽었다. 그는 평소에 충언을 빙자한 간사함이 임금의 공명정대함을 흐리게 해 진정한 충신들이 미움을 받는 현실을 미워했다. 　그가 나라와 임금을 걱정하는 충정에서 지은 이소(離騷)라는 시에 '수구사기유미회(雖九死其猶未悔)'라는 구절에서 구사일생(九死一生)이라는 말이 유래되었다. 긴 한숨 쉬며 눈물을 닦으며 백성들의 힘든 삶을 슬퍼하노라. 내 고결하게 살고 조심한다 했지만 아침에 바른말 하다 저녁에 쫓겨났네. 혜초를 둘렀다고 나를 버리고 구릿대를 지녔다고 또 쫓아내네. 그래도 내 마음이 선하다고 믿어 비록 아홉 번 죽더라도 후회하지 않으리. 長太息以掩涕兮　　장태식이엄체혜 哀民生之多艱　　　애민생지다간 余雖好脩姱以鞿羈兮　여수호수과이기기혜 謇朝誶而夕替　　　건조수이석체 旣替余以蕙纕兮　　기체여이혜양혜 又申之以攬茝　　　우신지이람채 亦余心之所善兮　　역여심지소선혜 雖九死其猶未悔　　수구사기유미회

고사성어	**38. 구우일모(九牛一毛)**
한자	九 아홉 구, 牛 소 우, 一 한 일, 毛 털 모
의미	아홉 마리 소 가운데 하나의 털. 즉 아주 많은 것 가운데 극히 적은 하나.
유의어	①**대해일속(大海一粟):** 큰 바다에 던져진 좁쌀 한 톨. ②**대해일적(大海一滴):** 큰 바다 가운데에 물 한 방울. ③**창해일속(滄海一粟):** 넓은 바다에 좁쌀알 하나.
출전	한서(漢書) 사마천(司馬遷)의 보임안서(報任安書)
유래	구우일모(九牛一毛)라는 말은 사마천이 임안(任安)에게 보낸 편지에서 유래되었다. 한나라 무제 때 이릉(李陵)이라는 장수가 있었다. 그는 아주 용맹스럽고 싸움을 잘하기로 이름난 장수였다. 무제는 이릉을 시켜 흉노족을 정벌하게 하였다. 흉노족이 앞을 가로막았지만 이릉의 군대는 용감하게 싸워 수천 명을 무찔렀다. 흉노족 선우 왕은 다시 군사를 더 끌어모아 이릉을 공격했으나 도무지 이길 수 없었다. 하는 수 없이 공격을 멈추고 군사를 물리기로 했다. 그때 잘못을 저지르고 흉노(匈奴)로 도망쳐온 이릉의 부하로부터 뜻하지 않은 군사 기밀을 얻게 되었다. "지금 이릉의 군대는 화살도 거의 떨어졌고 식량도 바닥이 났습니다. 구원병(救援兵)도 오지 않을 테니 조금만 더 공격하면 이길 수 있습니다." 흉노 선우 왕은 말 머리를 돌려 이릉의 군대를 겹겹이 포위한 채 공격을 퍼부었다. 이릉의 군대는 화살과 식량이 다 떨어지고 죽는 이도 많았다. 후퇴할 길도 막히고 구원병도 오지 않자 이릉은 눈물을 머금은 채 항복하였다. 포로로 잡힌 이릉은 장수답게 목숨을 끊으려 했지만, 훗날을 다짐하며 치욕을 참았다. 흉노 왕은 이릉의 용맹함을 높이 사 딸을 아내로 주며 후하게 대접했다. 이 소식이 전해지자 크게 화난 무제는 이릉의 노모와 처자를 죽이고 그 죄를 물으려 했다. 그 자리에 있는 이릉의 친구들과 신하들은 황제가 두려워 아무 말도 꺼내지 못했다. 오직 사관으로 있던 사마천만이 그를 변호하며 말했다. "이릉은 불과 5천의 군사로 그 배에 달하는 흉노족과 맞서 싸웠습니다. 화살과 식량이 떨어지고 구원병도 도착하지 않은 데다 군사들 가운데 배신자(背信者)가 있어 패한 것입니다. 이릉의 투항은 어쩔 수 없는 선택이옵니다. 언젠가 기회를 엿보아 한나라에 충성을 다할 테니 그 마음을 헤아려 주시옵소서." 무제는 이릉을 감싸고 나선 사마천을 똑같은 반역자라 여겼다.

"저놈을 당장 옥에 가두어라."

사마천은 죄인이 되어 옥에 갇힌 뒤, 궁형(생식기 자르는 형)을 당했다. 옥에서 그는 억울한 심정을 친구 임안(任安)에게 편지를 써서 보냈다.

처음에 궁형을 당하고 난 뒤 스스로 목숨을 끊어 모두 잊으려 했네. 하지만 나 죽는 일쯤은 '소 아홉 마리에서 빠진 털 하나(九牛一毛)'와 같으니 죽어 봤자 개미 한 마리가 없어진 듯, 누구도 거들떠보지 않을 것이네. 이런 치욕을 참고 견디며 살아 있는 것은 꼭 해야 할 일이 아직 나에게 남아 있어서네. 부친께서 유언으로 남긴 역사서인 사기를 아직 완성하지 못했기 때문일세.

보임안서의 내용 일부를 소개하면 다음과 같다.

사람이란 누구나 한 번은 죽을 뿐이지만
어떤 죽음은 태산보다 무겁기도 하고,
어떤 죽음은 새의 깃털만큼이나 가볍기도 하니
그것은 죽음을 사용하는 방법이 다른 까닭이다.

人固有一死　　인고유일사
死有重於泰山　사유중어태산
或輕於鴻毛　　혹경어홍모
用之所趨異也　용지소추이야

(주 1) 사마천(司馬遷)은 한나라 무제 때의 역사가이다. 그는 흉노족과의 전투에서 투항한 이릉 장군의 처분 논의에서 그를 옹호하다가 무제의 노여움을 사서 궁형을 당했다. 그는 중국 최고의 역사서이자 최고의 문학서라고 평가받는 '사기'의 저자이다.

(주 2) 고대 중국 오형(五刑)과 조선 시대의 오형(五刑)

①고대 중국에서 행하던 다섯 가지 형벌로 묵형(墨刑: 죄명을 신체에 새기는 문신형), 의형(劓刑: 코베기형), 월형(刖刑: 발뒤꿈치 베기형), 궁형(宮刑: 생식기에 가한 형), 대벽(大辟: 참수형)을 말한다.

②조선 시대 중국 명의 법전인 '대명률'에 의거 죄인을 벌하던 다섯 가지 형벌로 태형(笞刑: 볼기 매질), 장형(杖刑: 큰 나무 회초리로 볼기 매질, 의자에 묶어놓고 정강이 매질), 도형(徒刑: 징역), 유형(流刑: 귀양, 유배), 사형(死刑: 교형, 참형)을 말한다.

고사성어	**39. 구화지문(口禍之門)**
한자	口 입 구, 禍 재앙 화, 之 어조사 지, 門 문 문
의미	입은 재앙의 문이다. 즉 말을 삼가고 입을 조심해야 한다.
속담	화(禍)는 입으로부터 나오고 병(病)은 입으로부터 들어간다.
출전	전당서(全唐書) 풍도(馮道)의 설시편(舌詩篇)
유래	전당서 풍도라는 사람이 지은 설시에 '구시화지문(口是禍之門)'이라는 구절에서 구화지문(口禍之門)이라는 말이 생기게 되었다. "입은 곧 재앙의 문이요. 혀는 곧 몸을 자르는 칼이다. 입을 닫고 혀를 깊이 간직하면 처신하는 곳마다 몸이 편하다(口是禍之門 舌是斬身刀. 閉口深藏舌 安身處處牢. 구시화지문 설시참신도. 폐구심장설 안신처처뢰)." (주) 풍도(馮道)는 당나라 말기에 태어났으나 당이 망하고 송이 설 때까지 53년 동안 흥망한 후당, 후진, 후량, 후한, 후주 등 5국의 왕조에서 8개의 성을 가진 11명의 왕을 모신 재상이었다. 그래서 그를 오조팔성십일군(五朝八姓十一君)을 섬긴 정치가라고 칭한다.

고사성어	**40. 군계일학(群鷄一鶴)**
한자	群 무리 군, 鷄 닭 계, 一 한 일, 鶴 학(흰 두루미) 학
의미	닭의 무리 가운데에 있는 한 마리의 학. 즉 많은 사람 중에는 뛰어난 인물이 있다. 중국에서는 학립군계(鶴立群鷄)라고 한다.
유의어	①계군고학(鷄群孤鶴): 닭의 무리에 있는 외로운 한 마리 학. ②계군일학(鷄群一鶴): 닭의 무리의 속에 있는 한 마리 학.
출전	진서(晉書)의 혜소전(嵆紹傳)
유래	군계일학(群鷄一鶴)은 진서의 혜소전에 나오는 혜강(嵆康)의 친구 대화에서 유래하였다. 중국 위나라 때 죽림칠현(竹林七賢)의 한 명인 혜강이라는 선비가 있었다. 그에게는 혜소(嵆紹)라는 아들이 있었는데, 그도 부친을 닮아 매우 똑똑했다. 혜소는 왕에게 벼슬을 받아 난생처음 서울로 들어가게 되었다. 의젓하게 거리를 걸어가는 혜소의 모습을 본 혜강의 친구가 이튿날 부친 혜강에게 "혜소는 자세가 의젓하고 잘생겨서 닭 무리 속에 한 마리의 학이 내려앉은 것 같네(昂昂然如鶴野之在鷄群 앙앙연여학야지재계군)."라고 말했다.

고사 성어	**41. 권모술수(權謀術數)**
한자	權 꾀할(저울추) 권, 謀 꾀할 모, 術 꾀 술, 數 셀 수
의미	목적 달성을 위해 수단과 방법을 가리지 않는 모략이나 술책.
동의어	**권모술책(權謀術策):** 목적 달성을 위해 수단과 방법을 가리지 않는 모략이나 술책.
출전	홍자성(洪自誠)의 채근담(菜根譚)
유래	권모술수(權謀術數)라는 사자성어는 홍자성(본명 홍응명 洪應明)이 지은 채근담에 다음과 같은 말에서 유래되었다. 　'권모술수를 알지 못하는 사람은 고결한 사람이다. 그러나 이것을 쓸 줄 알면서도 쓰지 않는 사람은 더욱 고결한 사람이다(智械機巧 不知者爲高. 知之而不用者 爲无高. 지계기교 부지자위고. 지지이불용자 위무고).'라고 하였다. 　권모술수라는 사자성어는 권모와 술수가 합쳐진 말로써 쓸 수 있는 능력이 있으면서도 쓰지 않는 사람이라면 진실로 고결한 사람이라는 것이다.

고사 성어	**42. 권토중래(捲土重來)**
한자	捲 말 권, 土 흙 토, 重 무거울(거듭) 중, 來 올 래(내)
의미	흙먼지를 일으키며 다시 돌아온다. 즉 실패하고 떠난 후 실력을 키워서 다시 도전하다.
유의어	**사회부연(死灰復燃):** 잃었던 권세를 다시 찾거나 곤경에 처해 있던 사람이 다시 훌륭하게 되다.
출전	두목(杜牧)의 제오강정(題烏江亭), 사기(史記) 항우본기(項羽本紀)
유래	당(唐)나라 시인 두목은 제오강정이라는 시에서 다음과 같이 말했다. 　'승패란 병가에서 기약할 수 없는 것이니 부끄러움을 알고 참는 것이 남아로다. 강동(江東)의 자제 중에는 준걸이 많은데, 흙먼지를 날리면서 다시 올 것을 알지 못했도다(勝敗不可兵家期 包羞忍恥是男兒. 江東子弟多才俊 捲土重來未可知. 승패불가병가기 포수인치시남아. 강동자제다재준 권토중래미가지).' 　두목은 초나라 항우(項羽)가 죽은 지 천년이 지난 어느 날 오강의 여관에 머물러, 그의 단순하고 격한 성격, 우미인(항우가 사랑한 여인)과의 이별에서 볼 수 있는 인간성 그리고 그의 요절(31세에 죽음) 등을 회상하며 비감(悲感)에 잠겨 이 시를 지었다.

고사성어	**43. 귤화위지(橘化爲枳)**
한자	橘 귤 귤, 化 화할 화, 爲 될 위, 枳 탱자 지
의미	기후와 풍토가 다르면 심은 지역에 따라서 귤이 탱자로 되듯이 사람도 주위 환경에 따라 변화될 수 있다.
유의어	**남귤북지(南橘北枳):** 강남의 귤을 강북에 심으면 탱자가 된다. 즉 사는 곳의 환경에 따라 착하게도 되고 악하게도 되다.
출전	안자춘추(晏子春秋)
유래	중국 춘추시대 제(齊)나라 안자(본명 안영 晏嬰)가 초나라 사신으로 갔을 때 초(楚)나라 영왕(靈王)이 일부러 사신의 기를 죽이기 위해 제나라 출신으로 도둑이 된 자를 끌고 오게 해서 그 죄수(罪囚)에게 어떤 죄목으로 잡혔고 어느 나라 출신이냐고 물었다. 이때 죄수가 제나라 출신이라고 답하자 영왕은 사신 안자(晏子)에게 '제나라 사람들은 도둑뿐이구나.'하고 비웃었다. 초나라 영왕의 비웃음에 제나라 안자는 다음과 같이 말하였다. "신이 듣건대 '귤을 회수 이남에 심으면 귤이 되지만 회수 이북에 옮겨 심으면 탱자가 된다(橘化爲枳 귤화위지).'라고 합니다. 둘은 서로 비슷하지만 과일의 맛과 향은 완전히 다릅니다. 무엇 때문이겠습니까? 물과 토질이 다르기 때문입니다. 그와 마찬가지로 저 사람도 본래 제나라에 있을 때는 선한 사람이었지만 초나라로 옮겨와 살면서 나쁜 물이 들었기에 저렇게 도둑이 된 것입니다." 사신은 단순히 높은 지식뿐 아니라 뛰어난 임기응변(臨機應變), 순발력이 중요하다는 것을 일깨워 주었다. (주) 안자춘추(晏子春秋)는 중국 춘추시대 말기 제(齊)의 명재상 안자(본명 안영 晏嬰)의 언행을 후대인(後代人)이 기록한 책이다.

고사 성어	**44. 근묵자흑(近墨者黑)**
한자	近 가까울 근, 墨 먹 묵, 者 놈 자, 黑 검을 흑
의미	먹을 가까이하는 사람은 검게 된다. 즉 사람은 주위 환경에 따라 변할 수 있다.
유의어	**근주자적(近朱者赤):** 붉은 인주를 가까이하면 붉게 된다. 즉 주위 환경에 따라 변할 수 있다.
반의어	**마중지봉(麻中之蓬):** 마(삼)밭 속의 쑥. 즉 좋은 벗과 사귀면 동화되어 좋은 사람이 된다.
출전	부현(傅玄)의 태자소부잠(太子少傅箴)
유래	근묵자흑(近墨者黑)은 부현의 태자소부잠에 나오는 말에서 유래되었다. 무릇 쇠와 나무는 일정한 형상이 없어 겉 틀에 따라 모나게도 되고 둥글게도 된다. 또 틀을 잡아 주는 도지개(활 바로 잡는 틀)가 있어 도지개에 따라 습관과 성질이 길러진다. 　'고로 주사(붉은 인주)를 가까이하면 붉게 되고, 먹을 가까이하면 검게 된다. 소리가 조화로우면 울림이 맑고, 형태가 곧으면 그림자도 역시 곧다(故近朱者赤 近墨者黑 聲和則響淸 形正則影直. 고근주자적 근묵자흑 성화칙향청 형정칙영직).'

고사 성어	**45. 근하신년(謹賀新年)**
한자	謹 삼갈 근, 賀 하례 하, 新 새 신, 年 해 년
의미	삼가 새해를 축하하다. 이 말은 일본어에서 유래한 말이다.
유의어	①**공하신년(恭賀新年):** 삼가 새해를 축하하다. ②**근하신춘(謹賀新春):** 삼가 새봄을 맞아 축하하다.
출전	일본(日本) 연하장(年賀狀)
유래	근하신년(謹賀新年)은 일본에서 연말 연하장에 사용하면서 비롯된 것으로 근하신년이라는 사자성어의 역사는 길지 않다. 　1871년 우편제도가 만들어졌고 연말에 연하장을 보내는 관습으로 정착된 것은 그로부터 16년 뒤인 1887년 무렵부터이다. 　(주) 괄호 말은 일본식 한자말을 우리가 만든 말로 바꾼 것이다. 　고수부지(高水敷地 둔치), 구좌(계좌), 잔고(잔액), 현해탄(玄海灘 대한해협 남쪽), 세대주(世帶主 가구주), 회람(돌려보기), 시말서(경위서), 납기(기한), 고참(선임), 내 18번 곡(내 애창곡) 등

고사 성어	**46. 금란지교(金蘭之交)**
한자	金 쇠 금, 蘭 난초 란(난), 之 갈 지, 交 사귈 교
의미	단단하기가 쇠와 같고 아름답기가 난초 향기와 같은 사귐. 즉 두 사람 사이에 서로 마음이 맞고 교분이 두터워서 아무리 어려운 일이라도 해나갈 만큼 우정이 깊은 사귐.
유의어	①**금란지계(金蘭之契)**: 친구 사이의 매우 두터운 정. ②**금석지교(金石之交)**: 우정이 쇠와 돌처럼 변함이 없음. ③**단금지계(斷金之契)**: 무쇠를 자를 정도의 굳은 사귐. ④**단금지교(斷金之交)**: 쇠라도 자를 만큼 강한 교분.
반의어	**시도지교(市道之交)**: 시장과 길거리에서 이뤄지는 이익만을 위한 교제.
출전	주역(周易)의 계사상전(繫辭上傳)
유래	주역의 계사상전에 다음과 같은 말에서 금란지교(金蘭之交)라는 말이 유래 되었다. 　공자께서 말하기를 두 사람의 마음을 합치면 그 예리함이 쇠도 끊는다. 함 께 하는 사람들이 처음에는 울다가 나중에는 웃는다. 군자의 도는 혹은 나가 벼슬하고 혹은 물러나 집에 있으며 혹은 침묵을 지키지만 혹은 크게 말한다. 두 사람이 마음을 같이하면 그 예리함이 쇠도 끊을 것이요, 마음을 같이 하는 말은 그 향기가 난초의 향기와 같다(子曰 二人同心 其利斷金. 同人 先號咷 而後笑. 君子之道 或出惑處 或默惑語. 二人同心 其利斷金 同心之言 其 臭如蘭 자왈 이인동심 기리단금. 동인 선호도이후소. 군자지도 혹출혹처 혹 묵혹어. 이인동심 기이단금 동심지언 기취여란). 　여기에서 금란지교(金蘭之交)나 단금지교(斷金之交)와 같은 말이 생기게 되었다.

고사 성어	**47. 금상첨화(錦上添花)**
한자	錦 비단 금, 上 위 상, 添 더할 첨, 花 꽃 화
의미	비단 위에 꽃을 더한다. 즉 좋은 일에 좋은 일이 더하여져 더욱 좋게 된다. 금 상첨화는 중국 속담이었는데 문인들이 자주 인용해서 시를 지으면서 고사성어 로 굳어졌다.
반의어	①**설상가상(雪上加霜):** 눈 위에 서리가 내린다. 즉 어려운 일이 겹치다. ②**설상가설(雪上加雪):** 눈 위에 눈이 덮인다. ③**전호후랑(前虎後狼):** 앞에 호랑이 뒤에는 이리가 있다.
출전	왕안석(王安石)의 시 즉사(卽事)
유래	왕안석의 즉사라는 시의 '여창잉첨금상화(麗唱仍添錦上花)'라는 말에서 금 상첨화(錦上添花)라는 말이 유래하였다. 　강물은 정원을 흘러 언덕 서쪽으로 기울어지는데 　바람이 맑고 투명하여 꽃에는 이슬이 맺혔네. 　문 앞의 버드나무는 도연명(陶淵明)이 심고 산 집이고 　우물가의 오동나무는 옛날 총지(總持)의 집일세. 　좋은 초대를 받아 술잔에 술을 거듭하니 　아름다운 노래가 있어 비단 위에 꽃을 더하네. 　문득 무릉도원(武陵桃源)에 술과 안주의 손님이 되니 　냇물의 근원에는 붉은 노을이 가득하겠지. 　河流南苑岸西斜 하류남원안서사 　風有晶光露有華 풍유정광로유화 　門柳故人陶令宅 문류고인도령택 　井桐前日總持家 정동전일총지가 　嘉招欲覆盃中綠 가소욕복배중록 　麗唱仍添錦上花 여창잉첨금상화 　便作武陵樽俎客 편작무릉준조객 　川源應未少紅霞 천원응미소홍하

고사성어	**48. 금의환향(錦衣還鄉)**
한자	錦 비단 금, 衣 옷 의, 還 돌아올 환, 鄉 시골 향
의미	비단옷을 입고 고향에 돌아가다. 즉 출세하여 고향에 돌아가다.
유의어	**금의주행(錦衣晝行):** 비단옷을 입고 낮 길을 가다. 즉 성공하여 고향에 돌아가다.
출전	사기(史記) 항우본기(項羽本記)
유래	금의환향(錦衣還鄉)이라는 말은 진나라 때의 사기 항우본기(項羽本記)의 이야기에서 유래되었다. 유방(劉邦)이 먼저 진나라의 도읍인 함양을 점령하자 화가 난 항우(項羽)가 대군을 거느리고 홍문까지 진격하였다. 이때 유방은 장량과 범증의 건의로 함양을 항우에게 양보하였다. 함양에 입성한 항우는 유방과는 달리 아방궁(진의 시황제가 세운 궁전)을 불태우고, 궁중의 금은보화(金銀寶貨)와 궁녀들을 겁탈하고, 시황제의 묘까지지도 파헤쳤다. 항우는 함양이 마음에 들지 않아 고향인 팽성(彭城)에 도읍을 정하려고 하였다. 이에 신하들은 항우가 예로부터 패왕의 땅이었던 함양을 버리고 팽성으로 도읍을 옮기겠다고 하자 모두가 할 말을 잃었다. 이때 항우의 참모 간의대부 한생(韓生)이 간언(諫言)했지만 항우는 다음과 같이 말했다. "지금 길거리에서 '부귀를 이루고도 고향으로 돌아가지 않는 것은 비단옷을 입고 밤길을 걷는 것과 같다(富貴不歸故鄉 如衣錦夜行. 부귀불귀고향 여의금야행).'라는 노래가 떠돌고 있다고 하네. 이는 나를 두고 하는 말일 거야. 그러니 길일을 택하여 도읍을 팽성으로 옮기도록 하라."면서 비단옷을 입었으면 고향으로 돌아가는 것(錦衣還鄉 금의환향)이 마땅하다." 그러자 물러나던 한생은 간언을 하면서 "사람들 말로는 초나라 인간들이 갓 쓴 원숭이라던데 과연 그렇군(人言 楚人沐猴而冠, 果然. 인언 초인목후이관, 과연)."이라고 중얼거렸다. 화가 머리끝까지 솟은 항우는 한생을 기름이 끓는 가마 속에 넣어 죽이고 말았다. 하지만 이 노래는 항우가 천하의 요새인 함양에 있는 한 유방이 승리할 수 없으므로 항우를 함양에서 쫓아내기 위해 장량이 퍼뜨린 것이었다. 그러나 함양을 싫어했던 항우는 그 노래가 하늘의 뜻이라고 여기고 마침내 팽성으로 도읍지를 옮겼다. 결국, 항우는 함양을 차지한 유방에게 해하(垓下)에서 크게 패해서 천하를 넘겨주고 만다. 금의환향으로 자신의 공덕을 고향 사람들에게 널리 알리기는 하였지만 천하를 잃고 말았다.

고사 성어	**49. 기사회생(起死回生)**
한자	起 일어날 기, 死 죽을 사, 回 돌아올 회, 生 날 생
의미	죽은 사람이 일어나 다시 살아난다. 즉 위기에 처한 상황이 기적적으로 나아지다.
출전	여씨춘추(呂氏春秋) 별류편(別類篇)
유래	기사회생(起死回生)이라는 말은 진(秦)나라 재상 여불위(呂不韋)가 시켜 편록한 여씨춘추 별류편에 '이시기사회생의(以是起死回生矣)'라는 말에서 유래하였다. 　노나라 사람인 공손작(公孫綽)은 나는 죽은 사람을 살릴 수 있다. 사람들이 방법을 물어보니 나는 반신불수를 고칠 수 있다. 반신불수를 고치는 약을 배로 늘리면 그것으로 죽은 사람을 살릴 것이다(魯人公孫綽曰 我可活死人也. 人問其方 我可治半身不隨. 治半身不隨之藥倍增 以是起死回生矣. 노인공손작왈 아가활사인야. 인문기방 아가치반신불수. 치반신불수지약배증 이시기사회생의).라고 말하였다.

고사 성어	**50. 기호지세(騎虎之勢)**
한자	騎 말 탈 기, 虎 범 호, 之 어조사 지, 勢 형세 세
의미	호랑이를 타고 달리는 형세. 즉 중도에서 그만둘 수 없는 형세.
출전	수서(隋書) 후비전(后妃傳), 진서(晉書) 온교전(溫嶠傳)
유래	기호지세(騎虎之勢)는 수나라 문제(文帝)인 양견(楊堅)의 황후 독고씨(獨孤氏)가 남편을 격려하는 말에서 유래하였다. 　남북조시대 말엽, 북조의 마지막 왕국인 북주의 선제(宣帝)가 죽자, 재상 양견이 입궐하여 국사를 총괄하게 되었다. 그는 왕의 유능한 외척인데 한족으로 그 전부터 오랑캐에게 빼앗긴 이 땅에서 한인의 천하를 회복하겠다는 야망을 품고 있었다. 선제가 죽은 틈을 타 그가 궁중에서 일을 꾸미고 있을 때, 남편의 의중을 알고 처인 독고씨는 남편에게 전간(傳簡)을 보내, "대사가 이미 벌어졌는데, 이는 범에 올라 탄 형세와 같아 중간에서 내릴 수 없는 일입니다. 그러니 부디 목적을 달성하소서(大事已然 騎獸之勢 必不得下. 대사이연 기수지세 필부득하)."라고 전했다. 　처의 말에 용기를 얻은 양견은 선제의 아들 정제를 폐위하고, 수(隋)나라를 세워 황제에 올라 문제(文帝)가 되었다. 그는 그로부터 8년 후 남조인 진(陳)나라를 쳐서 천하를 통일하였다.

고사성어	**51. 난형난제(難兄難弟)**
한자	難 어려울 난, 兄 맏 형, 弟 아우 제
의미	누구를 형이라 말하고 누구를 아우라 말하기가 어렵다. 즉 누가 더 낫다고 할 수 없을 정도로 서로 비슷하다.
유의어	①**난백난중(難伯難仲):** 누가 맏형이고 누가 둘째 형인지 분간하기 어렵다. ②**막상막하(莫上莫下):** 어느 것이 위고 어느 것이 아래인지 분간할 수 없다. ③**백중지간(伯仲之間):** 장남과 차남이 차이가 없어 우열을 가리기가 어렵다. 즉 서로 엇비슷하여 우열을 가리기가 어렵다. ④**춘란추국(春蘭秋菊):** 봄의 난초와 가을의 국화는 각각 특색이 있어 어느 것이 더 낫다고 할 수 없다.
출전	유의경(劉義慶)의 세설신어(世說新語) 덕행(德行)
유래	난형난제(難兄難弟)라는 고사는 삼국지에 나오는 고사성어로 유의경의 세설신어 덕행에 나오는 말이다. 후한 말의 학자 태구(진식 陳寔)는 덕망이 매우 높았다. 그래서 그의 아들 진기(陳紀), 진심(陳諶)과 더불어 세 군자로 불리었다. 진기의 아들 진군(陳群)도 뛰어난 수재로 재상의 자리에 올랐다. 진원방(진기 陳紀)의 아들 장문(진군 陳群)은 영특한 재주가 있었는데, 계방(진심 陳諶)의 아들 효선(진충 陳忠)과 더불어, 각자 그들 아버지의 공로와 은덕에 대하여 논하면서 다투었으나 결론을 낼 수가 없었다. 그래서 태구(진군 조부)에게 누가 더 나은지 물었다(陳元方子長文有英才 與季方子孝先, 各論其父功德 爭之不能決. 咨於太丘. 진원방자장문유영재 여계방자효선, 각론기부공덕 쟁지불능결. 자어태구). 태구(진식)는 말하기를 "원방(진기)이 형이 되기도 어렵고, 계방(진심)이 아우 되기도 어렵다."라고 했다(太丘曰, 元方難爲兄 季方難爲弟. 태구왈, 원방난위형 계방난위제). 즉 둘 다 훌륭하다는 칭찬의 말이었다.

고사 성어	**52. 낭중지추(囊中之錐)**
한자	囊 주머니 낭, 中 가운데 중, 之 어조사 지, 錐 송곳 추
의미	송곳이 주머니 속에 있다. 즉 재능이 뛰어난 사람은 저절로 사람들에게 알려진다.
동의어	**추처낭중(錐處囊中):** 송곳이 주머니 속에 있다. 즉 재능이 뛰어난 사람은 저절로 사람들에게 알려진다.
출전	사기(史記) 평원군전(平原君傳)
유래	낭중지추(囊中之錐)라는 말은 '사기 평원군전(平原君傳)'에 나오는 고사성어이다. 전국시대 말기 진나라는 조나라를 침략했다. 상대적으로 열세인 조나라는 이웃 초나라에게 외교사절을 급파하려고 했다. 당시에 혜문왕(惠文王)은 신하들을 모아놓고 적임자에 대해 물었고, 신하들은 모두 입을 모아 재상인 평원군(平原君)을 지목했다. 당시 평원군은 수많은 식객을 거느린 어진 사람으로 이름나 있었다. 그는 혜문왕의 명을 받들고 수행원을 선발하기 시작했다. 재능있고 말재간이 뛰어난 탁월한 인재를 선발해야 하는데 그런 인물이 쉽게 눈에 보이지 않았다. 그때 '모수(毛遂)'라는 사람이 앞으로 나와 말했다. "저를 함께 데려가면 도움이 될 것입니다." 평원군은 얼굴조차 처음 보는 듯한 그가 낯설었다. "그대는 내 집에 온 지 몇 해나 되었소?" "올해로 3년쯤 되었습니다." "무릇 뛰어난 재주는 숨겨져 있을지언정 주머니 속의 송곳처럼 남의 눈에 띄는 법인데(囊中之錐 낭중지추) 그대는 내 집에서 3년이나 있었는데 그렇지 못했소." "상공께서 한 번도 저를 담아주시지 않으니 튀어나올 수가 있었겠습니까? 저를 이번 기회에 담아보시지요?" 이리하여 모수도 함께 가게 되었다. 평원군은 초나라에 도착해 협상에 들어갔다. 초나라 왕은 평원군이 하는 끈질긴 설득에도 쉽게 동맹을 허락하지 않았다. 진나라와 싸울 일이 겁났는지 얼른 결정을 내리지 못했다. 해가 뜨면서부터 시작한 회담은 한낮이 기울도록 제자리걸음이었다. 이때, 아래에 있던 모수가 길고 큰 칼을 비껴든 채, 계단으로 뛰어 올라가 평원군에게 말했다. "이 협상은 두 마디면 끝인데 이토록 오랜 시간 동안 끝나지 않으니 어쩐 일입니까?" 초나라 왕이 눈을 동그랗게 뜨고 평원군에게 물었다.

"이 사람은 누구요?"

"제가 데려온 사람입니다."

"네 주인과 말하고 있는데 어찌 이리 무례한가? 어서 물러가라!"

초나라 왕이 큰 소리로 꾸짖었다. 그러자 모수가 손으로 칼을 만지작거리며 말했다.

"왕께서 저를 꾸짖으심은 초나라 군사가 많은 것을 믿기 때문입니다. 지금 군사들은 멀리 있고 왕과 제 거리는 열 걸음 안쪽이니 왕의 목숨은 제 손에 달려 있습니다. 꾸짖음을 멈추시고 제 이야기를 한번 들어보십시오. 지난날 초나라는 진나라와 두세 번 싸웠지만, 그때마다 진 탓에 진나라를 두려워해 우리와 동맹을 꺼리고 있습니다. 하지만 초나라는 땅이 넓고 군사가 강해서 우리와 힘을 합하면 얼마든지 진나라에 복수할 수 있습니다. 따라서 동맹은 우리뿐만 아니라 초나라도 좋은 일입니다."

초나라 왕은 모수의 재치 있는 설득에 구원병을 보냈다. 그래서 조나라는 위기에서 벗어날 수 있었다.

낭중지추(囊中之錐)라는 말은 평원군(平原君)과 모수(毛遂)의 대화에서 비롯되었다.

고사 성어	**53. 내우외환(內憂外患)**
한자	內 안 내, 憂 근심할 우, 外 밖 외, 患 근심 환
의미	안의 근심과 밖의 근심. 즉 나라 안팎의 근심과 걱정.
유의어	①**근우원려(近憂遠慮):** 가까운 곳의 근심과 먼 곳의 염려. ②**내우외란(內憂外亂):** 안의 근심과 밖의 환란.
출전	국어(國語) 진어편(晉語篇), 관자(管子) 계(戒)
유래	춘추시대 중엽 진(晉)나라가 이웃 약소국가인 정(鄭)나라를 정벌하려 하자 초(楚)나라는 군대를 보내서 정나라를 구하려고 하였다. 진나라와 초나라의 군대는 언릉에서 마주치게 되었고 이에 진나라 대신들은 초나라와도 싸울 것을 주장했다. 그러나 대부 범문자(范文子)는 반대했다. 공격을 당하면 퇴치하는 것은 당연하지만 그러다가 나라가 위태해질 수 있다며 말했다. 　"오직 성인만이 밖으로의 근심도 안으로의 걱정도 없게 할 수 있겠지만, 우리의 경우 밖의 재난이 없으면 내부 근심이 있기 마련이다(唯聖人能外內無患 自非聖人 外寧必有內憂. 유성인능외내무환 자비성인 외녕필유내우)." 그러니 내부의 문제부터 정리하고 밖의 근심은 잠시 내버려 두자고 하였다. 　여기서 내우외환(內憂外患)이라는 말이 생기게 되었다.

고사 성어	**54. 내조지공(內助之功)**
한자	內 안 내, 助 도울 조, 之 갈 지, 功 공 공
의미	안에서 도와주는 공. 즉 아내가 안일을 잘 다스려 남편을 돕다.
출전	삼국지(三國志) 위지(魏志) 후비전(后妃傳)
유래	내조지공(內助之功)이라는 말은 삼국지 위지 후비전의 이야기에서 잔잠(棧潛)이 조비에게 간한 말에서 유래되었다. 　조조가 위왕(魏王)이 되었을 때 남군태수 광영의 딸 곽씨(郭氏)는 동궁(東宮)으로 들어갔다. 그녀는 지략이 뛰어나 조비가 황태자가 되는데 일조했다. 조비가 즉위하자 조예(曹叡 명제 明帝)를 낳은 원후를 죽였다. 　조비가 곽씨를 황후로 삼으려 하자 중랑(中郞)인 잔잠이 상소를 올렸다. "옛날 제왕이 정치할 때는 밖에서 뿐만 아니라 '안에서 도와주는 공(內助之功)'이 있었습니다."라고 반대했지만 조비(문제)는 곽씨를 황후로 삼았다.

고사성어	**55. 노마지지(老馬之智)**
한자	老 늙을 노, 馬 말 마, 之 어조사 지, 智 슬기 지
의미	늙은 말의 슬기. 즉 연륜이 깊으면 나름의 장점과 특기가 있다.
유의어	①**노마식도(老馬識途):** 늙은 말이 길을 안다. ②**노마지도(老馬知途):** 늙은 말이 갈 길을 안다.
출전	한비자(韓非子)의 설림상편(說林上篇)
유래	노마지지(老馬之智)는 한비자(韓非子)의 설림상편에 나오는 고사성어로 유래는 다음과 같다. 　관중(管仲)과 대부 습붕(隰朋)이 환공(桓公)을 따라서 고죽국(孤竹國)을 정벌하였다. 봄에 가서 겨울에 돌아오는데, 헤매다가 미혹되어 길을 잃었다(管仲隰朋從於桓公而伐孤竹. 春往冬反 迷惑失道. 관중습붕종어환공이벌고죽. 춘왕동반 미혹실도). 　관중이 말하기를 '늙은 말의 지혜를 이용할 만하다.'하고, 곧 늙은 말을 풀어 그 말을 따라가 드디어 길을 찾았다(管仲曰, 老馬之智可用也. 乃放老馬而隨之 遂得道. 관중왈, 노마지지가용야. 내방노마이수지 수득도).

고사성어	**56. 노승발검(怒蠅拔劍)**
한자	怒 성낼 노, 蠅 파리 승, 拔 뺄 발, 劍 칼 검
의미	파리를 보고 화가 나 칼을 뽑는다. 즉 사소한 일에 화를 내거나 또는 작은 일에 어울리지 않게 커다란 대책을 세운다.
유의어	**견문발검(見蚊拔劍):** 모기를 보고 칼을 뽑는다. 즉 하찮은 일에 너무 거창하게 덤빈다.
출전	위략(魏略)의 가리전(苛吏傳)
유래	노승발검(怒蠅拔劍)이라는 말은 중국 삼국 시대 위나라의 역사를 기록한 책인 위략의 가리전에 전해오는 이야기이다. 　조조(曹操)에게 인정받아 대사농까지 지낸 왕사(王思)라는 사람이 있었는데 그는 성질이 고약하고 고집불통이었다. 사소한 일에도 화를 잘 내고 성미가 급해서 글씨를 쓰는데, 파리가 붓끝에 앉자 두세 번 쫓았으나 또 날아오자 화가 나 일어나 파리를 쫓아냈고, 그래도 되지 않자 붓을 땅에 던지고 밟아 망가뜨렸다. 　결국 그는 칼을 뽑아 파리를 쫓았다. 이와같이 사소한 일에 큰 화를 내는 행동을 '노승발검'이라고 표현하게 되었다.

고사 성어	**57. 눌언민행(訥言敏行)**
한자	訥 말더듬을 눌, 言 말씀 언, 敏 재빠를 민, 行 다닐 행
의미	말은 더디게 하고 행동은 민첩하게 해야 한다. 즉 언어에는 과묵하지만 자기 개혁이나 선행에는 민첩해야 한다.
출전	논어(論語) 이인편(里仁篇)
유래	논어 이인편에서 공자(孔子)께서 다음과 같이 말한 데서 눌언민행(訥言敏 行)이라는 사자성어가 유래하였다. 　공자께서 말하기를 "스스로 절제하고 단속하고도 잘못을 저지르는 경우는 드물다." 　"군자는 말을 무겁게 하고, 실행하는 데는 민첩하게 한다." 　以約失之者 鮮矣 이약실지자 선의 　君子欲訥於言 而敏於行 군자욕눌어언 이민어행

고사 성어	**58. 능소능대(能小能大)**
한자	能 능할 능, 小 작을 소, 大 큰 대
의미	크고 작은 일에 두루 능하다. 즉 모든 일에 두루 능숙하다.
유의어	**①능수능란(能手能爛):** 일 따위에 익숙하고 솜씨가 좋다. **②무소불능(無所不能):** 무엇이든 잘하지 않는 것이 없다.
출전	규중칠우쟁론기(閨中七友爭論記)
유래	능소능대(能小能大)라는 고사성어는 규중칠우쟁론기에 나오는 말에서 유 래되었다. 규중칠우쟁론기의 일부 내용은 다음과 같다. 　세요각시 가는 허리 구붓기며 날낸 부리 두루혀 이르되 "양우의 말이 불가 하다. 진주(眞珠) 열 그릇이나 껜 후에 구슬이라 할 것이니 재단(裁斷)에 능 소능대(能小能大)하다 하나 나 곧 아니면 작의(作衣)를 어찌하리오. 세누비 미누비 저른 솔 긴 옷을 이루미 나의 날래고 빠름이 아니면 잘게 뜨며 굵게 박아 마음대로 하리오. 척부인의 자혀 내고 교두 각시 버혀 내다 하나 내 아 니면 공이 없으려든 두 벗이 무삼 공이라 자랑하나뇨." 　(주) 규중칠우쟁론기는 조선 시대 한글 수필로 작자 미상이다. 　부녀자가 바느질 때에 쓰는 일곱 도구를 의인화해서 표현했다. 즉 바늘(세 요각시), 가위(교두각시), 인두(인화부인), 자(척부인), 실(청홍흑백각시), 골 무(감투할미), 다리미(울낭자) 등이다.

고사 성어	**59. 다기망양(多岐亡羊)**
한자	多 많을 다, 岐 갈림길 기, 亡 망할 망, 羊 양 양
의미	길림 길이 많아서 양을 잃는다. 즉 학문의 길이 많아 진리를 찾기 어렵다.
유의어	①**기로망양(岐路亡羊):** 갈림길이 많아서 양을 잃는다. ②**망양지탄(亡羊之嘆):** 갈림길이 많아 잃어버린 양을 찾을 길이 없음을 탄 식하다.
출전	열자(列子)의 설부훈(說符訓)
유래	다기망양(多岐亡羊)이라는 말은 열자의 설부훈(說符訓)에 수록되어 있으며 전국시대 유명한 사상가인 양자(楊子)의 일화에 나온 고사성어이다. 　어느 날 이웃집 양 한 마리가 달아나 그 집 사람들은 물론 양자네 집 하인까지 동원되어 양을 찾게 되었다. 그런데 하도 소란스러워서 양자가 양 한 마리를 찾는데 왜 그리 많은 사람이 나섰느냐고 묻자 하인이 답했다. 　"양이 달아난 쪽에는 갈림길이 많기 때문입니다." 얼마 후 지쳐서 돌아온 하인들에게 양자는 양을 찾았느냐고 물었다. 그러자 하인들은 "갈림길을 가면 또 갈림길이 있어서, 양이 어디 갔는지 모르게 되어 잃어버렸습니다(多岐亡羊 다기망양)." 　이 말을 듣고 양자는 우울한 얼굴로 온종일 말을 하지 않고, 제자들이 이유를 물어도 답하지 않았다. 　그러던 어느 날 제자 중에 맹손양(孟孫陽)이라는 사람이 선배인 심도자(心都子)라는 사람을 찾아가 스승인 양자가 침묵하는 까닭을 물었다. 그는 "큰길에는 갈림길이 많기 때문에 양을 잃어버리고, 학문하는 사람은 다방면의 지식을 배우기 때문에 본성을 잃는 것이다(大道以多岐亡羊 學者以多方喪生. 대도이다기망양 학자이다방상생). 원래 학문이란 근본은 하나였는데 끝에 이르자 이같이 달라지고 말았다. 따라서 하나의 근본으로 되돌아가면 얻음도 잃음도 없다고 생각하시어 그렇지 못한 현실이 안타까워 그러시는 것이라네."라고 대답했다. 　갈림길 같은 곁가지에 빠져 자기의 본성을 잃어버린 세상과 그러한 세상을 안타까워하는 양자의 마음을 바로 헤아린 심도자의 말에 맹손양은 고개를 끄덕이며 되돌아갔다.

고사 성어	**60. 다다익선(多多益善)**
한자	多 많을 다, 益 더할 익, 善 착할 선
의미	많으면 많을수록 더욱 좋다.
유의어	**다다익판(多多益辦):** 많으면 많을수록 더 잘 처리하다.
출전	사기(史記)의 회음후열전(淮陰侯列傳)

유래	어느 날 한(漢)나라 왕 고조 유방(劉邦)이 신하인 초파대원수 한신(韓信)과 조용히 장수들의 역량에 대해 이야기하면서 물었다. 한신은 유방을 도와 천하통일을 하는 데 크게 기여한 사람이다. 하지만 유방이 나중에 죽일 걸 알고 모반을 계획하다 유방에게 들켜 체포되었다. 그리고 그 유명한 대화가 시작되었다.
	  유방이 "나는 몇 명의 군사를 이끌 수 있겠소?" 하고 묻자 한신은 "폐하는 10만 명을 이끌 수 있을 뿐입니다"라고 답했다.
	  유방은 "그럼 그대는 어떻소?"라고 다시 묻자 한신이 "신은 많으면 많을수록 좋습니다(多多而益善耳 다다이익선이)."라고 했다.
	  그러자 유방이 웃으면서 "다다익선이라면서 그대는 어쩌다가 나의 부하가 되었는가?"라고 했다. 이에 한신은 "폐하는 군사를 거느리는 데는 뛰어나지 못하지만, 장수를 거느리는 데는 훌륭하십니다. 이것이 신이 폐하의 부하가 된 까닭입니다. 폐하의 능력은 하늘이 준 것으로 사람의 능력으로 논할 수 없는 것입니다."

고사 성어	**61. 다문다독다상량(多聞多讀多商量)**
한자	多 많을 다, 聞 들을 문, 讀 읽을 독, 商 헤아릴 상, 量 헤아릴 량
의미	많이 듣고, 많이 읽으며, 많이 생각한다. 즉 글을 잘 짓는 비결을 말하는 것이다.
출전	구양수(歐陽脩)와 제자(弟子)의 대화
유래	다문다독다상량은 중국의 당송 8대가 중의 한 명인 북송의 문인 구양수에게 제자들이 글 잘 짓는 비결을 묻자 '많이 듣고 많이 읽고 많이 생각하라(多聞多讀多商量 다문다독다상량).'하고 대답한 데서 유래한 말이다. (주) 중국의 당송 팔대가는 당의 한유(韓愈), 유종원(柳宗元), 송의 구양수(歐陽脩), 왕안석(王安石), 증공(曾鞏), 소순(蘇洵), 소식(蘇軾), 소철(蘇轍)을 말한다.

고사 성어	**62. 단순호치(丹脣皓齒)**
한자	丹 붉을 단, 脣 입술 순, 皓 흴 호, 齒 이 치
의미	붉은 입술과 하얀 치아. 즉 미인의 아름다운 얼굴.
유의어	①**경국지색(傾國之色):** 임금이 반해서 나라를 위태롭게 할 만큼 빼어난 미인. ②**명모호치(明眸皓齒):** 맑은 눈동자와 흰 이. 즉 뛰어난 미인. ③**천하일색(天下一色):** 하늘 아래 가장 뛰어난 미모. ④**화용월태(花容月態):** 꽃처럼 아름다운 얼굴과 달같은 자태의 미모.
출전	조식(曹植)의 낙신부(洛神賦)
유래	단순호치(丹脣皓齒)라는 말은 위나라의 조식(曹植)이 지은 낙신부에 '단순 외낭 호치내선(丹脣外朗 皓齒內鮮)'에서 유래되었다. 　낙신부는 조식이 조정에 들어갔다가 다시 자신의 땅으로 돌아가는 도중에 낙수(洛水)를 지나가면서 낙신(洛神)의 일을 생각하고 지었다. 　낙신부의 내용 일부를 소개하면 다음과 같다. 구름 같은 머리를 높이 틀어 올리고 그 아미는 가늘고 길게 흐르며 붉은 입술은 밖으로 빛나고 백옥같은 이는 입술 사이에서 곱구나. 雲髻峨峨 운계아아 脩眉聯娟 수미련연 丹脣外朗 단순외낭 皓齒內鮮 호치내선 (주) 조식은 조조(曹操)와 변씨 부인 사이에서 셋째 아들로 태어났다. 조조 에게는 다섯 아들이 있었는데 유씨 부인의 맏아들 조앙(曹昻)은 장수(張繡) 와의 싸움에서 죽었고, 변씨 부인이 낳은 조비, 조창, 조식, 조웅 등 네 아들이 있었다. 　조식은 진사왕(陳思王)이라고도 불리었으며 문학에 뛰어났다. 문학작품집 으로 조자건집(曹子建集)이 있고 작품에는 칠보지시(七步之詩)와 낙신부(洛 神賦) 등이 있다.

고사 성어	**63. 당랑거철(螳螂拒轍)**
한자	螳 사마귀 당, 螂 사마귀 랑(낭), 拒 막을 거, 轍 바퀴자국 철
의미	사마귀가 수레바퀴를 막아선다. 즉 자기 능력은 가늠하지 못하고 강자에게 함 부로 덤벼든다.
유의어	①**당랑지부(螳螂之斧):** 사마귀가 앞다리를 쳐드는 모습이 마치 도끼를 휘두 르는 것 같다. 즉 무모한 행동을 비유한 말. ②**당비당거(螳臂當車):** 사마귀가 팔을 들고 수레를 막는다. 즉 자기 분수를 모르고 무모하게 덤벼든다. ③**부자양력(不自量力):** 스스로 힘을 헤아리지 못한다. 즉 자기 힘을 생각하 지 않고 어설프게 행동하다.
출전	회남자(淮南子) 인간훈(人間訓), 한시외전(韓詩外傳)
유래	회남자 인간훈에 다음과 같은 고사에서 당랑거철(螳螂拒轍)이라는 말이 유 래되었다. 　제나라 장공(莊公)이 사냥을 나갔는데 벌레 한 마리가 앞발을 들고 수레바 퀴를 칠 듯이 덤벼들자, 그의 어자(御者 마차 모는 사람)에게 물으며 말했다. "저건 무슨 벌레인가?" 대답하여 말하기를 "사마귀라는 벌레입니다. 그 사마 귀라는 벌레는 앞으로 나아갈 줄만 알지 물러설 줄 모르며, 제힘도 가늠하지 않고 적을 가볍게 보는 놈입니다."(齊莊公出獵 有一蟲擧足將搏其輪. 問其 御曰, 此何蟲也 對曰, 此所謂螳螂者也. 其爲蟲也 知進而不知却 不量力 而輕敵. 제장공출엽 유일충거족장박기륜. 문기어왈, 차하충야 대왈, 차소위 당랑자야. 기위충야 지진이불지각 불량력이경적.) 　장공이 말했다. "저 벌레가 인간이라면 틀림없이 천하의 용사가 되었을 것 이다. 수레를 돌려서 피해 가도록 하라." 용사들이 그것을 듣고 죽음을 다할 곳을 알았다(莊公曰, 此爲人而必天下勇武矣. 廻車而避之 勇武聞之 知所 盡死矣. 장공왈, 차위인이필천하용무의. 회거이피지 용무문지 지소 진사의). 　옛날 전자방은 한 마리의 늙은 말을 가엾게 여겨 위나라가 그를 떠받들었 고, 제나라 장공은 한 마리의 사마귀를 피하여 용사들이 그를 따랐다(故田子 方隱一老馬而魏國載之 齊莊公避一螳螂而勇武歸之. 고전자방은일로마이 위국재지 제장공피일당랑이용무귀지). 　(주) 당랑거철은 당랑지력(螳螂之力), 당랑지부(螳螂之斧)라고도 한다.

고사성어	**64. 대기만성(大器晩成)**
한자	大 큰 대, 器 그릇 기, 晩 늦을 만, 成 이룰 성
의미	큰 그릇은 늦게 이루어진다. 즉 크게 될 사람은 많은 노력과 시간이 필요하다.
유의어	**대재만성(大才晩成):** 큰 재주를 가진 사람은 늦게 이루어진다.
서양 속담	로마는 하루아침에 이루어지지 않았다.
출전	노자(老子) 제41장, 삼국지(三國志) 위서(魏書) 최염전(崔琰傳)

유래	노자 제41장에 '만성(晩成)'이란 더디게 만들어져 아직 이루어지지 않았다는 말로, 거의 이루어질 수 없다는 뜻을 지니고 있었는데, 후대에 와서 '늦게 이루어진다'는 뜻으로 쓰이게 되었다.
	  또한 '대기만성(大器晩成)'에 관한 이야기는 삼국지 위서 최염전에서는 다음과 같은 이야기가 전해지고 있다.
	  삼국 시대 조조의 부하 중에 최염(崔琰)이라는 장수가 있었다. 인품과 재주가 뛰어나고 풍채가 좋아서 주위의 호감을 샀을 뿐 아니라 조조(曹操)로부터 절대적인 신임을 받았다.
	  그에 반해서 최염의 사촌 동생인 최림(崔林)은 용모가 보잘 것 없는 사람이었고, 명성도 최염에 미치지 못해 집안에서도 그다지 기대하는 인물이 아니었다. 하지만 최염은 사촌 동생을 높게 평가하며 말했다.
	  "큰 종(鐘)이나 솥은 그렇게 쉽사리 만들어지는 것이 아니라네. 큰 인물도 대성(大成)하기까지는 오랜 시간이 걸리는 법이지. 자네도 그처럼 대기만성형(大器晩成形)이야. 두고 보게. 틀림없이 큰 인물이 될 테니까 당장의 불우한 처지에 낙심하지 말고 역량을 더욱 갈고 닦는 데 노력하게. 그러면 이 형보다 더 큰 그릇으로 빛을 더하게 될 것이야."
	  그 따뜻한 격려를 마음속에 깊이 새긴 최림은 더욱 노력했고, 나중에 위나라 조정에서 황제를 보필하는 삼공의 자리까지 올라 황제를 측근에서 보필하는 훌륭한 인물이 되었다.
	  노자(老子)에 '큰 네모는 모서리가 없고, 큰 그릇은 늦게 만들어진다(大方無隅 大器晩成 대방무격 대기만성).'라는 말이 있다.
	
	  (주) 대기만성(大器晩成)이라는 말은 원래는 대기면성(大器免成)이 맞다는 주장도 있다. 논점이 되는 것은 만(晩)자인데 면(免)자로 읽어야 한다는 주장이 있는데 면(免)자로 바꾸면 "큰 그릇은 완성되지 않는다."라는 뜻이 된다.

고사 성어	**65. 대인춘풍 지기추상(待人春風 持己秋霜)**
한자	待 기다릴 대, 人 사람 인, 春 봄 춘, 風 바람 풍, 持 가질지, 己 몸 기, 秋 가을 추, 霜 서리 상
의미	남을 대할 때에는 봄바람처럼 부드럽게 하고, 자신을 대할 때는 가을 서리처럼 엄격해야 한다. 즉 자신의 인격 수양에 힘쓰고 남에게 관용을 베푸는 자세의 중요성을 강조하는 말이다.
유의어	**대인춘풍 대기추상(待人春風 待己秋霜):** 사람을 대할 때는 봄바람처럼 따 뜻하게 하고, 자기의 몸가짐에 대해서는 서리처럼 엄격하게 한다.
반의어	**대인추상 지기춘풍(待人秋霜 持己春風):** 다른 사람을 대할 때는 가을의 서 리처럼 대하고, 자기 자신을 대할 때는 봄바람처럼 따뜻하게 하다.
출전	홍자성(洪自誠)의 채근담(菜根譚)

유래	대인춘풍 지기추상(待人春風 持己秋霜)이라는 말은 홍자성이 지은 채근담
	에 나온 말에서 유래되었다.
	  채근담을 지은 홍자성은 1600년대 전후 중국 명나라 신종대의 사람으로, 생
	몰연대가 확실하지 않고 경력이나 인물됨에 대해서도 알려진 바가 없으며 스
	스로 '환초도인(還初道人)'이라 불렀다고 한다. 채근(菜根)이란 나무 잎사귀
	나 뿌리처럼 변변치 않은 음식을 말한다. 채근담은 유교, 도교, 불교의 사상
	을 융합하여 교훈을 주는 가르침으로 꾸며져 있다.
	  또한, 이와 같은 관용의 자세는 동양에서 중요한 덕목으로 강조되어 여러
	문헌에 기록되었다. 명심보감(明心寶鑑) 존심(存心)편에 "남을 책망하는 마
	음으로 자신을 책망하고, 자신을 용서하는 마음으로 남을 용서하라(以責人
	之心 責己 以恕己之心 恕人 이책인지심 책기 이서기지심 서인)."라는 표현도
	있다.
	  그리고 또한 공자는 논어(論語) 위령공(衛靈公)편에서 "자신을 엄하게 책망
	하고 남을 가볍게 책망하면 원망이 멀어질 것이다(躬自厚而薄責於人 則遠
	怨矣. 궁자후이박책어인 칙원원의)."라면서 갈등을 해결하고 화합의 길로 나
	가기 위해서는 관용의 자세가 중요함을 강조했다.

고사성어	**66. 도로무공(徒勞無功)**
한자	徒 헛될(무리) 도, 勞 힘쓸 로, 無 없을 무, 功 공 공
의미	헛되이 애만 쓰고 아무런 보람이 없다.
유의어	**노이무공(勞而無功):** 애를 썼으나 공이 없다.
출전	주희(朱熹)의 시경 보전(甫田) 시 주석(註釋), 장자(莊子) 천운편(天運篇)
유래	도로무공(徒勞無功)이라는 고사성어는 주희가 시경에 있는 보전 시에 주석을 달면서 한 말에서 유래되었다. 중국 남송 시대 성리학자 주희(朱熹)가 시경의 보전(甫田) 시에 주석을 붙이면서 "작은 일을 싫어하면서 큰일에 힘쓰고, 가까운 것을 홀시하면서 먼 것을 꾀하면 헛되이 수고할 뿐 공이 없다(厭小而務大 忽近而圖遠 將徒勞而無功也. 염소이무대 홀근이도원 장도로이무공야)."라고 한 말에서 비롯된 사자성어이다. 또한, 노이무공(勞而無功)은 장자 천운편에 실린 안연(顔淵, 안회 顔回)과 사금(師金)의 문답에서 유래된 고사성어이다. 춘추전국시대에 제자백가(철학자)들이 전국을 유람하며 자신의 정치사상을 논파하였다. 유가의 대 스승인 공자도 전국을 유람하며 춘추전국시대 이전 왕조인 주나라의 예법을 설파하였다. 공자의 수제자였던 안연은 정치가인 사금에게 공자의 유람이 어떠할지 물었다. 사금이 답하길 "안타깝게도 그대의 스승은 이번 유람에서 고생할 것입니다." 안연이 그 이유를 묻자 "그대의 스승은 이전에도 여러 나라에서 곤욕을 겪었습니다. 송나라에서는 강론을 하다가 베인 나무에 깔릴 뻔하였고, 위나라에서는 추방당할 뻔하였으며 진나라와 채나라에서는 굶어 죽을 뻔하였습니다."라고 답하였다. 이어 "물길을 가는 데는 배가 가장 좋으며 육로를 가는 데에는 수레가 가장 좋습니다. 만약 물길을 가야 할 곳을 배로 육로를 간다면 한평생이 걸려도 가지 못할 것입니다. 그런데 주나라와 노나라의 차이는 배와 수레의 차이와 같지 않습니까? 옛날 주나라의 도(道)를 노나라에서 행하려고 하는 것은 '마치 배를 육로에서 미는 것과 같으니 애를 써도 공이 없을 것이며(是猶推舟于陸也 勞而無功 시유추주우륙야 노이무공)' 몸에 재앙을 입을 것입니다"라고 말했다.

고사 성어	**67. 도원결의(桃園結義)**
한자	桃 복숭아나무 도, 園 동산 원, 結 맺을 결, 義 옳을 의
의미	복숭아밭에서 형제의 의를 맺다. 즉 어떤 일을 할 때 한 마음 한 뜻으로 함께 하겠다는 약속을 맺은 의형제.
출전	나관중(羅貫中)의 삼국지연의(三國志演義)
유래	도원결의(桃園結義)라는 말은 나관중이 지은 삼국지연의에 나오는 고사성어로 탁현(涿縣)에서 미투리(삼·왕골 등으로 만든 신)를 삼고 자리를 치는 일로 생계를 이어가는 유비(劉備), 푸줏간을 운영하던 장비(張飛), 포악한 관료의 횡포를 참지 못하고 베어 버린 후 떠돌던 관우(關羽) 등 세 사람이 만나 복숭아밭에서 결의하면서 의형제(義兄弟)를 맺은 데서 유래된 말이다. 그들은 다음 날, 장비의 집 뒤 복숭아 과원에서 검은 소, 흰 말, 제수용품 등 제물을 차려 놓고 제사를 지내며 맹세했다. "유비, 관우, 장비는 성은 다르나 이미 의를 맺어 형제가 되었으니, 한마음으로 힘을 합해 어려운 사람들을 도와 위로는 나라에 보답하고 아래로는 백성을 편안하게 하려 합니다. 한 해 한 달 한 날에 태어나지 못했어도 한 날, 한 시에 죽기를 원하오니, 하늘과 땅께서는 굽어살펴 의리를 저버리고 은혜를 잊는 자가 있다면 하늘과 사람이 함께 죽이소서." 맹세를 마치고 유비가 형이 되고, 관우가 둘째, 장비가 셋째가 되었다(次日, 於桃園中, 備下烏牛白馬祭禮等項, 三人焚香再拜而說誓曰, 念劉備關羽張飛, 雖然異姓, 旣結爲兄弟, 則同心協力, 救困扶危, 上報國家, 下安黎庶. 不求同年同月同日生, 只願同年同月同日死. 皇天后土, 實鑒此心, 背義忘恩, 天人共戮. 誓畢, 拜玄德爲兄, 關羽次之, 張飛爲弟. 차일, 어도원중, 비하오우백마제례등항, 삼인분향재배이설서왈 념류비관우장비, 수연리성, 기결위형제, 칙동심협력, 구곤부위, 상보국가, 하안려서. 부구동년동월동일생, 지원동년동월동일사. 황천후토, 실감차심, 배의망은, 천인공륙. 서필, 배현덕위형, 관우차지, 장비위제). (주 1) 의형제를 맺은 이후 이들은 3백여 명의 젊은이를 이끌고 황건적 토벌에 나섰으며, 우여곡절 끝에 유비(劉備)는 촉나라를 세워 위나라의 조조(曹操), 오나라의 손권(孫權)과 함께 천하를 삼등분한다. (주 2) 삼국지연의(三國志演義)는 나관중(羅貫中)이 지은 이야기체의 장편소설이고, 삼국지(三國志)는 진수(陳壽)가 지은 정사(正史)를 말한다.

고사 성어	**68. 독서백편의자현(讀書百遍義自見)**
한자	讀 읽을 독, 書 글 서, 百 일백 백, 遍 두루 편, 義 뜻(옳을) 의, 自 스스로 자, 見 나타날 현(볼 견)
의미	글을 백 번 읽으면 그 뜻이 저절로 이해가 된다. 즉 되풀이하여 몇 번이고 읽으면 뜻이 통하지 않던 것도 저절로 알게 된다.
유의어	**독서백편의자통(讀書百遍義自通):** 백번 읽으면 그 뜻이 저절로 통한다.
출전	삼국지(三國志) 위서(魏書) 왕숙전(王肅傳)

유래	후한(後漢) 말기에 동우(董遇)라는 사람이 있었다. 집안이 가난하여 일하면서도 손에서 책을 떼지 않고 부지런히 공부하여 황문시랑(黃門侍郎)이란 벼슬에 올랐다. 임금의 글공부 상대가 되었으나, 조조(曹操)의 의심을 받아 한직으로 쫓겨났다.
	  동우의 명성이 높아지자 많은 사람이 그에게 글을 배우겠다고 몰려들었다. 하지만 그는 선뜻 가르치려고 하지 않고 "마땅히 먼저 백 번을 읽어야 한다. 백 번 읽으면 그 뜻이 저절로 드러난다."라고 말했다(人有從學者. 遇不肯教而云. 必當先讀百遍, 言讀書百遍其義自見. 인유종학자. 우부긍교이운. 필당선독백편, 언독서백편기의자현).
	  '동우를 좇아 배우려는 사람들이 힘들게 사느라 책 읽을 겨를이 없다고 하자, 동우는 세 가지 여가만 있으면 책을 충분히 읽을 수 있다고 대답했다. 어떤 사람이 세 가지 여가의 뜻을 묻자 동우가 대답했다. 겨울은 한 해의 여가이고, 밤은 하루의 여가이고, 내리는 비는 한때의 여가이다(從學者云 苦渴無日. 遇言, 當以三餘 或問三餘之意. 遇言, 冬者歲之餘 夜者日之餘 陰雨者時之餘也. 종학자운 고갈무일. 우언, 당이삼여 혹문삼여지의. 우언, 동자세지여 야자일지여 음우자시지여야).'라고 대답했다.

고사성어	**69. 독서삼매(讀書三昧)**
한자	讀 읽을 독, 書 글 서, 三 석 삼, 昧 새벽 매
의미	다른 생각은 전혀 아니 하고 오직 책 읽기에만 몰두하는 상태.
출전	인도 불교 산스크리트어
유래	독서삼매(讀書三昧)의 어원은 중국 한자말이라고 생각하기 쉬우나 인도 불교에서 유래한 용어이다. 　삼매(三昧)는 산스크리트어로 삼마디(samadhi)의 한자표기로 이 말은 '잡념을 버리고 마음을 한 곳에 집중한다'라는 의미이다. 삼매라는 말은 불교 수행법으로 심일경성(心一境性)이라 하여 마음을 하나의 대상에만 집중하는 정신력 즉 선의 경지를 말한다. 　공자(孔子)는 논어 학이편에서 '배우고 시절에 맞게 때때로 익히면 이 또한 즐겁지 아니한가(學而時習之 不亦說乎 학이시습지 불역열호).'라고 말하였다.

고사성어	**70. 동고동락(同苦同樂)**
한자	同 한가지 동, 苦 쓸 고, 樂 풍류 락(악)
의미	같이 고생하고 같이 즐긴다. 즉 괴로움과 즐거움을 함께 한다.
유의어	①**사생계활(死生契闊):** 죽고 사는 것을 같이 하기로 약속하고 같이 고생하고 같이 즐긴다. ②**사생동고(死生同苦):** 죽고 사는 고생을 함께 하다. ③**사지동고(死地同苦):** 어떤 어려움도 함께 하다. ④**일련탁생(一蓮托生):** 죽은 뒤에도 함께 극락에서 같은 연꽃 위에 왕생하다. 즉 끝까지 행동과 운명을 함께 하다.
출전	구전(口傳) 용어(用語)
유래	동고동락(同苦同樂)이라는 말은 옛이야기에서 유래한 말이 아니므로 고사성어는 아니다. 그러나 사람들 입에서 입으로 전해오면서 가족 간에 특히 부부간에 즐거움과 고통을 함께 나눈다는 의미로 많이 사용되고 있다. 또한, 군대 동기들이 함께 생활하면서 많이 사용하는 말이기도 하다. 　(주) 사지오등(死之五等)이란 신분에 따른 죽음의 다섯 가지 등급을 말한다. 즉 천자(황제)는 붕(崩), 제후는 훙(薨), 대부(벼슬아치)는 졸(卒), 선비는 불록(不祿), 서인(서민)은 사(死)라고 한다.

고사성어	**71. 동문서답(東問西答)**
한자	東 동녘 동, 問 물을 문, 西 서녘 서, 答 대답할 답
의미	동쪽을 묻는데 서쪽을 답한다. 즉 물음과는 맞지 않는 엉뚱한 대답을 한다.
동의어	**문동답서(問東答西):** 동쪽을 묻는데 서쪽을 답한다. 즉 물음과는 맞지 않는 엉뚱한 대답을 한다.
출전	종심(從諗) 선사의 선문답(禪問答)
유래	중국 당나라 선승(禪僧)인 조주(趙州) 종심선사(從諗禪師)의 선문답(禪問答)에서 유래된 말이다. 어느 날 두 스님이 조주선사를 방문하자 한 스님에게 물었다. "일찍이 여기에 한 번 온 적이 있는가? 한 번 왔었습니다. 그럼 차나 한잔 마시고 가게." 선사가 또 다른 스님에게 물었다. "그대는 여기에 와본 적이 있는가? 와본 적이 없습니다. 그럼, 그대도 차나 한잔 마시고 가게." 두 스님이 물러나자 옆에 있던 원주(院主)스님이 물었다. "어찌하여 일찍이 여기에 왔던 이도 차를 마시고 가라 하시고, 온 적이 없는 이에게도 차를 마시고 가라 하십니까?" 그러자 선사가 말했다. "원주! 그대도 차나 한잔 마시고 가게" 선사의 이 말은 이후 유명한 선종의 화두(話頭)가 되었는데, 젊은 구도자들에게 느닷없이 '차나 한잔 마시고 가게'라고 한 뜻은 동문서답(東問西答)이 아니라, 두 젊은 스님과 원주스님이 각자 차를 마시며 느끼는 맛과 향기가 다르듯이 각자 근기(根機)에 따라 깨달음을 얻으라는 가르침의 큰 뜻이 담겨 있었다.

고사성어	**72. 동병상련(同病相憐)**
한자	同 한가지 동, 病 병 병, 相 서로 상, 憐 불쌍히 여길 련(연)
의미	같은 병을 앓고 있는 사람끼리 서로 불쌍히 여기다. 즉 어려운 처지에 있는 사람끼리 서로 가엾게 여기고 돕다.
유의어	①**동기상구(同氣相求):** 같은 기운끼리는 서로 구하다. ②**동성상응(同聲相應):** 같은 소리끼리는 서로 응하다.
출전	오월춘추(吳越春秋) 합려내전(闔閭內傳)
유래	춘추시대 오나라 왕 합려(闔閭)에게는 '오자서(伍子胥)와 백비(伯嚭, 백희 伯喜)'라는 신하가 있었다. 본래 둘은 초나라 사람이었지만 두 사람이 오나라 왕을 섬긴 데는 그럴 만한 이유가 있었다. 오자서의 집안은 대대로 초나라에서 벼슬하며 충성을 다한 가문이었다. 하지만 그의 아버지와 형이 누명을 쓰고 죽은 뒤, 집안은 풍비박산(風飛雹散)이 났다. 오자서는 갖은 고생 끝에 겨우 오나라로 도망쳤다. 다행히 오나라 왕 합려는 그가 지닌 능력을 알아보고 함께 나랏일을 의논했다. 그 무렵, 백비(백희) 집안도 비슷한 일을 당했다. 오자서는 초나라를 벗어나 오나라로 도망쳐 온 백비를 동정하여 오나라 왕인 합려에게 소개해 대부 벼슬을 받게 했다. 그러자 대부의 벼슬에 오른 피리(被離)가 오자서에게 말했다. "그대는 백비를 한 번 보고 어찌 그토록 사람을 믿는 거요?" "그는 우리 집안과 비슷한 모함을 받아 도망쳐 온 사람입니다. 우리는 똑같이 초나라 왕에게 원한을 품고 있습니다." "그렇지만 백비의 눈길은 매와 같고 걸음걸이는 호랑이와 같으니, 눈 하나 깜짝하지 않고 사람을 죽일 수도 있는 잔인한 성품입니다. 가깝게 지내면 화를 당할 수도 있으니 조심하십시오." 충고는 고맙지만 지나친 말이오. 하상가(河上歌)라는 노래에 다음과 같은 말도 있지 않소? 같은 병에 서로 가엾게 여기며 근심을 같이하고 서로 구하네. 놀라서 날아오르는 새 서로 따르며 날고, 여울에 떨어진 물 서로 어울려 다시 함께 흐르네(同病相憐 同憂相救. 驚翔之鳥 相隨相飛 瀨下之水 因復俱流. 동병상련 동우상구. 경상지조 상수상비 뇌하지수 인복구류). 우리는 같은 아픔을 가지고 있으니 서로 도와야 합니다. 두 사람은 오나라 왕인 합려를 도와서 마침내 초나라 왕의 군대를 무찌르고 오랜 원한을 풀었다. 그러나 백비는 훗날 적국인 월나라의 뇌물에 팔려 충신 오자서를 자살하게 만들었고 곧 오나라를 멸망케 한 장본인(張本人)이 되었다.

고사성어	**73. 동분서주(東奔西走)**
한자	東 동녘 동, 奔 달릴 분, 西 서녘 서, 走 달릴 주
의미	동쪽으로 달리고 서쪽으로 달린다. 즉 이리저리 바쁘게 돌아다니다.
유의어	①**동서분주(東西奔走):** 동쪽으로 뛰고 서쪽으로 뛰다. ②**동주서분(東走西奔):** 동쪽으로 달리고 서쪽으로 달리다. ③**동치서주(東馳西走):** 동쪽으로 달리고 서쪽으로 달리다.
출전	위초(魏初)의 심원춘(沁園春)

유래	동분서주(東奔西走)의 사자성어는 원나라 때 위초의 심원춘(沁園春)에 실린 '유별장주경운(留別張周卿韻)'이라는 다음과 같은 말에서 유래되었다.
	  "동분서주(東奔西走) 물로 산으로 두루 돌아다녔다."라는 말에서 생기게 되었다.
	  불후의 역사서를 남긴 사마천은 조정에 들어간 뒤로 사람들과 만날 시간도 없이 바쁜 나날을 보냈다면서 대분망천(戴盆望天) 할 수 없기에 "빈객(賓客)과 사귐도 끊고 집안일도 돌보지 않고 밤낮없이 미미한 재능이나마 오로지 한마음으로 직무에 최선을 다하여 왕(한 무제)의 눈에 들고자 하였습니다."라고 했다.(報任安書 보임안서 중에서)

고사성어	**74. 동상이몽(同床異夢)**
한자	同 한가지 동, 床 상 상, 異 다를 이, 夢 꿈 몽
의미	같은 잠자리에서 다른 꿈을 꾼다. 즉 서로 같은 처지에 있으면서도 생각이 다르거나 겉으로는 함께 행동하면서 속으로는 다른 생각을 한다.
유의어	**동상각몽(同床各夢):** 한자리에 자면서 꿈을 다르게 꾸다.
출전	진량(陳亮)의 여주원회비서서(與朱元晦祕書書)

유래	동상이몽(同床異夢)이라는 말은 남송(南宋)의 유학자 진량(陳亮)이 한 말에서 유래되었다.
	  진량은 재주와 기상이 뛰어나 용천선생(龍川先生)이라고 불리었다. 웅대한 계책을 세상 사람들이 받아들이지 않아 세 차례나 투옥됐었다. 병법에 대한 담론을 좋아하여 많은 논쟁을 벌였고, 특히 대학자 주희(朱熹)와 벌인 왕패의리(王覇義利) 논쟁은 유명하다.
	  선배 학자로 사숙하며 존경하는 주자학의 대가라도 공자 이후 전통적으로 이어져 온 왕도와 의에 너무 치우치는 것은 옳지 않다고 반박한 것이다. 고사성어가 나오는 글도 주희에게 보내는 여주원회비서서에서 그에 대해 못마땅한 심정을 피력한다.
	  진량은 자신과 이름이 같은 촉(蜀)나라의 제갈량이 평소 무릎을 껴안고 글을 읊는 포슬음(抱膝吟)을 사모했다. 그래서 그는 누대염막(樓臺簾幕)이란 시를 지었는데 '누대 가에 버들 꽃이 지고 발과 장막 사이에 제비들 나네'라고 하였다. 그런데 주희가 '이는 부유한 자들의 기상일 뿐 논밭에 묻혀 사는 사람이 무릎을 안고 긴소리로 읊조리는 것과는 관계가 멀다.'라며 비꼬았다.
	  그러자 진량은 항의(抗議)의 글을 보낸다.
	  '같은 침상에서 자도 각자 꿈을 꾼다고 하는데, 주공도 또한 얻지 못하는 게 어찌 한둘일까(同牀各做夢 周公且不學得何必一. 동상각주몽 주공차불학득하필일).'라고 한데서 동상이몽(同床異夢)이라는 말이 생기게 되었다.

고사 성어	**75. 동심지언(同心之言)**
한자	同 한가지 동, 心 마음 심, 之 갈 지, 言 말씀 언
의미	마음을 같이하며 하는 말. 즉 마음을 함께 하는 절친한 친구.
유의어	①금란지교(金蘭之交): 쇠같이 단단하고 난초처럼 향기로운 사귐. ②단금지교(斷金之交): 쇠라도 자를 만큼 강한 교분. ③막역지우(莫逆之友): 허물이 없는 아주 친한 벗.
출전	역경(逆境)
유래	동심지언(同心之言)이라는 말은 역경에 다음과 같은 말에서 유래하였다. 두 사람이 마음을 함께 하니 그 날카로움이 쇠도 자를 수 있고, 마음을 같이하며 하는 말은 그 향기로움이 난초 향기와도 같다(二人同心 其利斷金, 同心之言 其臭如蘭. 이인동심 기리단금, 동심지언 기취여란).

고사 성어	**76. 두문불출(杜門不出)**
한자	杜 닫을(팥배나무) 두, 門 문 문, 不 아닐 불(부), 出 날 출
의미	방안에 틀어박혀 바깥에 나가지 않는다. 즉 집에 은거하면서 관직에 나가지 않거나 사회의 일을 하지 아니하다.
유의어	**두문각소(杜門却掃):** 세상과 인연을 끊고 오직 자신의 일에만 몰두하다.
출전	좌구명의 국어(國語) 진어편(晉語篇)
유래	진나라 군주 헌공이 태자 신생(申生)을 보내 동산(東山)을 정벌하게 하였다. 이것은 태자를 위험에 빠뜨려서 제거하고 자기 아들인 해제(奚齊)를 태자로 세우려고 했던 계모 여희의 모함에서 비롯된 것이었다. 신생이 직상(稷桑) 지역에 이르러 나가 싸우려 하자 헌공의 생각과 여희의 모략을 알고 있던 대부(大夫) 호돌(狐突)은 전쟁을 그만두고 차라리 망명하여 신변의 위험을 피하라고 간언하였다. 그러나 신생은 결국 싸우러 나갔고 적을 물리치고 돌아왔다. 이후 신생을 태자에서 밀어내려 참소하는 말이 더욱 거세지자 대부 호돌은 문을 닫고 나가지 않았고(讒言益起 狐突杜門不出 참언익기 호돌두문불출), 군자들은 그를 두고 훌륭한 계책이라고 하였다. 이처럼 두문불출(杜門不出)이라는 말은 '호돌두문불출(狐突杜門不出)'이라는 말에서 유래되었다.

고사성어	# 77. 득의망언(得意忘言)
한자	得 얻을 득, 意 뜻 의, 忘 잊을 망, 言 말씀 언
의미	뜻을 얻으면 말은 잊어버린다. 즉 뜻을 이루면 그 뜻을 이루기 위해 사용한 수단은 버린다.
유의어	**득어망전(得魚忘筌):** 고기를 잡으면 고기를 잡던 통발은 잊는다. 즉 뜻을 이루면 사용한 도구는 잊어버린다.
출전	추적의 명심보감(明心寶鑑), 장자(莊子)의 외물편(外物篇)
유래	득의망언(得意忘言)이라는 말은 추적의 명심보감과 장자의 외물편에 다음과 같이 전한 데에서 유래하였다. 중국의 전설적인 성군 요(堯)임금이 허유(許由)라는 은자(隱者)에게 천하를 물려주려고 했다. 하지만 허유는 사양했다. "뱁새는 넓은 숲에 살지만 나무가지 몇 개면 충분하고, 두더지가 황하의 물을 마셔도 배가 차면 그것으로 족합니다." 허유는 이 말을 남기고 기산으로 거처를 옮겼다. 요임금이 기산으로 찾아가 작은 땅이라도 맡아달라고 청했지만 허유는 거절했다. 요임금의 말로 자신의 귀가 더러워졌다고 여긴 그는 흐르는 물에 귀를 씻었다. "왜 그리 귀를 씻고 계시오?" 소 한 마리를 앞세우고 가던 소부(巢夫)가 그 까닭을 물었다. 허유가 자초지종을 말하니 소부가 껄껄 웃었다. "그건 당신이 지혜(智慧)로운 은자라는 소문을 은근히 퍼뜨린 탓이 아니오." 그가 물을 따라 올라가자 허유가 물었다. "어디를 가시오." 소부가 답했다. "당신이 귀를 씻은 물을 내 소에게 먹일 순 없지 않소." 또한, 장자(莊子)는 장자 외편(外篇)에서 허유 등 권력을 거부한 자들을 소개한 뒤 다음과 같이 말을 덧붙인다. '통발은 물고기를 잡는 도구인데, 물고기를 잡고 나면 통발은 잊어버리고 만다. 덫은 토끼를 잡는 도구인데, 토끼를 잡고 나면 덫은 잊어버리고 만다. 이처럼 말이란 마음속에 가진 뜻을 상대편에게 전달하는 수단이므로 뜻을 얻으면 말은 잊어버리고 만다. 뜻을 얻고 말을 잊어버린 사람과 말하고 싶구나(筌者所以在魚 得魚而忘筌 蹄者所以在兎 得兎而忘蹄 言者所以 在意 得意而忘言 吾安得夫忘言之人 而與之言哉. 전자소이재어 득어이망전 제자소이재토 득토이망제 언자소이 재의 득의이망언 오안득부망언지인 이여지언재).' 말을 잊는다는 건 뭔가에 매이지 않는다는 뜻이다. 뱁새는 나뭇가지에 매이지 않기에 자유롭고, 두더지는 강물에 매이지 않기에 족하다. 취하기만 하고 버리지 못하는 건 반쪽짜리 지혜.

고사성어	**78. 등하불명(燈下不明)**
한자	燈 등잔 등, 下 아래 하, 不 아닐 불(부), 明 밝을 명
의미	등잔 밑이 어둡다. 즉 가까이에 있는 물건이나 사람을 잘 찾지 못하다.
출전	편자 미상의 동언해(東言解)
유래	한문속담집인 동언해의 다음과 같은 이야기에서 등하불명(燈下不明)이라는 말이 유래하였다. 　백제의 개로왕(蓋鹵王)은 바둑을 무척 좋아했다. 호시탐탐(虎視眈眈) 백제를 넘보는 고구려와 전쟁 준비를 하다가도 바둑을 두기 시작하면 시간 가는 줄 몰랐다. 　"대왕님, 고구려에서 도망 나온 도림(道琳)이라는 승려가 바둑을 잘 둔다고 하옵니다." 　"그래? 그렇다면 한 번 시험해 봐야겠구나." 　소문대로 도림의 실력은 만만치 않았다. 개로왕은 이제야 진짜 상대를 만났다며 매일같이 바둑을 두다 보니 도림을 아끼고 신뢰하게 되었다. 　"대왕님, 백제는 이제 작은 나라가 아닙니다. 감히 주변 나라들도 백제를 공격할 생각을 하지 못합니다. 그런데 대왕님이 살고 계신 궁궐과 성곽은 오래되어 볼품이 없으니 안타깝습니다." 　도림이 가슴 아프다는 듯 한숨을 지으며 말을 이었다. "신하와 백성이 대왕님을 우러러보도록 화려하고 웅장한 궁궐을 지어야 합니다." 　도림이 부추기자 개로왕은 당장 궁궐을 고쳐 짓기 시작했다. 군사들은 공사장에 불려 나와야 했고 백성들도 세금이 늘어나게 되자 불평이 많아졌다. 　그때를 이용해 고구려 군사들이 백제를 공격하고 나섰다. 개로왕과 신하들은 갑작스러운 고구려의 공격에 당황했다. 　"대왕님! 승려 도림이 고구려의 첩자(諜者)였다고 합니다. 　"뭐라고? 등잔 밑이 어둡다더니(燈下不明 등하불명), 내가 첩자를 옆에 두고도 알아보지 못하고 어리석었구나!" 　개로왕은 도림의 꾀에 넘어간 것을 후회했지만 이미 때는 늦었다. 결국, 개로왕은 고구려군과 싸우다가 전쟁터에서 목숨을 잃었고, 백제는 수도를 떠나야만 했다. 　(주) 동언해(東言解)는 편자 미상의 공사항용록(公私恒用錄)에 기록되어 있는 한문속담집(漢文俗談集)이다.

고사성어	**79. 등화가친(燈火可親)**
한자	燈 등잔 등, 火 불 화, 可 가할 가(옳을 가), 親 친할 친
의미	등잔불을 가까이 한다. 즉 공부하기에 더없이 좋은 계절이다.
유의어	**신량등화(新凉燈火):** 가을의 서늘한 기운이 생길 무렵이 등불 아래서 글 읽기에 좋다.
출전	한유(韓愈)의 부독서성남시(符讀書城南詩)
유래	등화가친(燈火可親)이라는 말은 한유(韓愈)가 아들 한창(韓昶)에게 책 읽기를 권하기 위해서 지은 '부독서성남시'에서 유래되었다. 한유는 글을 열심히 읽으라고 말로 독려한 것이 아니라 좋은 시 한 수를 지어 아들이 책을 읽도록 유도한 재치가 빛난다. 한유는 아들에게 배움의 중요성을 가르치는 평성 어운(平聲 魚韻)으로 오언 장편을 썼는데 그 일부를 소개하면 다음과 같다. 때는 가을이 되어 장마도 마침내 개이고 선선한 바람이 마을에 가득하도다. 이제 등불도 가까이할 수 있으니 책을 펴 보는 것도 좋지 않겠는가. 어찌 아침저녁으로 생각하지 않으리 그대들을 위해 세월을 아껴야 하리 時秋積雨霽 시추적우제 新凉入郊墟 신량입교허 燈火稍可親 등화초가친 簡編可舒卷 간편가서권 豈不旦夕念 기불단석염 爲爾惜居諸 위이석거제

고사성어	**80. 마부작침(磨斧作針)**
한자	磨 갈 마, 斧 도끼 부, 作 지을 작, 針 바늘 침
의미	도끼를 갈아 바늘을 만든다. 즉 힘든 일이라도 참고 노력하면 이룰 수 있다.
유의어	①**마부위침(磨斧爲針):** 도끼를 갈아 바늘을 만들다. ②**마저작침(磨杵作針):** 쇠공이를 갈아서 바늘을 만들다. ③**철저마침(鐵杵磨針):** 쇠공이를 갈아 바늘을 만들다.
출전	방여승람(方輿勝覽) 마침계(磨鍼溪)편, 당서(唐書) 문예전(文藝傳)

유래	자신을 취선옹(醉仙翁)이라 했던 당나라 시인 이백(李白)의 어렸을 때 이야기에서 마부작침(磨斧作針)이라는 말이 유래되었다.
	  그는 훌륭한 스승을 찾아 상의산(象宜山)에 들어가 수학하였는데, 어느 날부터 공부에 싫증이 나기 시작했다. 그래서 그는 스승에게 말도 없이 산을 내려오고 말았다. 집을 향해 걷고 있던 이백이 계곡을 따라 흐르는 냇가에 이르자 한 노파가 바위에 열심히 도끼를 갈고 있는 것을 보게 되었다.
	  이백이 물었다. "할머니, 지금 뭘 하고 계세요?"
	  "바늘을 만들려고 도끼를 갈고 있단다(磨斧作針 마부작침)."
	  이백은 의아한 표정으로 다시 물었다. "그렇게 큰 도끼를 간다고 바늘이 될까요?"
	  "그럼, 되고말고 중도에 그만두지만 않는다면야" 할머니는 확신에 찬 어조(語調)로 말했다. 그 노파의 꾸준한 노력에 크게 감명을 받은 이백은 다시 산속으로 들어가 학문에 힘쓴 결과 학문을 완성했다.

고사성어	# 81. 마이동풍(馬耳東風)
한자	馬 말 마, 耳 귀 이, 東 동녘 동, 風 바람 풍
의미	말의 귀에 동쪽 바람이 분다. 즉 남의 말을 지나쳐 흘려버리다.
유의어	①우이독경(牛耳讀經): 소귀에 대고 경을 읽는다. 즉 아무리 가르치고 일러주어도 알아듣지 못하다. ②우이송경(牛耳誦經): 소귀에 대고 경을 외우다.
출전	이백(李白) 답왕십이한야독작유회(答王十二寒夜獨酌有懷)
유래	당(唐)나라 시인 이백(李白)이 친구 왕십이(王十二)에게서 한야독작유회라는 시를 받는다. 그 후 이백은 그에 대한 답 시를 보냈는데 이것이 '답왕십이한야독작유회'이다. 　그 시의 한 구절에 '세상 사람들 이를 듣고도 모두 고개 흔드니 마치 동풍이 말귀를 스쳐 가는 것 같이 흘려버리네(世人聞此皆掉頭 有如東風射馬耳. 세인문차개도두 유여동풍사마이).'에서 마이동풍(馬耳東風)이라는 말이 유래되었다. 　'답왕십이한야독작유회' 일부분을 소개하면 다음과 같다. 그대는 살쾡이 기름 바르고 쇠 발톱으로 투계를 배워 그들은 콧김 같은 위세를 빌어 무지개를 만들려고 했지 그대는 가서한이 한 것처럼 칼 차고 청해 밤바다를 건너서 서쪽으로 가서 석보성을 무찔러 자줏빛 도포를 취할 수 없네 그대가 북창 아래서 시를 짓고 글을 쓴다지만 만 마디 말이 한 잔 술보다 못할 때도 있는 법 세상 사람들 이를 듣고도 모두 고개를 저으니 마치 동풍이 말귀를 스쳐 가는 것 같이 흘려버리네. 君不能狸膏金距學鬪雞　군불능리고금거학투계 坐令鼻息吹虹霓　좌령비식취홍예 君不能學哥舒　군불능학가서 　橫行靑海夜帶刀　횡행청해야대도 西屠石堡取紫袍　서도석보취자포 吟詩作賦北窗裏　음시작부북창리 萬言不直一杯水　만언부직일배수 世人聞此皆掉頭　세인문차개도두 有如東風射馬耳　유여동풍사마이

고사 성어	**82. 막역지우(莫逆之友)**
한자	莫 없을 막(저물 모), 逆 거스를 역, 之 어조사 지, 友 벗 우
의미	서로 거스름이 없는 벗. 즉 허물이 없는 아주 친한 친구.
유의어	①금란지교(金蘭之交): 쇠같이 단단하고 난초처럼 향기로운 사귐. 즉 아주 친한 친구. ②단금지교(斷金之交): 쇠라도 자를 만큼 강한 교분. ③동심지언(同心之言): 마음을 같이하며 하는 말. 즉 마음을 함께 하는 절친한 친구. ④문경지교(刎頸之交): 목이 베어져도 변하지 않는 우정. 즉 생사를 같이할 수 있는 친구.
반의어	**시도지교(市道之交):** 시장과 길거리에서 이루어지는 이익만을 위한 교제. 즉 이익만을 따지며 사귀는 친구.
출전	장자 내편(內篇) 대종사편(大宗師篇)
유래	막역지우(莫逆之友)라는 말은 장자(莊子) 내편 대종사편에 다음과 같은 '막역어심 수상여위우(莫逆於心 遂相與爲友)'라는 말에서 유래되었다. 자사, 자여, 자리, 자래 네 사람이 서로 얘기를 나눈다. 누가 능히 무(無)로 머리를 삼고, 삶(生)으로 척추를 삼고, 죽음으로 엉덩이를 삼겠는가? 누가 생사존망이 일체임을 알겠는가. 내 이런 사람과 벗이 되리라. 네 사람이 서로 보며 웃고 마음에 거슬리는 게 없어서 마침내 서로 벗이 되었다. 子祀子與子犁子來四相與語曰　　자사자여자리자래사상여어왈 孰能以無爲首 以生爲脊以死爲尻　숙능이무위수 이생위척이사위고 孰知生死存亡之一體 吾與之友矣　숙지생사존망지일체 오여지우의 四人 相視而笑 莫逆於心 遂相與爲友　사인 상시이소 막역어심 수상여위우

고사성어	**83. 맹모삼천지교(孟母三遷之敎)**
한자	孟 맏 맹, 母 어미 모, 三 석 삼, 遷 옮길 천, 之 갈 지, 敎 가르칠 교
의미	맹자의 어머니가 맹자의 교육을 위해 세 번 이사하다. 즉 교육에 있어서 주변의 환경이 중요하다.
유의어	**귤화위지(橘化爲枳):** 회남의 귤을 회북에 심으면 탱자가 된다. 즉 환경에 따라 사물의 성질이 달라지다.
출전	후안서 열녀전(列女傳) 모의전(母儀傳)
유래	맹모삼천지교(孟母三遷之敎)라는 말은 맹자(孟子) 어머니가 맹자의 교육을 위해서 세 번 이사를 한 고사에서 유래하였다. 맹자(孟子)의 어머니가 처음에 공동묘지(共同墓地) 근처의 집으로 이사했더니 맹자는 장사지내는 모습을 흉내 내며 놀았고, 둘째로 시장(市場) 근처로 이사했을 때는 맹자는 장사 놀이를 하며 놀았다. 그러자 어머니는 서당(書堂) 근처로 이사를 했고, 맹자는 날마다 공부 놀이를 했다. 그제야 맹자 어머니는 이곳이 자식을 키울 곳으로 적합하다고 판단하고 기뻐하며 그곳에 정착했다.

고사성어	**84. 면종복배(面從腹背)**
한자	面 낯 면, 從 좇을 종, 腹 배 복, 背 등 배
의미	겉으로는 복종하는 체하면서 내심으로는 배반하다.
유의어	①**면종후언(面從後言):** 보는 앞에서는 복종하는 체하면서 뒤에서 비방과 욕설을 한다. ②**양봉음위(陽奉陰違):** 겉으로는 복종하는 척하면서 속으론 딴마음을 품는다.
속담	앞에서 꼬리치는 개가 뒤에서 발뒤꿈치 문다.
출전	서경(書經) 익직편(益稷篇)
유래	면종복배(面從腹背)나 면종후언(面從後言)은 같은 의미인데 서경 익직편에 다음과 같은 말에서 유래되었다. 임금이 말하기를, "서경에 이르기를 '너는 면종하고 물러나서 후언하지 말라'고 하였으니 신하가 임금이 있는 곳에 나와서는 모두 말하기를 '임금께서 하신 일은 모두 선합니다.' 하고는 물러나서 말할 때는 '선하지 않다.'라고 한다면 신하의 의리가 아니다(書云 汝無面從退有後言 人臣進則曰 君所爲皆善 而退則曰 不善 非人臣之義. 서운 여무면종퇴유후언 인신진칙왈 군소위개선 이퇴칙왈 불선 비인신지의)."라고 하였다.

고사성어	**85. 명불허전(名不虛傳)**
한자	名 이름 명, 不 아닐 불(부), 虛 빌 허, 傳 전할 전
의미	이름은 헛되이 전해지지 않는다. 즉 명성이 널리 알려진 데는 그럴 만한 까닭이 있다.
유의어	**명불허득(名不虛得):** 명성은 쉽게 얻어지는 것이 아니다.
출전	사마천(司馬遷)의 사기열전(史記列傳)
유래	명불허전(名不虛傳)은 사마천(司馬遷)의 사기열전(史記列傳) 맹상군(孟嘗君)에 관한 기록에서 유래되었다. 중국 전국시대에 사공자(四公子) 중의 한 사람인 맹상군(孟嘗君) 전문(田文)은 인재들을 후하게 대접하여 수천의 식객(食客)을 거느린 것으로 이름이 높았다. 사기(史記)에는 맹상군이 식객(食客)들을 잘 대우했던 다양한 일화(逸話)들이 기록되어 있다. 그는 손님을 접대할 때에는 병풍 뒤에 늘 보좌하는 이를 두었고, 손님에게 거처하는 곳이나 친척 등에 관해 묻는 내용을 기록하게 했다. 그리고 손님이 떠나면 사람을 보내 집안 형편을 살펴 그 친척들에게 선물 등을 보냈다. 사마천의 사기에서 맹상군의 일화를 보면, 그의 영지(領地)인 설(薛, 산동성 등주)지역으로 사람들이 모여들었다. 설(등주)을 지나는데 그 고장 풍속이 대체로 거친 사람이 많아 그 까닭을 물으니 "맹상군이 천하의 협객과 간사한 자를 불러 모았으니 설 땅에 들어온 사람이 대략 6만여 가호(家戶)나 되었다."라는 답변을 들었다고 적었다. 그리고 "세상에 전하기를 맹상군이 객을 좋아하고 스스로 즐거워하였다고 하니 그 이름이 헛된 것이 아니었다(世之傳孟嘗君好客自喜 名不虛矣 세지전맹상군호객자희 명불허의)."라고 덧붙였다. 여기에서 '이름은 헛되이 전해지지 않는다.'라는 뜻의 명불허전(名不虛傳)이라는 표현이 비롯되었으며, '명성(名聲)이 널리 알려진 데는 그럴 만한 까닭이 있음'을 나타내는 말로 오늘날에 널리 쓰이고 있다. (주) 중국 전국시대에 사군자(四君子)가 있었다. 학문과 덕망이 높았던 제나라의 맹상군 전문(孟嘗君 田文), 조나라의 평원군 조승(平原君 趙勝), 초나라의 춘신군 황헐(春申君 黃歇), 위나라의 신릉군 위무기(信陵君 魏無忌)을 지칭하며, 이들을 매화, 난초, 국화, 대나무로 상징한 것이다. 이들은 재산을 털어 천하의 식객을 거느리고 인재들을 초빙해 우대하고 의리를 중시하였다.

고사 성어	**86. 명약관화(明若觀火)**
한자	明 밝을 명, 若 같을 약, 觀 볼 관, 火 불 화
의미	불을 보는 것 같이 밝게 보인다. 즉 의심할 여지가 없이 아주 명백하다.
유의어	**명명백백(明明白白):** 의심할 여지가 없이 아주 뚜렷하다.
출전	서경 제3편 상서(商書)의 반경(盤庚)
유래	서경 제3편 상서의 반경 이야기에서 명약관화(明若觀火)라는 말이 유래하였다. 반경(盤庚)은 폭군 주왕(紂王)을 쫓아내고 상(商)나라를 세운 탕왕(湯王)의 9대손으로 제19대의 왕위에 올랐다. 그 당시는 국력이 쇠퇴해져 분쟁이 잦았고 자연재해까지 발생하여 백성들의 불안이 가중되었다. 여기에다 귀족들은 사치를 일삼았고 제후들이 입조(入朝)하지도 않는 혼란상이 계속되었다. 반경(盤庚)은 통치 기반을 굳건히 하기 위해 도읍을 은(殷) 지방으로 옮기려 하였으나 대신들의 반대에 부딪혔다. 반경은 지금 하늘의 뜻을 따르지 않으면 하늘이 명을 끊을지 모르는데 반대하는 이유를 모르겠다며 설득하였다. '나는 불을 보듯 훤히 알고 있으나 졸렬하게 일을 처리하여 그대들을 안일하게 했소(予若觀火 予亦拙謀 作乃逸. 여약관화 여역졸모 작내일).' 결국, 반경은 설득에 성공하여 수도를 옮겼는데 이후 은(殷)나라로 국호를 바꿔 부르게 되었다. 수도를 옮기고부터 신뢰를 바탕으로 국정을 안정시킨 반경은 이후 200여 년 동안 번성(繁盛)을 이루었다.

고사성어	**87. 목불식정(目不識丁)**
한자	目 눈 목, 不 아닐 불(부), 識 알 식, 丁 고무래 정
의미	고무래를 보고도 정(丁)자를 알지 못한다. 즉 글자를 모르는 무식한 사람을 일컫는다.
유의어	**불학무식(不學無識):** 배우지 못해 아는 것이 없다.
출전	당서(唐書) 장홍정전(張弘靖傳)
유래	당나라 현종 때에 장홍정(張弘靖)이라는 사람이 있었다. 그는 부유한 집에서 자랐으나 무식하고, 성품이 불손하고 방자하였다. 그는 아버지 장연상(張延賞)이 국가에 끼친 공적으로 벼슬길에 나가게 되었다. 장홍정은 노룡의 절도사로 부임하였는데 그는 부하들을 괴롭히고 그를 따라온 막료들도 백성을 능욕하였다. 그래서 불만이 쏟아져 나왔다. 참다못한 군인들이 반란을 일으켜 막료들을 죽이고 장홍정을 잡아 가두었다. 이 소식을 들은 황제는 장홍정의 직책을 박탈하며 "너야말로 목불식정(目不識丁)이구나."라고 말했는데 여기에서 목불식정(目不識丁)이 유래하였다.

고사성어	**88. 무괴아심(無愧我心)**
한자	無 없을 무, 愧 부끄러워할 괴, 我 나 아, 心 마음 심
의미	내 마음에 부끄러움이 없도록 한다. 즉 남의 허물을 탓하기 전에 자기 스스로를 먼저 살펴본다.
출전	유기(劉基)와 소인의 대화(對話)
유래	무괴아심(無愧我心)이라는 말은 명나라 개국공신이며 사상가이자 정치가인 유기(劉基)가 소인들에게 다음과 같은 말로 따끔한 일침을 놓는 데서 유래하였다. 유기는 소인들에게 "어떻게 다른 사람들의 뜻을 모두 다 헤아릴 수 있겠느냐? 다만 내 마음에 부끄러움이 없기를 구할 뿐이다(豈能盡如人意 但求無愧我心. 기능진여인의 단구무괴아심)."라고 말했다. 무괴아심은 스스로 자기의 언행을 깨끗이 하고 떳떳하게 하여, 하늘을 우러러 부끄러움이 없도록 해야 한다는 경계의 말이다. '군자(君子)의 손가락은 자신을 가리키고, 소인의 손가락은 남을 향한다.'라는 말이 있다. 사람은 일이 잘못되거나 허물이 생기면 그 탓을 남에게 돌리려는 경향이 있는데 이것은 올바른 자세가 아님을 명심(銘心)하도록 하는 말이다.

고사 성어	**89. 무신불립(無信不立)**
한자	無 없을 무, 信 믿을 신, 不 아닐 불(부), 立 설 립(입)
의미	믿음이 없으면 설 수 없다. 즉 믿음과 의리의 중요성을 강조함.
출전	논어(論語) 안연편(顔淵篇), 삼국지(三國志)

유래	논어 안연(顔淵, 안회 顔回)편에 실린 공자의 말에서 무신불립(無信不立)이라는 말이 유래되었다.
	  자공(子貢, 단목사 端木賜)이 정치에 관해서 공자에게 물었다.
	  공자는 "식량을 풍족하게 하고, 군대를 충분히 하고, 백성의 믿음을 얻는 일이다."라고 답하였다.
	  자공이 "어쩔 수 없이 한 가지를 포기(抛棄)해야 한다면 무엇을 먼저 포기해야 합니까?"하고 묻자
	  공자는 군대를 포기해야 한다고 답했다. 자공이 또다시 "나머지 두 가지 가운데 또 한 가지를 포기해야 한다면 무엇을 포기해야 합니까?"하고 물었다.
	  공자는 식량(食糧)을 포기해야 한다며 "예로부터 사람은 다 죽음을 피할 수 없지만, 백성의 믿음이 없이는 나라가 바로 서지 못한다(自古皆有死 民無信不立 자고개유사 민무신불립)."라고 대답했다.
	  위의 공자와 자공의 문답에서 공자의 답인 '민무신불립(民無信不立)'에서 무신불립(無信不立)이라는 말이 유래되었다.

고사 성어	**90. 무실역행(務實力行)**
한자	務 힘쓸 무, 實 열매 실, 力 힘 역(력), 行 다닐 행
의미	참되고 실속있도록 힘써서 행한다.
출전	국어(國語) 진어편(晉語編), 예기(禮記) 중용(中庸)
유래	무실(務實)은 국어 진어편 제6편(第六篇)에 '옛적에 내가 장자(莊子, 조삭 趙朔)를 섬길 적에 겉은 빛났지만 내실은 없었으니, 청컨대 내실에 힘쓰도록 하라(昔吾逮事莊主 華則榮矣 實之不知, 請務實乎. 석오체사장주 화칙영의 실지불지, 청무실호).'라고 하여 무실(務實)이 '내실에 힘쓴다.'라는 의미로 쓰였다. 역행(力行)은 예기 중용편에 '학문을 좋아하는 것은 지에 가깝고, 힘써 행하는 것은 인에 가깝고, 부끄러움을 아는 것은 용에 가깝다(好學近乎知 力行近乎仁 知恥近乎勇. 호학근호지 역행근호인 지치근호용).'라는 구절에서 유래되었다.

고사 성어	**91. 무인부달(無忍不達)**
한자	無 없을 무, 忍 참을 인, 不 아닌가 부(불), 達 통달할 달
의미	참을성이 없으면 무엇이든지 달성할 수 없다.
출전	논어(論語)
유래	논어에 '인내(忍耐)하지 않으면 무엇이든 달성할 수 없고 땀 흘리지 않으면 무엇이든 이룰 수 없다(無忍不達 無汗不成 무인부달 무한불성).'라는 말이 있는데 여기서 무인부달(無忍不達)이라는 말이 유래되었다.

고사 성어	**92. 문경지교(刎頸之交)**
한자	刎 목벨 문, 頸 목 경, 之 어조사 지, 交 사귈 교
의미	목이 베어져도 변하지 않는 우정. 즉 생사를 같이할 수 있는 벗.
유의어	①관포지교(管鮑之交): 관중과 포숙의 사귐. 즉 우정이 아주 돈독한 친구 관계. ②금란지계(金蘭之契): 금과 같이 변하지 않으면서 난초같이 향기로운 우정. ③수어지교(水魚之交): 물과 물고기 같은 가까운 관계.
출전	사기(史記) 염파인상여전(廉頗藺相如傳)
유래	중국 전국시대 조나라(趙)의 혜문왕(惠文王) 때 인상여(藺相如)와 염파(廉頗)라는 사람이 있었다. 두 사람 모두 큰 공을 세웠지만, 환관(宦官)의 식객에 불과했던 인상여를 경대부에 임명하자 염파는 불만이 대단했다. 그래서 인상여를 만나면 망신을 주리라 생각했다. 그 말을 전해 들은 인상여는 염파와 마주치지 않으려고 피하니, 부하들이 "왜 그렇게 염 장군을 두려워하십니까?"라고 물었다. 　인상여가 "진나라(秦)가 공격하지 못하는 이유는 나와 염 장군이 있기 때문이다. 우리 둘이 서로 헐뜯고 싸운다면 나라가 위태로워질 것이다."라고 말했다. 염파는 그 이야기를 전해 듣고, 옷을 벗어 살을 드러내고 곤장을 지고 인상여의 집에 이르러 사죄(謝罪)하며 말하기를 "비천한 사람이 장군의 너그러움이 이와 같음을 알지 못했습니다."라고 말했다. 그리하여 인상여와 염파가 문경지우(刎頸之友)가 되었다.

고사 성어	**93. 문방사우(文房四友)**
한자	文 글월 문, 房 방 방, 四 넉 사, 友 벗 우
의미	글을 쓸 때 필요한 네 가지 도구. 즉 종이, 붓, 먹, 벼루 등의 네 가지 도구.
유의어	①**문방사보(文房四譜)**: 문방의 네 가지 보물. 즉 종이, 붓, 먹, 벼루를 말한다. ②**문방사후(文房四侯)**: 문방의 네 가지 제후. 즉 종이, 붓, 먹, 벼루를 말한다. ③**지필묵연(紙筆墨硯)**: 종이, 붓, 먹, 벼루를 말한다.
출전	한유(韓愈)의 모영전(毛穎傳)
유래	문방사우(文房四友)는 선비들이 문방이나 서재에서 늘 다루는 도구인 종이, 붓, 먹, 벼루를 말한다. 문방사우로 부르게 된 것은 중국 당나라 때 한유(韓愈)가 지은 모영전에서 네 가지를 의인화하여 소개한 데서 비롯되었다. 문방구에 대한 관심은 문학적 성취가 두드러졌던 송나라 때에 높아졌으며, 문방구 애호 취미는 문인 취향과 결부되어 명·청대로 이어져 조선으로 전해졌다. 　중국에서는 문방사보 또는 문방사후라고도 한다. 사후란 종이를 뜻하는 호치후(好畤侯), 붓을 뜻하는 관성후(管城侯), 먹을 뜻하는 송자후(松滋侯), 벼루를 뜻하는 묵후(墨侯)로 높여서 부른 것이다. 　또한, 일설에는 중국 사람들은 문인들이 책을 읽는 곳 혹은 글을 쓰는 도구들을 문방이라고 부르면서 특별히 대우해 오면서 문방이라는 표현을 쓰기 시작했다고 한다. 사우라는 표현은 남당의 이욱(李煜) 황제가 만들게 한 징심당의 지(紙), 오백현의 필(筆), 이정규의 묵(墨), 남당관의 연(硯) 등의 문구들을 통틀어서 남당 사보(四寶 네 가지 보물)라고 부르면서 유래되었다. 　(주) 남자들이 즐겨 사용하는 문방사우가 있다면 여인(규수)들이 즐겨 사용하는 규중칠우(閨中七友)가 있다. 규중칠우는 자, 가위, 바늘, 실, 골무, 인두, 다리미를 말한다.

고사 성어	**94. 문일지십(聞一知十)**
한자	聞 들을 문, 一 한 일, 知 알 지, 十 열 십
의미	한 가지를 들으면 열 가지를 미루어 안다. 즉 총명하고 영특하다.
출전	논어(論語) 공야장편(公冶長篇)
유래	논어 공야장편에 다음과 같은 말에서 문일지십(聞一知十)이라는 말이 유래되었다. 　공자(孔子)는 3천여 명의 제자를 두었다고 전하며 제자 중에는 여러 재주를 가진 사람들이 많았는데, 그중 자공(子貢)은 장사 솜씨가 능란하여 많은 재산을 모아 공자가 세상을 돌아다니는 자금의 대부분을 뒷받침했다. 또 안회(顔回)는 가난했지만 총명하여 공자의 사랑을 듬뿍 받았다. 자공은 공자로부터 비록 제사에 쓰이는 보배로운 그릇과 같다는 칭찬을 들었지만, 스스로의 재주를 믿고 자만심이 강하여 '지나침은 모자람만 못하다(過猶不及 과유불급).'라는 경계를 듣기도 했다. 　공자가 자공(子貢)을 불러 안회에 대한 생각을 물었다. "너와 안회를 비교하면 누가 더 나은가(子謂子貢曰 女與回也孰愈. 자위자공왈 여여회야숙유)?" 　자공이 대답했다. "제가 어찌 안회를 넘볼 수 있겠습니까. 안회는 하나를 듣고도 열을 알지만 저는 하나를 들으면 겨우 둘 정도만 알 수 있을 뿐입니다(賜也何敢望回 回也聞一以知十 賜也聞一以知二. 사야하감망회 회야문일이지십 사야문일이지이)." 　여기 '회야문일이지십(回也聞一以知十)'에서 문일지십(聞一知十)이란 말이 유래되었다. 공자는 자공의 솔직 담백한 대답에 크게 만족했다. 　안회는 '예가 아니면 보지도 말고, 듣지도 말고, 말하지도 말고, 행동하지도 말라(非禮勿視 非禮勿聽 非禮勿言 非禮勿動. 비례물시 비례물청 비례물언 비례물동).'라는 논어에 나오는 공자의 가르침을 가장 잘 따랐던 사람으로 공자가 늘 칭찬을 아끼지 않았다. 그러나 안회는 32세에 요절하였다. 　'안회가 요절했을 때 공자는 "아, 하늘이 나를 망치게 하는구나."하며 탄식했다(顏淵死 子曰 噫 天喪予. 안연사 자왈 희 천상여).'고 한다.

고사 성어	# 95. 문전성시(門前成市)
한자	門 문 문, 前 앞 전, 成 이룰 성, 市 저자 시
의미	찾아오는 사람이 많아 대문 앞이 시장을 이루다시피 한다. 즉 대문 앞이 시장 바닥을 연상케 할 만큼 사람들로 북적이다.
유의어	**①문전약시(門前若市):** 문 앞이 시장과 같다. 즉 많은 사람이 모여들다. **②문전여시(門前如市):** 문 앞이 시장과 같다.
반의어	**문전작라(門前雀羅):** 문 앞에 참새 떼가 놀고 새 잡는 그물이 쳐졌다. 즉 방 문객이 끊어져 한산하다.
출전	한서(漢書) 정숭전(鄭崇傳) 손보전(孫寶傳)
유래	문전성시(門前成市)라는 말은 한서의 정숭전 손보전에 나오는 고사에 '군문 여시인(君門如市人)'에서 유래되었다. 　전한 말기 애제(哀帝)는 약관(20세)의 나이로 제위(帝位)에 올랐다. 그러나 조정의 실권은 외척의 손에 넘어가고 황제는 사랑에 눈이 멀고 노는 것을 좋 아하며 정치는 돌보지 않고 있었다. 이때 상서복야(尙書僕射)로 있던 정숭(鄭崇)은 황제의 인척으로 이름난 학자 포선(飽宣), 중신 왕선(王善) 등과 함 께 외척들의 횡포와 부패를 황제에게 직언했지만 받아들여지지 않았다. 그뿐 만 아니라 이로 인해 황제의 눈에 난 것은 물론 아첨배들로부터는 경계의 대 상이 되었다. 　그 무렵 상서령(尙書令)으로 있던 조창(趙昌)은 정숭을 시기하여 모함할 기 회만 노리고 있다가 어느 날 애제에게 정숭이 종친과 내통하여 왕래가 잦다 고 무고하였다. 애제는 즉시 정숭을 불러 "경의 문전이 시장과 같이 사람들이 모여든다고 하던데(君門如市人 군문여시인) 그러면서 어찌하여 짐과의 관계 를 금하여 깨려고 하는가?" 하고 물었다. 정숭은 "신의 집 문 앞이 시장과 같 을지라도 신의 마음은 물과 같습니다(臣門如市 臣心如水. 신문여시 신심여 수). 황공하오나 한 번 더 조사해 주십시오."라고 말하였다. 이 말을 들은 애 제는 '황제의 말에 대꾸하는구나.'라며 분노하면서 평소 눈엣가시였던 정숭을 옥에 가두었다. 그러자 사예(司隷)인 손보(孫寶)가 상소하여 조창의 참언을 공박하고 정숭을 변호했지만 애제는 오히려 손보마저 삭탈관직(削奪官職)하 고 서인으로 강등시켜 내쳤다. 정숭은 그 후 옥에서 억울하게 죽었다.

고사성어	**96. 박주산채(薄酒山菜)**
한자	薄 엷을 박, 酒 술 주, 山 뫼 산, 菜 나물 채
의미	맛이 변변하지 못한 술과 산나물. 즉 자기가 내는 술과 안주를 겸손하게 일컫는 말이다.
출전	한호(韓濩)의 시(詩) '짚방석 내지 마라'
유래	박주산채(薄酒山菜)라는 말의 유래는 정확하게 전해지지 않고 있으며 다만 조선 중기에 한호(韓濩, 호 석봉)가 지은 다음과 같은 시에 등장한다. 짚방석 내지 마라 짚방석 내지 마라. 낙엽엔들 못 앉으랴. 솔불(관솔불) 혀지(켜지) 마라. 어제 진 달 돋아 온다. 아해야(아이야) 박주산채(薄酒山菜)일망정 없다 말고 내어라. (주) 한호(1543~1605) 자는 경홍(景洪), 호는 석봉(石峯)이며 조선 중기의 문신이자 서예가이다. 서예에 매우 뛰어나 국가의 여러 문서와 명나라에 보내는 외교문서를 도맡아 썼고, 중국에 사절로 갈 때는 서사관(書寫官)으로 파견되었다.

고사성어	**97. 반복무상(反覆無常)**
한자	反 되돌릴 반, 覆 뒤엎을 복, 無 없을 무, 常 항상 상
의미	언행을 이랬다저랬다 하여 일정한 주장이 없다.
출전	삼국지(三國志)
유래	삼국지에 조조(曹操)가 원담(袁譚)을 두고 한 말에서 반복무상(反覆無常)이라는 말이 유래하였다. 관도대전에서 조조에게 대패한 원소(袁紹)가 삼남 원상을 후계자로 지명하고 죽자 장남은 조조를 끌어들여 원상을 치고 자신이 후계자가 되려다가 결국 둘 다 조조에게 토벌당하게 된다. 그 과정에서 성이 포위되자 원담이 신평을 조조에게 보내 항복하겠다는 약속을 전하라 했다. 조조가 그 말을 듣고 말했다. "원담! 이 자식은 이랬다저랬다 하며 계속 말을 바꾸는 자라서 항복하겠다는 말도 나는 믿을 수 없다(袁譚小子 反覆無常 吾難准信. 원담소자 반복무상 오난추신)."

고사 성어	**98. 반신반의(半信半疑)**
한자	半 반 반, 信 믿을 신, 疑 의심할 의
의미	한편으로는 믿으면서도 다른 한편으로는 의심스러워하다. 즉 어느 정도 믿기는 하지만 확실히 믿지 못하고 의심하다.
유의어	①**장신장의(將信將疑):** 어느 정도 믿으면서도 한편으로는 의심하다. ②**차신차의(且信且疑):** 한편으로는 믿기도 하고 다른 한편으로는 의심하기도 하다.
출전	구전(口傳) 이야기
유래	머리가 두 개 달린 뱀을 위사(委蛇)라고 하는데, 옛날에는 이 뱀을 본 사람은 반드시 죽는다는 미신(迷信)이 있었다. 　그런데 춘추시대 초나라 손숙오(孫叔敖)라는 사람은 어린 시절에 길을 가다가 우연히 위사를 보게 되었다. 그 순간 이 뱀을 본 사람은 죽는다는 말이 떠올라 자기도 분명히 죽게 될 것이라고 믿게 되었다. 그러자 갑자기 다리에 힘이 풀리고 절망이 몰려왔다. 하지만 손숙오는 또 다른 걸 생각했다. 　'그렇다면 다른 사람도 지나가다 이 뱀을 보게 되면 그도 죽을 것이 아닌가? 이 뱀을 그대로 놔두면 무고한 사람만 죽게 된다.' 　라고 생각하며 급히 돌멩이를 집어 뱀에게 마구 던졌다. 뱀은 도망가지 못하고 돌에 맞아 죽었다. 손숙오는 그 뱀을 아무도 보지 못하게 땅에 묻었다. 집에 돌아와서 어머니에게 그대로 이야기했다. 그랬더니 어머니가 말했다. 　"사람의 목숨은 하늘에 달린 것이지 위사에게 달린 것이 아니다. 아무리 요괴라고 해도 정직하고 용감한 아이는 해를 입히지 않는다. 그러니 마음 쓸 것 없다."라고 위로했다. 손숙오는 반신반의(半信半疑)하며 어머니 말씀을 믿었다. 그 후에 그는 초나라에서 재상을 지냈고 노년은 편했고 오래 살다가 죽었다.

고사 성어	**99. 반포지효(反哺之孝)**
한자	反 되돌릴 반, 哺 먹을 포, 之 갈 지, 孝 효도 효
의미	까마귀 새끼가 자라서 늙은 어미에게 먹이를 물어다 주는 효성. 즉 자식이 자라서 부모를 지극하게 모시는 효성.
유의어	**반포보은(反哺報恩):** 까마귀 새끼가 자라서 늙은 어미 까마귀에게 먹이를 물어다 주어 보답하다.
출전	이밀(李密)의 진정표(陳情表)
유래	진나라 이밀의 이야기에서 반포지효(反哺之孝)라는 말이 유래하였다. 진나라에 학식이 깊고 덕망이 높기로 유명했던 이밀(李密)이라는 사람은 진나라의 무제(武帝)가 아들인 태자의 스승으로 이밀을 임명하려 하자 그는 완곡히 거절했다. 그 이유를 물어보니 그는 태어난 지 6개월 만에 아버지가 돌아가시고 4살 때 어머니도 돌아가시어 할머니께서 정성스럽게 길러주셨는데, 그 할머니가 96세가 되어 할머니가 돌아가시기 전까지 봉양(奉養)하고자 한다는 것이었다. 　그는 "까마귀가 먹이를 물어다 늙은 어미를 먹여 은혜를 갚듯 할머니가 돌아가시는 날까지 봉양하게 해주시기를 바라옵니다(烏鳥私情 願乞終養 오조사정 원걸종양)."라고 말했다. 그는 연로한 할머니를 모시고 돌아가신 후 왕을 섬기겠다고 하였다. 이에 진나라 왕 무제는 이밀의 효심에 감동하여 그에게 큰 상을 내렸다.

고사 성어	**100. 발본색원(拔本塞源)**
한자	拔 뺄 발, 本 근본 본, 塞 막힐 색(변방 새), 源 근원 원
의미	근본을 빼고 근원을 막아 버린다. 즉 사물의 폐단을 없애기 위해서 그 뿌리째 뽑아 버린다.
출전	춘추좌씨전(春秋左氏傳)
유래	발본색원(拔本塞源)은 춘추좌씨전에 전해오는 성왕(成王)이 백부 주공(周公)에 대해서 다음과 같이 말한 데서 유래하였다. 　나에게 백부(伯父)가 계심은 마치 의복에다 갓이나 면류관(冕旒冠)을 갖춘 것과 같고, 나무의 뿌리와 물의 수원이 있는 것과 같고 백성들에게 지혜로운 임금이 계신 것과 같다. 　백부께서 만약 갓을 찢고 면류관을 부수고 '근본을 뽑고 근원을 막으며(拔本塞源 발본색원)' 오로지 지혜로운 임금을 버리신다면 비록 오랑캐일지라도 그 어찌 나 한 사람뿐이리오.

고사성어	**101. 방약무인(傍若無人)**
한자	傍 곁 방, 若 같을 약, 無 없을 무, 人 사람 인
의미	곁에 사람이 없는 것처럼 여기다. 즉 주위에 있는 다른 사람을 전혀 의식하지 않고 제멋대로 행동하다.
유의어	①**방벽사치(放辟邪侈):** 아무 거리낌 없이 제멋대로 행동하다. ②**안하무인(眼下無人):** 방자하고 교만하여 다른 사람을 업신여긴다.
출전	사기(史記)의 자객열전(刺客列傳)
유래	방약무인(傍若無人)이라는 말은 사기의 자객열전(刺客列傳)에 나오는 고사성어이다. 　전국시대 말기, 중국이 진(秦)나라를 중심으로 통일되려고 할 무렵 연(燕)나라 태자 단(丹)은 진왕 정(政, 진시황제)에게 원한을 품고 있었다. 어린 시절에 함께 조나라에 인질로 잡혀 있었던 두 사람이었지만, 후에 강대국이 된 진왕 정이 단을 인질로 잡는 등 수모를 주었다. 단은 그때부터 정을 처치하기 위해 온갖 노력을 기울였는데, 그때 만나게 된 사람이 위(衛)나라 사람 형가(荊軻)인데 그는 성격이 침착하고 생각이 깊으며, 문학과 무예에 능하였다. 그는 정치에 관심이 많아 청운을 품고 위나라의 원군에게 국정에 대한 자신의 포부와 건의를 피력하였지만 받아들여지지 않자 연나라 및 여러 나라를 떠돌아다니며 현인(賢人)과 호걸(豪傑)과 사귀기를 즐겼다. 　형가(형경 荊卿)는 연나라에서 사귄 비파의 명수 고점리(高漸離)와 호흡이 잘 맞아 친한 사이가 되었다. 그래서 두 사람이 만나 술판을 벌여 취기가 돌면, 고점리는 비파를 켜고, 형가는 이에 맞추어 춤추며 노래를 불렀다. 그러다가 신세가 처량함을 느끼면 감정이 복받쳐 둘이 얼싸안고 울며 웃기도 하였다. 이때의 모습은 '곁에 사람이 없는 것처럼 보였다(傍若無人 방약무인).' 　훗날 형가는 단의 부탁으로 진시황 암살을 시도하였으나 실패하고 죽임을 당하였고, 암살에 가담했던 고금리도 붙잡혔으나 비파 연주 솜씨를 아깝게 여긴 진시황이 눈만 멀게 하고 살려주었으나 다시 암살을 시도하다 결국 죽임을 당하였다. 　원래 방약무인은 '아무 거리낌 없는 당당한 태도'를 말하였는데 의미가 변해서 '주위 사람들을 의식하지 않고 제멋대로 행동한다.'라는 의미로 쓰이고 있다.

고사 성어	**102. 배은망덕(背恩忘德)**
한자	背 등 배, 恩 은혜 은, 忘 잊을 망, 德 큰 덕
의미	남에게 입은 은덕을 잊고 배반하다.
반의어	①**각골난망(刻骨難忘)**: 입은 은혜의 고마운 마음이 뼈에까지 사무쳐 잊지 않는다. ②**결초보은(結草報恩)**: 풀을 묶어서 은혜를 갚는다. 즉 죽은 뒤에라도 은혜를 잊지 않고 갚는다. ③**백골난망(白骨難忘)**: 죽어서 백골(흰 뼛가루)이 되어도 그 은혜를 잊을 수 없다.
출전	구전(口傳) 이야기
유래	옛날에 부모님을 일찍 여의고, 고아가 된 아이가 있었다. 그런데 이 아이는 먹을 것이 없어 부잣집에 밥 동냥을 하러 가서 "배가 고파죽겠으니 밥 좀 주십시오."라고 말하였다. 　주인은 그 아이가 불쌍해서 따뜻한 밥 한 상을 차려준 다음 딱한 사정의 이야기를 듣고, 자기 집에서 머슴살이하면서 농사일을 거들라고 하였다. 그리하여 그 아이는 부잣집에서 머슴살이를 시작하게 되었다. 　세월이 흘러 아이는 청년이 되었고, 주인은 그 청년을 결혼시켜서 자기 집 행랑채에 살도록 도와주었다. 그런데 어느 날 청년은 주인에게 "제가 어릴 때부터 지금까지 머슴살이를 한 품삯을 모두 계산해 주시오."라고 말하였다. 　주인은 호통을 치면서 "배은망덕(背恩忘德)도 분수가 있는 법이다. 오갈 데도 없는 아이를 길러서 농사일까지 가르쳐 주고 결혼까지 시켜서 살도록 도와주었는데 정녕 그 은공을 너는 어찌 모르느냐?"며 청년과 그의 가족을 내쫓아 버렸다.

고사성어	**103. 백문불여일견(百聞不如一見)**
한자	百 일백 백, 聞 들을 문, 不 아닐 불(부), 如 같을 여, 一 한 일, 見 볼 견
의미	백 번 듣는 것이 한 번 보는 것만 못하다. 즉 간접적으로 듣는 것보다 직접 경험하고 보는 것이 확실하다.
유의어	**이문불여목견(耳聞不如目見):** 귀로 듣는 것은 눈으로 보는 것만 못하다.
출전	한서(漢書)의 조충국전(趙充國傳)
유래	한나라 선제(宣帝) 때, 서북쪽 오랑캐가 쳐들어왔다. 조정에서는 막을 장수를 찾았지만 마땅한 사람이 없었다. 이때, 70세가 넘었음에도 용맹을 떨치던 장수 조충국(趙充國)이 나섰다. 그는 어느 전투에서 적군에게 20여 곳이나 찔리는 창상(創傷)을 입었지만, 끝까지 싸워 포위를 뚫고 돌아와 사람들을 놀라게 하기도 했었다. 그 공으로 그는 장군에 봉해졌다. "그대는 용맹하나 너무 늙었으니 다른 이를 추천해 보시오." 황제의 말에 조충국은 우렁찬 목소리로 대답했다. "이 늙은 신하보다 나은 이는 없사옵니다." "그렇다면 지금 오랑캐 상황은 어떠하며, 군사는 얼마나 필요하다고 보는가?" 조충국은 "백 번 듣는 것이 한 번 보는 것보다 못합니다. 무릇 군사란 작전 지역에서 멀리 떨어진 곳에서는 전술을 헤아리기 어려운 법이므로 바라건대 신을 금성군(金城郡: 간쑤성 난주 부근)으로 보내 주시면 현지를 살펴본 다음 방책을 아뢰겠습니다 (百聞不如一見 兵難險度 臣願馳至金城 圖上方略 백문불여일견 병난험도 신원치지금성 도상방략)."라고 대답하였다. 선제 황제가 웃으면서 허락하자 상황을 살핀 조충국은 기병보다는 둔전병(屯田兵: 평시는 토지를 경작하여 식량을 자급하고 전시에는 전투원으로 동원되는 병사) 계책을 세웠다. 그러기를 일여 년, 마침내 그는 서북쪽 오랑캐를 막아낼 수 있었다.

고사 성어	**104. 백아절현(伯牙絶絃)**
한자	伯 맏 백, 牙 어금니 아, 絶 끊을 절, 絃 악기줄 현
의미	백아가 거문고 줄을 끊다. 즉 자기를 알아주는 참다운 벗의 죽음을 슬퍼하다.
출전	열자(列子) 탕문(湯問)
유래	열자 탕문에 다음과 같은 이야기가 나오는데, 종자기(鍾子期)가 죽은 후 백아가 거문고를 부수고 줄을 끊은 데서 백아절현(伯牙絶絃)이라는 말이 유래하였다. 　춘추전국시대 백아(伯牙)라는 사람은 거문고를 잘 타기로 소문나 있었다. 한편 그의 친구 종자기(鍾子期)는 백아가 거문고를 연주하면 그 악상을 그대로 이해해내는 친구였다. 　백아가 거문고를 탈 때 그 뜻이 높은 산에 있으면 종자기는(伯牙鼓琴 志在高山 鍾子期曰 백아고금 지재고산 종자기왈), 　"훌륭하도다. 우뚝 솟은 그 느낌이 태산 같구나(善哉 峨峨兮若泰山. 선재 아아혜약태산)."라고 말했고, 　그 뜻이 흐르는 물에 있으면 종자기는 말했다(志在流水 鍾子期曰. 지재류수 종자기왈). 　"멋있다. 넘칠 듯이 흘러가는 그 느낌은 마치 강물과 같군(善哉 洋洋兮若江河. 선재 양양혜약강하)." 　백아가 뜻하는 바를 종자기는 다 알아맞혔다. 종자기가 죽자 백아는 더이상 세상에 자기를 알아주는 사람이 없다고 말하고 거문고를 부수고 줄을 끊고 죽을 때까지 연주하지 않았다(伯牙所念 鍾子期必得之. 子期死 伯牙謂世再無知音 乃破琴絶絃 終身不復鼓. 백아소념 종자기필득지. 자기사 백아위세재무지음 내파금절현 종신불부고).

고사성어	**105. 백전백승(百戰百勝)**
한자	百 일백 백, 戰 싸움 전, 勝 이길 승
의미	백 가지 전투 방식(갖가지 전투 방식)으로 싸워도 모두 이기다. 즉 어떤 전투 방식으로 싸워도 이기다.
유의어	①**백전불태(百戰不殆):** 백 가지 전투 방식(갖가지 전투 방식)으로 싸워 한 번도 위태롭지 않다. ②**백전불패(百戰不敗):** 백 가지 전투 방식(갖가지 전투 방식)으로 싸워 한 번도 지지 않는다.
반의어	**백전백패(百戰百敗):** 백 가지 전투 방식(갖가지 전투 방식)으로 싸워도 패하다.
출전	손자병법(孫子兵法)의 모공편(謀攻篇)
유래	싸움에서 이기는 방법은 두 가지가 있다. 적을 공격하지 않고 이기는 방법과 적을 공격하여 이기는 방법이 있는데, 전자가 가장 좋은 방법이고 후자는 차선으로 좋은 방법이다. 그러므로 백전백승이 최선이 아니라 싸우지 않고 적을 굴복시키는 것이 최선이다(百戰百勝 非善之善也 不戰而屈人之兵 善之善者也. 백전백승 비선지선야 불전이굴인지병 선지선자야). 백 가지 전투 방식으로 싸워서 백 번을 이겼다고 해도 그것은 결코 좋은 방법이라고 할 수 없다. 싸우지 않고 상대방을 굴복시키는 것이야말로 최상의 승리이다. 가장 좋은 방법은 적이 꾀하는 바를 미리 알아서 막는 것이다. 둘째 좋은 방법은 적이 다른 나라와 맺은 동맹을 단절시켜 적을 고립되게 하는 것이다. 셋째 방법은 적과 부딪쳐서 싸우는 것이며, 모든 수단을 이용한 후 그래도 안 되어 강행하는 싸움은 최하위 방법이다. (주 1) 손자(孫子)는 존칭이며, 본명은 손무(孫武)이고 자는 장경(長卿)이다. 그는 춘추시대 말기 제나라 낙안 출신이며 전략가이다. 대표적 저서로 '손자병법'이 있다. 성인이란 뜻으로 병성(兵聖) 또는 무성(武聖)으로 추앙 받고 있다. (주 2) 손자병법은 한서(漢書) 예문지에는 82편과 도록 9권이라고 기록되어 있으나, 현재 13편만 전해지고 있다.

고사 성어	**106. 복거지계(覆車之戒)**
한자	覆 뒤집힐 복, 車 수레 거(차), 之 갈 지, 戒 경계할 계
의미	앞 수레가 뒤집히는 것을 보고 뒷 수레는 미리 경계한다. 즉 앞사람의 실패를 본보기로 하여 뒷사람이 똑같은 실패를 하지 않도록 조심하다.
출전	후한서(後漢書)의 두무전(竇武傳), 한서의 가의전(賈誼傳)
유래	두무전과 가의전에서 유래된 복거지계(覆車之戒)는 두무와 가의가 효문제(전한의 제5대 황제)에게 진언한 말에서 유래하였다. 　효문제는 제후로서 왕위에 올랐는데 가의(賈誼), 진평(陳平), 주발(周勃) 등 어진 신하를 중용하여 국정을 쇄신하고자 하였다. 　두무(竇武)는 "만일 환관의 전횡을 이대로 방치해 두면 진(秦)의 실패를 반 복하는 것이며, 엎어진 수레를 다시 밟게 될 것입니다."라고 진언했고, 가의 (賈誼)는 "앞 수레의 엎어진 바퀴 자국은 뒷 수레의 거울이라는 말이 있습니 다(覆車之戒 복거지계)."라고 진언하였다.

고사 성어	**107. 복경호우(福輕乎羽)**
한자	福 복 복, 輕 가벼울 경, 乎 어조사 호, 羽 깃 우
의미	복은 새털보다 가볍다. 즉 자기 마음가짐을 어떻게 가지느냐에 따라서 행복해 질 수 있다.
출전	장자(壯子) 인간세편(人間世篇)
유래	복경호우(福輕乎羽)는 장자의 인간세편에 나오는 말로 다음과 같은 '복경호 우 막지지재(福輕乎羽 幕之知載)'에서 유래되었다. 　장자(蔣子)는 인간세편(人間世篇)에서 '복(福)은 깃털보다 가벼운데 이를 지닐 줄 아는 사람이 없고, 화(禍)는 땅덩어리보다 무거운데 이를 피할 줄 아 는 사람이 없다(福輕乎羽 幕之知載 禍重乎地 幕之知避. 복경호우 막지지재 화중호지 막지지피).'라고 일찍이 설파(說破)했다. 　주요 내용은 사람의 복은 깃털보다 가벼운 것이므로 마음먹기에 따라서 행 복을 찾을 수 있다. 그러므로 복을 차지하고 재앙(화)을 피하려면 무엇보다도 마음가짐이 중요하다는 것이다. 　또한 '사람은 복 가운데 있으면서도 그것이 복인지 모른다(身在福中不知福 신재복중부지복).'라는 말이 있듯이 자기 가까이서 복을 찾아야 한다.

고사 성어	**108. 복과화생(福過禍生)**
한자	福 복 복, 過 지날 과, 禍 재앙 화, 生 날 생
의미	지나친 행복은 오히려 재앙의 원인이 되다.
유의어	**복과재생(福過災生):** 복이 지나치면 도리어 재앙이 생기다.
출전	사마천(司馬遷)의 사기세가(史記世家)
유래	복과화생(福過禍生)이라는 고사는 사마천의 사기세가(史記世家)에 나오는 말에서 유래했다. 　유방이 진(秦)나라를 멸망시키고 한(漢)나라를 건국했다. 이때 신하 심이기(審食其)는 개국공신으로 인정받아 벽양후(辟陽侯)에 봉해졌다. 　유방이 인정한 심이기의 공로는 두 가지였다. 　첫째는 이전 유방이 패현을 장악하고 우두머리가 됐을 때 심이기가 유방의 부친을 정성을 다해 보좌했던 일이고 　둘째는 유방이 항우와 싸워 패하고 달아나자 유방의 부친과 부인이 항우의 포로로 잡혔다. 그때 심이기가 포로로 남아서 이들을 지극정성으로 보살폈다. 이후 심이기는 유방의 부인 여후의 총애를 받아 승승장구했다. 　개국 8년 무렵 조나라 신하들이 유방을 암살하려다 실패했다. 한나라 감찰반이 조나라 왕 장오와 신하들을 모두 체포해 옥에 가뒀다. 이때 장오의 첩이었다가 이전에 유방이 조나라 방문 때 총애를 받아 임신한 여인 조씨가 연좌돼 잡혀 왔다. 조씨의 동생 조겸이 심이기를 찾아가 누나를 살려줄 것을 간청했지만 심이기는 유방의 아내 여후가 유방과 관계를 맺은 여자들을 크게 질투하고 있어 부탁을 외면했다. 결국 조씨는 감옥에서 아들을 낳고 한에 맺혀 스스로 목숨을 끊었다. 나중에 그 아들은 유방에게 넘겨져 이후 회남왕이 되었다. 　얼마 후 유방이 죽고 그 아내 여후가 집권했다. 이때 심이기는 신하의 최고 자리인 승상에 올랐다. 여후가 죽고 유방의 아들 문제가 황제에 올랐다. 　이때 심이기는 늙어 벼슬을 내려놓고 고향으로 내려가 있었다. 이 무렵 문제는 자신의 막내 동생 회남왕을 유달리 총애했다. 그로 인해 회남왕은 자주 황제를 알현할 수 있었다. 회남왕이 성인이 돼 황궁 출입을 하던 중에 자신의 어머니 조씨가 억울하게 옥에서 돌아갔다는 비사(祕史)를 듣게 됐고 심이기가 자신의 어머니를 살릴 수 있었는데 묵과했다는 사실도 알게 됐다. 30년 전의 숨겨진 일이 드러난 것이다.

그날부터 회남왕은 심이기를 철천지원수(徹天之怨讎)로 여겼다. "내 이놈을 가만두지 않겠다!"

문제 3년 회남왕은 결심하고 심이기(審食其)를 찾아갔다. 당시 법률에는 아무리 왕이라도 황제의 허락 없이는 함부로 개국공신을 벌할 수 없었다. 그런 경우 황제의 신하들이 상소하면 왕은 자리에서 물러나야 했다. 하지만 회남왕은 황제의 총애를 믿고 자신의 원수를 갚기로 했다. 회남왕이 대문 앞에서 심이기를 불렀다. 심이기가 대문을 열고 나오자 회남왕이 그 얼굴을 향해 철퇴를 휘둘렀다. 심이기는 일격에 쓰러졌고 이어 회남왕의 무사들이 달려들어 목을 베었다. 심이기는 평생토록 자신은 남에게 악한 일을 한 적이 없다고 여겼고 벼슬에서 물러난 후에는 누구보다 평온한 삶을 살았지만, 이전 조씨 여인의 일이 자신을 죽음으로 끌고 갈 줄은 미처 생각하지도 못했다.

(주) 인명 심이기(審食其)
한자 '食'은 여기서는 '밥 식'이 아니라 '사람이름 이'로 풀이한다.

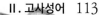

고사성어	**109. 복수불반(覆水不返)**
한자	覆 뒤집힐 복, 水 물 수, 不 아닐 불(부), 返 돌아올 반
의미	엎지른 물은 도로 담을 수 없다. 즉 한번 저질러진 일은 돌이킬 수 없다.
유의어	**복배지수(覆杯之水):** 엎질러진 잔의 물. 즉 다시 회복하거나 수습하기 곤란한 상황.
출전	왕무(王楙)의 야객총서(野客叢書)
유래	중국 주(周)나라 문왕(文王)의 시호를 가진 서백(西伯, 본명 희창 姬昌)이 어느 날 황하강 지류인 위수로 사냥을 나갔다가 피곤에 지쳐서 강가를 거닐던 중에 낚시하고 있는 초라한 행색의 한 노인을 만났다. 수인사(修人事)를 나누고 잠시 세상사 이야기를 하다 서백은 깜짝 놀랐다. 초라한 늙은 시골 노인이 외모와는 달리 식견과 정연한 논리가 범상치 않았다. 단순히 세상을 오래 산 늙은이가 가질 수 있는 지식 정도가 아니라 깊은 학문적 지식을 바탕으로 한 뛰어난 논리였다. 잠깐의 스침으로 끝낼 인연이 아니라고 생각한 서백은 노인 앞에 공손하게 엎드려 물었다. "어르신의 함자는 무슨 자를 쓰십니까?" "성은 강(姜)이고 이름은 여상(呂尙)이라 하오." "말씀하시는 것을 들어보니 제가 스승으로 모셔야 할 분으로 여겨집니다. 많은 것을 배우고 싶습니다." "너무 과한 말씀이오. 이런 촌구석에 사는 농부가 뭘 알겠소." 강여상(姜呂尙)은 거듭 사양했으나, 서백의 끈질긴 설득으로 끝내 그의 집으로 따라갔다. 그때 강여상은 끼니조차 잇기 힘든 곤궁한 상태였다. 그런 상황을 못 견디어 아내 마씨(馬氏)마저 집을 나간지 오래됐다. 강여상은 서백의 집으로 따라가 그의 아들 '발'의 스승이 되어서 글을 가르쳤다. 그 발이 바로 주나라를 창건한 무왕이고 강여상은 주나라의 재상이 되어 탁월한 식견과 놀라운 지도력을 발휘했다. 강여상이 어느 날 가마를 타고 행차하는데, 웬 거지 차림의 노파가 앞을 가로막았다. 바로 자신을 버리고 떠났던 아내 마씨였다. 전 남편인 강여상이 주나라 재상이 됐다는 소식을 듣고 천리 길을 걸어서 찾아온 것이다. 마씨는 땅에 엎드려 울면서 용서를 빌었다. 강여상은 하인을 시켜 물 한 동이를 떠 오게 한 후 마씨 앞에 물동이를 뒤집어엎었다. 물은 다 쏟아지고 빈 동이는 흙바닥에 나뒹굴었다.

그런 후에 마씨에게 "이 동이에 쏟아진 물을 도로 담으시오. 그렇게만 한다면 당신을 용서하고 집에 데려가겠소."

마씨는 울부짖으며 말했다. "아니! 엎질러진 물을 어떻게 도로 담습니까? 그것은 불가능합니다."

강여상은 그 말을 듣고는 한 번의 별이(別異)에서 재결합(再結合)을 바라는 것은 '물을 엎어 다시 거두어 담는 것보다 어려운 것(覆水難收 복수난수)이오.'이라 말하고 수레를 몰아서 앞으로 나아갔다. 마씨는 호화로운 마차에 올라 멀리 떠나가는 전 남편 강여상을 멍하니 바라보며 눈물만 흘렸다.

이 복수불반(覆水不返)의 고사성어는 긴 세월 동안 전승돼 오늘날 많은 사람이 인용(引用)하고 있다.

(주) 강여상(본명 강상 姜尙, 별칭 강태공 姜太公)은 주나라 시조인 문왕(시호 서백)의 설득으로 문왕의 아들 발(제2대 무왕)의 스승이 되었고, 발이 왕위에 오르자 무왕을 도와서 은나라를 멸망시키고(목야 전투), 무왕의 재상으로 일했으며 훌륭한 병법가로 병서인 육도(六韜)를 저술하였다.

또한, '바늘이 없는 낚시로 세월을 낚다가 문왕을 만났다(소설 封神演義 봉신연의).'라는 일화로 유명하며, 가난한 시절 자신을 버린 아내가 재상이 된 후에 다시 찾아와 재결합을 원하자 '한 번 엎질러진 물은 다시 주워 담을 수 없다(覆水不返 복수불반).'라고 말하였다.

우리나라에서는 진주강씨(晉州姜氏)의 시조로 모셔지고 있다.

고사 성어	**110. 부화뇌동(附和雷同)**
한자	附 붙을 부, 和 화할 화, 雷 우레 뇌(뢰), 同 한가지 동
의미	우레(천둥) 소리에 맞춰 함께한다. 즉 자신의 뚜렷한 소신 없이 남의 의견에 동 조하다.
동의어	①**뇌동부화(雷同附和):** 자신의 뚜렷한 소신 없이 남의 의견에 동조하다. ②**부부뇌동(附付雷同):** 자신의 뚜렷한 소신 없이 남의 의견에 동조하다.
출전	예기(禮記)의 곡례상편(曲禮上篇), 논어 자로편(子路篇)
유래	부화뇌동(附和雷同)이라는 말은 예기 곡례상편에 전해오는 말로 아랫사람 이 윗사람에게 지켜야 할 예절에 대한 설명에서 '뇌동(雷同)'이라는 말이 나 왔으며, 후에 부화(附和)가 첨가되어 부화뇌동(附和雷同)이라는 말이 되었 다. 　윗사람이 말을 끝내지 않았으면 경솔하게 말을 하지 말고 　얼굴을 바르게 하고 반드시 공손하게 듣는다. 　남의 말 취하여 자기 말로 삼지 말고 분별없이 동조 말라. 　반드시 옛것을 본받고 성현의 가르침에 따라 말하라. 　長子不及 毋儳言　장자불급 무참언 　正爾容 聽必恭　　정이용 청필공 　毋剿說 毋雷同　　무초설 무뇌동 　必則古昔 稱先王　필칙고석 칭선왕 　또한, 공자의 말을 기록한 논어 자로편을 보면 '공자가 말하기를, 군자는 화 합하되 부화뇌동(附和雷同)하지 않고 소인은 부화뇌동하되 화합하지 않는다 (子曰 君子和而不同 小人同而不和. 자왈 군자화이부동 소인동이불화).'라는 말에서 유래되었다고도 한다. 　이 말은 군자는 다른 사람과 의견이 달라도 화합할 줄 알고, 소인은 다른 사 람의 의견을 따를 줄만 알고 화합할 줄은 모른다는 의미이다.

고사 성어	**111. 불가구약(不可救藥)**
한자	不 아닐 불(부), 可 옳을 가, 救 건질 구, 藥 약 약
의미	약으로 환자를 고칠 수 없다. 즉 처음 상태로 돌이킬 수 없는 처지에 이르렀다.
유의어	**무가구약(無可救藥):** 일을 처음 상태로 돌이킬 수 없다.
출전	시경(詩經) 대아(大雅) 판편(板篇)
유래	서주(西周) 여왕(厲王)의 폭정에 충신들은 설 자리를 잃고 간신들로 조정은 가득했다. 고통받는 백성들은 왕을 저주했고 일부 대신들도 불만을 품었다. 이에 충신 범백(凡伯)은 여왕에게 어진 정치를 베풀도록 간언을 하지만 간신들의 비웃음만 샀다. 이를 개탄하던 범백은 판(板)이란 시를 지어 올렸는데 그 글이 시경(詩經) 대아(大雅)에 실려 있다. 여기에 불가구약(不可救藥)이라는 말이 나오는데 여기서 유래되었다. 그러나 여왕은 결국 반란군에 쫓겨나고 서주 시대는 끝나고 동주 시대(춘추전국시대)로 가게 된다. 판(板)이라는 시는 8장으로 이루어져 있는데 4장만 소개한다. 천하는 지금 기근으로 시끄러우니 희롱하며 업신여기지 말라. 노부가 정성으로 말을 해도 젊은 사람들은 오만하고 경망스럽다. 내가 망령된 말을 하지 않았는데 너희들은 농담으로만 아는구나. 불의를 많이 행하면 근심이 불꽃처럼 성해서 근심을 구제할 약을 구할 수 없다. 天之方虐 천지방학 無然謔謔 무연학학 老夫灌灌 노부관관 小子蹻蹻 소자교교 匪我言耄 비아언모 爾用憂謔 이용우학 多將熇熇 다장고고 不可救藥 불가구약

고사 성어	**112. 불철주야(不撤晝夜)**
한자	不 아닐 불(부), 撤 거둘 철, 晝 낮 주, 夜 밤 야
의미	어떤 일에 몰두하여 밤낮을 가리지 아니하다.
유의어	①**야이계주(夜以繼晝):** 밤낮의 구별이 없이 쉬지 않고 계속하다. ②**주야장천(晝夜長川):** 밤낮으로 쉬지 않고 이어서 하다. ③**주이계야(晝而繼夜):** 낮이나 밤이나 쉬지 않고 일하다.
출전	논어(論語) 제9장 자한편(子罕篇)
유래	논어의 제9장 자한편에 나오는 다음과 같은 '불사주야(不舍晝夜)'에서 불철주야(不撤晝夜)라는 말이 유래되었다. 공자께서 시냇가에 계실 때 말하기를 가는 것이 저 물과 같구나! 밤낮으로 그치지 않는구나(子在川上曰 逝者如斯夫 不舍晝夜. 자재천상왈 서자여사부 불사주야).

고사 성어	**113. 불치하문(不恥下問)**
한자	不 아닐 불(부) 恥 부끄러워할 치, 下 아래 하, 問 물을 문
의미	아랫사람에게 묻는 것을 부끄럽게 여기지 않는다.
유의어	①**공자천주(孔子穿珠):** 공자가 구슬을 꿴다. 자기보다 못한 사람에게 묻는 것은 부끄러운 일이 아니다. ②**하문불치(下問不恥):** 아랫사람에게 묻는 것은 수치가 아니다.
출전	논어(論語) 공야장편(公冶長篇)

유래	논어의 공야장편에 위(衛)나라의 대부인 공어(孔圉)가 죽은 뒤에 위나라 왕은 그에게 공문자(孔文子)라는 시호를 추증하였다.
	  이를 두고 '자공이 스승인 공자에게 "공어 같은 인물이 어떻게 문자가 들어간 시호를 얻었습니까?"라고 묻자(子貢問曰, 孔文子何以謂之文也 자공문왈, 공문자하이위지문야).'
	  공자는 "민첩해서 배우기를 좋아하고, 아랫사람에게 묻는 것을 부끄럽게 여기지 않았다. 이로써 시호를 문이라 한 것이다(敏而好學 不恥下問 是以謂之文也. 민이호학 불치하문 시이위지문야)."라고 답하였다.
	  학문하는 사람은 공문자처럼 '모르는 것이 생기면 그 누구에게라도 물어야(不恥下問) 발전이 있다.'라고 충고를 했다.

고사 성어	**114. 비익연리(比翼連理)**
한자	比 견줄 비, 翼 날개 익, 連 이을 연, 理 이치(다스릴) 리(이)
의미	비익조(상상의 새)와 연리지(뿌리가 다른 나무의 합친 가지). 즉 남녀간 또는 부부가 아주 화목함을 의미하다.
출전	백거이(白居易)의 장한가(長恨歌)
유래	비익연리(比翼連理)라는 말은 당나라 시인 백거이(자 백낙천 白樂天)가 지은 장한가에서 유래되었다. 　장한가(長恨歌)는 당나라 현종과 양귀비의 애절한 사랑을 그린 서사시로 120행 840자로 된 장시(長詩)이며 그의 대표작이다. 　장한가의 끝부분은 다음과 같다. 헤어질 즈음 간곡히 다시금 이르는 말 우리 둘만이 아는 맹세의 말 있었으니 7월 7일 칠석날 장생전에서 인적 없는 깊은 밤에 속삭이던 그 맹세 저 하늘의 새가 된다면 비익조가 되고 땅에 나무라면 연리지가 되자고 맹세 했었지 천지가 영원하다 한들 그 끝이 있겠지만 이 슬픈 사랑의 한은 끊어질 날 없으리라. 臨別殷勤重寄詞 임별은근중기사 詞中有誓兩心知 사중유서양심지 七月七日長生殿 칠월칠일장생전 夜半無人私語時 야반무인사어시 在天願作比翼鳥 재천원작비익조 在地願爲連理枝 재지원위연리지 天長地久有時盡 천장지구유시진 此恨綿綿無絶期 차한면면무절기 (주) 고대 중국 4대 미인 ①월나라의 침어 서시(沈漁 西施): 미모에 고기가 강바닥으로 가라앉았다 ②전한의 낙안 왕소군((落雁 王昭君): 미모에 기러기가 땅으로 떨어졌다. ③후한의 폐월 초선((閉月 貂蟬): 달이 부끄러워 구름 뒤로 숨었다. ④당나라의 수화 양귀비(羞花 楊貴妃): 꽃이 부끄러워 고개를 숙였다.

고사성어	**115. 사면초가(四面楚歌)**
한자	四 넉 사, 面 낯 면, 楚 초나라 초, 歌 노래 가
의미	네 방면에서 들려오는 초나라의 노래. 즉 몹시 어려운 일을 당하여 곤란한 상황에 빠진 상태.
유의어	①고립무원(孤立無援): 고립되어 도움을 받을 데가 없다. ②낭패불감(狼狽不堪): 난감한 처지에 있다.
출전	사기(史記)의 항우본기(項羽本紀)
유래	초(楚)나라의 항우(項羽)가 한(漢)나라의 유방(劉邦)과 맞서 싸울 때 있었던 일이다. 오랜 전투로 군사들은 지칠 대로 지쳐 있었고 군량미마저 바닥을 드러내고 있을 때 사방을 애워싼 한나라 군사들 속에서 초나라의 노래가 구슬프게 들렸다. 한나라가 포로로 잡은 초나라 군사들에게 초나라의 노래를 부르게 한 것이다. 　초나라 군사들은 고향의 노래가 들리자 고향 생각에 사기가 떨어져 하나둘 도망치기 시작하였다. 결국, 항우는 유방의 심리 작전에 속아 전투에서 패하고 말았다. 　항우는 깜짝 놀라면서 한나라가 이미 초나라를 빼앗았단 말인가? 어찌 초나라 사람이 저렇게 많은고? 하고 탄식했다. 그는 진중에서 마지막 주연을 베풀었다. 그리고 유명한 해하가(垓下歌)를 지어 자신의 운명을 탄식했고, 총애받던 우미인(우희 虞姬: 항우가 사랑한 여인)도 그의 시에 화답하는 답가를 부르고 자결했다. 항우는 800기의 잔병을 이끌고 오강까지 갔다가 결국 건너지 못하고 그곳에서 자결했다.

고사성어	**116. 사조지별(四鳥之別)**
한자	四 넉 사, 鳥 새 조, 之 갈 지, 別 나눌 별
의미	네 마리 새의 이별. 즉 어머니와 아들의 이별.
출전	공자가어(孔子家語)
유래	사조지별(四鳥之別)이라는 말은 중국 환산(桓山)에서 새가 새끼 네 마리를 부화시켜서 길렀는데 그 새끼들이 자라서 날아갈 때, 그 어미가 슬퍼서 울면서 보냈다고 한 고사에서 유래되었다. 　우리 생활에서 그리 익숙하지 않은 사자성어이다. 국어사전이나 다른 지식백과에는 나오지 않는다. 자녀에 대한 어머니의 사랑을 강조하는 사자성어이다.

고사 성어	**117. 사필귀정(事必歸正)**
한자	事 일 사, 必 반드시 필, 歸 돌아갈 귀, 正 바를 정
의미	모든 일은 반드시 정상으로 돌아가다.
유의어	**사불범정(邪不犯正):** 사악한 것이 바른 것을 범하지 못한다. 즉 정의로운 것이 승리하다.
출전	사기(史記) 백이열전(伯夷列傳)
유래	옛날에 한 농부가 살았다. 그 농부는 매일 근면하고 성실하게 일했으며 그 결과 많은 곡물을 거두었다. 매년 이렇게 많은 곡물을 거두다 보니 마을에서 부자로 소문이 나게 되었다. 그러던 어느 날 부자가 된 농부를 시기하고 질투하는 도둑이 나타났다. 그 도둑은 부자가 된 농부의 집에서 재물을 훔쳤고 농부의 전답에 불을 질렀다. 이렇게 되자 농부는 한순간에 가난하게 되었다. 농부는 낙담하며 정말 어려운 시기를 보내고 있었다. 그런데 평소에 농부의 성실함을 좋게 평가하던 고위 관리가 있었다. 그는 농부의 이러한 딱한 사정을 듣고 농부에게 새로운 땅을 주었고, 재산도 어느 정도 회복하도록 도움을 주었다. 그리고 고위 관리는 농부의 재산을 도둑질한 도둑을 붙잡아 형벌(刑罰)을 내리게 하였다. 도둑은 자신의 잘못을 뉘우치고 반성하며 살게 되었다. 이렇게 성실하던 농부는 재앙이 있었지만 시간이 지나면서 재기하게 되었고(事必歸正 사필귀정), 나쁜 도둑은 화를 면치 못하게 되었다. (주 1) 역사를 기록하는 방식에는 인물을 중심으로 서술하는 기전체 방식과 연월일 순으로 서술하는 편년체 방식이 있다. (주 2) 사기(史記)는 기전체(紀傳體) 역사서이고, 실록(實錄)은 편년체(編年體) 역사서이다. (주 3) 기전체는 황제의 본기(本紀), 제후(왕)의 세가(世家), 신하의 열전(列傳) 등으로 인물에 따른 세부 제목이 붙기도 한다.

고사 성어	**118. 살신성인(殺身成仁)**
한자	殺 죽일 살, 身 몸 신, 成 이룰 성, 仁 어질 인
의미	자신의 몸을 바쳐 인(仁)을 이룬다. 즉 자기의 몸을 희생하여 옳은 도리를 행한다.
유의어	① **사생취의(捨生取義):** 목숨을 버려서 의(義)를 취하다. ② **살신입절(殺身立節):** 자신의 몸을 희생하여 절개를 세우다.
출전	논어(論語) 위령공편(衛靈公篇)

유래	살신성인(殺身成仁)은 논어의 위령공편에서 공자(孔子)가 다음과 같이 말한 데서 유래하였다.
	  공자께서 말하기를, "뜻있는 선비와 어진 사람은 살기 위하여 인을 해치는 일이 없고, 오히려 자신의 목숨을 희생하여 인을 행할 뿐이다(志士仁人 無求生以害仁 有殺身以成仁. 지사인인 무구생이해인 유살신이성인)."
	  "백성들의 인에 대한 필요는 물과 불보다 화급하다. 물과 불을 밟고 죽는 사람은 보았지만, 인을 실천하면서 죽는 사람은 보지 못했다(民之於仁也 甚於水火. 水火 吾見蹈而死者矣. 未見蹈仁而死者. 민지어인야 심어수화. 수화 오견도이사자의. 미견도인이사자)."

고사 성어	**119. 삼가재상(三可宰相)**
한자	三 석 삼, 可 옳을 가, 宰 재상 재, 相 서로 상
의미	이러하든 저러하든 옳다고 하다. 즉 마음이 아주 너그러운 사람.
출전	삼국지(三國志)
유래	유비(劉備)에게 제갈공명(諸葛孔明)과 방통(龐統)의 이야기를 전해 준 사람은 수경(水鏡, 본명 사마휘 司馬徽)선생이었다. 그는 형주 땅에 살면서 제갈공명, 방통 등과 교류하며 은둔 생활을 보내고 있었다. 당시는 정치적으로 살벌한 상황이었기에 어리석음을 가장해 살아야 했다. 그는 누구든지 만나면 "좋아 좋아(好好)"하였다. 하루는 누군가가 와서 자기 자식의 부음(訃音)을 전해 주었는데 그때도 "좋아 좋아"하고 대답했다. 이를 본 그의 아내가 행동이 지나치다며 그를 나무랐다. "세상에 그런 대답이 어디 있습니까? 자식을 잃은 분에게 "좋아 좋아"라니요. 아내의 질책에도 그는 또 "좋아 좋아"라고 한 것이다. 뒷날 사람들은 이런 수경 선생을 '호호 선생'이라고 불렀다.

고사성어	# 120. 삼고초려(三顧草廬)
한자	三 석 삼, 顧 돌아볼 고, 草 풀 초, 廬 오두막집 려(여)
의미	오두막집을 세 번 찾아간다. 즉 인재를 맞아들이기 위하여 참을성 있게 노력하다.
유의어	①삼고지례(三顧之禮): 세 번 찾아가서 예절을 다한다. ②삼고지은(三顧之恩): 세 번 찾아가서 정성을 다한다.
출전	삼국지(三國志)의 촉지(蜀志) 제갈량전(諸葛亮傳)
유래	삼고초려(三顧草廬)는 삼국지의 촉지 제갈량전에 나오는 말로 유비(劉備, 자 현덕)가 제갈량을 만나기 위해서 세 차례나 찾아가 결국 자신의 책사로 삼게 되었다는 고사에서 유래되었다. 후한 말기 유비(劉備)는 관우(關羽)·장비(張飛)와 의형제를 맺고 무너져 가는 한나라의 부흥을 위해 애를 썼으나 능력을 발휘할 기회를 잡지 못하고 세월을 허송하며 탄식하였다. 유비는 유표(劉彪)에게 몸을 맡기는 신세로 전락하였다. 관우와 장비 같은 용맹 무쌍한 장수가 있었으나 조조(曹操)에게 여러 차례 당하였다. 유비는 그 이유가 유효 적절한 전술을 발휘할 지혜로운 참모가 없다는 것을 깨닫고 유능한 참모를 물색하기 시작하였다. 그러던 중 유비는 채모(유표의 부하)의 계략을 피하려다 길을 잃고, 우연히 은사 사마휘(司馬徽)를 만나게 된다. 사마휘에게 유능한 책사를 천거해 달라고 부탁하자 사마휘는 "복룡(伏龍 제갈량)과 봉추(鳳雛 방통) 가운데 한 사람만 얻어도 천하를 평정할 수 있을 것이다."라고 하였다. 유비는 복룡인 제갈량을 설득하러 관우·장비와 함께 예물을 싣고 양양에 있는 그의 초가집으로 찾아갔으나 번번이 만나지 못하다가 세 번째 갔을 때 비로소 만날 수 있었다. 이때 제갈량은 27세, 유비는 47세였다. 제갈량은 어지러운 세상을 피하여 초가집에서 손수 농사를 지으며 은거하고 있었으나 유비의 정성에 감복하여 그를 돕기로 결심하였다. 유비는 제갈량을 얻은 이후 자신과 제갈량의 사이를 수어지교(水魚之交)라며 기뻐하였다. 훗날 제갈량은 출사표(出師表)에서 유비의 지극한 정성에 대하여 "비천한 신을 싫어하지 않고 외람되게도 몸을 낮추어 제 초가집을 세 번씩이나 찾아 주시면서(三顧草廬 삼고초려) 당시의 상황을 물으셨습니다. 이 일로 저는 감격하여 선제(先帝)께서 있는 곳으로 달려가는 것을 허락한 것입니다."라고 감사하였다.

고사 성어	**121. 삼사일언(三思一言)**
한자	三 석 삼, 思 생각할 사, 一 한 일, 言 말씀 언
의미	세 번 생각하고 한번 말한다. 즉 신중히 생각하고 말할 때는 조심히 말한다.
출전	논어(論語) 위정편(爲政篇)
유래	공자(孔子)께서 천하를 주유(周遊)하는데 동행하던 제자 자공(子貢)이 공자에게 군자에 대하여 물었다. 이에 공자께서는 "군자는 말하고자 하는 바를 먼저 행하고, 그 후에 자신이 행함에 따라 말한다(先行其言 而後從之. 선행기언 이후종지)."라고 하였다. 또한 '말하기 전에 세 번을 생각하고 말하라(三思一言).'라고도 했다. '삼사일언'이라는 말은 공자가 번드르르한 말로 자신의 능력을 뽐내는 제자인 자공(子貢)을 꾸짖으면서 한 말이다. 사람은 말하기 전에 신중하게 생각하고 말하는 습관을 가져야 한다. 어리석은 사람은 남을 비방하고 헐뜯지만 지혜로운 사람은 그 말을 듣고, 자신을 되돌아보고 성찰한다는 교훈을 우리에게 준다.

고사 성어	**122. 삼생연분(三生緣分)**
한자	三 석 삼, 生 날 생, 緣 인연(가선) 연, 分 나눌 분
의미	삼생을 두고 이어지는 깊은 인연. 즉 부부간의 인연.
유의어	**삼생지연(三生之緣):** 세 개의 생을 두고 끊어지지 않을 깊은 인연. 즉 부부간의 인연
출전	불교(佛教) 용어(用語)
유래	삼생연분(三生緣分)이란 불교에서 말하는 삼생에서 끊어지지 않고 이어지는 인연을 말하는 것으로 불가(佛家)에서 널리 사용하면서 일반 사람들에게 전해지게 되었다. ㈜ 삼생 ①전생(前生): 자신이 이 세상에 태어나기 이전의 생애 ②금생(今生): 현재 살아가고 있는 세상 ③후생(後生): 사람이 죽은 이후의 세계 즉 사후의 세계

고사 성어	**123. 삼수갑산(三水甲山)**
한자	三 석 삼, 水 물 수, 甲 갑옷(첫 째 천간) 갑, 山 뫼 산
의미	사람의 발길이 닿기 힘든 대단히 험한 오지. 즉 몹시 어려운 지경이나 최악의 상황을 말한다.
출전	유배지 지명(地名)의 용어(用語)
유래	삼수갑산(三水甲山)은 함경남도의 삼수군과 갑산군을 말한다. 고려 시대와 조선 시대에 생긴 말로써 삼수와 갑산은 개마고원 중심부에 위치한 곳으로 중죄를 지어서 가는 유배지였다. 이 지역들은 험한 오지인데 극도의 추위가 몰아치는 지역이다. 　1월의 평균 기온이 영하 18℃에 달할 정도로, 추운 데다가 지리도 험하고 경작지가 적어서 오늘날에도 북한에서는 인구가 적은 지역에 속한다. 그러다 보니 과거 유배자(流配者)들도 대다수 그곳에서 살아서 나오지 못했기 때문에 유배 기피 지역이기도 하였다.

고사 성어	**124. 삼십육계(三十六計)**
한자	三 석 삼, 十 열 십, 六 여섯 육, 計 꾀 계
의미	본래 의미는 전쟁에 쓰이는 36가지 계책이었다. 그런데 오늘날 의미가 변해서 '도망가는 것이 상책(최선책)이다.'가 되었다.
출전	제서(齊書)의 왕경즉전(王敬則傳)
유래	삼십육계(三十六計)라는 말은 원래의 의미는 전쟁에 쓰이는 36가지 계책이었다. 그런데 제서(齊書)의 왕경즉전(王敬則傳)에 나오는 즉 '단공이 말한 36가지의 책략 중에 상대방이 너무 강해서 대적하기 힘들 때는 달아나는 것이 가장 나은 계책이다(王敬則曰 檀公三十六策 走爲上計. 왕경칙왈 단공삼십육책 주위상계).'라는 말로부터 '삼십육계 줄행랑'이라는 관용적 표현이 생겨났고, 그것이 줄어서 삼십육계(三十六計)가 되었다. 　오늘날은 그 의미가 '비겁하게 달아난다.'라는 뜻을 담아 사용하지만, 원래는 '힘이 약할 때는 일단 피했다가 힘을 기른 다음에 다시 싸우는 것이 옳다.'라는 것을 강조한 말이었다.

고사 성어	**125. 상전벽해(桑田碧海)**
한자	桑 뽕나무 상, 田 밭 전, 碧 푸를 벽, 海 바다 해
의미	뽕밭이 푸른 바다가 되었다. 즉 세상이 몰라볼 정도로 바뀌었다.
유의어	①**상창지변(桑滄之變):** 뽕밭이 변하여 푸른 바다가 되다. ②**창상지변(滄桑之變):** 푸른 바다가 뽕밭으로 바뀌는 변화. 즉 자연이나 사 　회에 심한 변화가 일어나다. ③**창해상전(滄海桑田):** 푸른 바다가 뽕밭으로 변한다.
출전	갈홍(葛洪)의 신선전(神仙傳)
유래	상전벽해(桑田碧海)라는 말은 갈홍(葛洪)의 신선전 '마고선녀(麻姑仙女)의 이야기'에서 유래되었다. 　한나라 환제(桓帝) 때 왕방평(王方平)이라는 신선이 채경(蔡經)의 집에 내 려왔다. 집안사람들과 인사를 나눈 그는 마고선녀(麻姑仙女)를 오게 했다. 눈부시게 빛나는 옷을 입은 마고선녀는 왕방평에게 절한 뒤, 자리에 앉아 가 지고 온 음식을 내놓았다. 금쟁반 위에 놓인 귀한 음식에서 향기가 실내에 가 득 퍼졌다. 　선녀마고가 말했다. 제가 신선님을 모신 이래로 동해가 세 번이나 뽕밭으 로 변하는 것을 보았습니다. 지난번에 봉래에 갔더니 바다가 이전의 반 정도 로 얕아져 있었습니다. 다시 육지가 되려는 것일까요(仙女麻姑曰. 自接待以 來 見東海三變爲桑田 向到蓬萊 水乃淺 於往者略半也 豈復爲陵乎. 선녀마고 왈. 자접대이래 견동해삼변위상전 향도봉래 수내천 어왕자략반야 개부위능 호)? 　왕방평이 말했다. 동해는 다시 흙먼지를 일으킬 것이라고 성인들이 말씀하 셨소(王方平曰. 聖人皆言 東海行復揚塵耳. 왕방평왈. 성인개언 동해행부양 진이). 　또한 유희이(劉希夷, 유정지 劉庭芝)의 시 대비백두옹에 '갱문상전변성해(更聞桑田變成海)'에서 상전벽해(桑田碧海)라는 말이 생기게 되었다고도 한 다. 　시의 앞부분을 소개하면 다음과 같다. 　낙양성 동쪽에 핀 복숭아꽃 오얏꽃

바람에 흩날려 뉘네 집에 떨어지는가
낙양의 어린 소녀는 고운 얼굴 아까운지
가다가 어린 소녀가 길게 한숨 짓누나
올해에 꽃들이 지면 얼굴빛 더욱 늙으리니
내년에 피는 꽃은 또 누가 보려는가
송백 꺾여 땔나무 되는 것 보았는데
뽕밭이 변해 푸른 바다 된다고 들었네

洛陽城東桃李花 낙양성동도리화
飛來飛去落誰家 비래비거락수가
洛陽女兒惜顔色 낙양녀아석안색
行逢女兒長嘆息 행봉녀아장탄식
今年花落顔色改 금년화락안색개
明年花開復誰在 명년화개부수재
已見松栢摧爲薪 이견송백최위신
更聞桑田變成海 갱문상전변성해

고사 성어	**126. 새옹지마(塞翁之馬)**
한자	塞 변방 새, 翁 늙은이 옹, 之 갈 지, 馬 말 마
의미	변방 노인의 말. 즉 사람의 길흉화복은 예측하기 어렵다.
유의어	①**북수실마(北叟失馬):** 북방에 사는 늙은이가 말을 잃었다. ②**새옹화복(塞翁禍福):** 이로운 것이 해가 되기도 하고 재앙이 복이 되기도 한다. ③**화복규묵(禍福糾纆):** 화와 복은 얽힌 노끈과 같다. ④**화복규승(禍福糾繩):** 화와 복은 얽힌 줄과 같다.
우리 속담	음지가 양지 되고 양지가 음지 된다.
출전	회남자(淮南子)의 인간훈(人間訓)
유래	옛날 중국 변방(邊方)에 한 노인이 살고 있었다. 어느 날 노인이 애지중지(愛之重之) 기르던 말이 고삐를 끊고 북쪽 오랑캐 땅으로 달아났다. 이웃 사람들이 찾아와 그 노인을 위로 했지만 노인은 크게 안타까워하지도 않고 태연하게 말했다. "뭐, 별일 아니오. 이 일이 도리어 복이 될지 누가 알겠소?" 몇 달이 지난 뒤, 도망쳤던 말이 오랑캐 땅에서 멋진 준마(駿馬) 한 마리를 데리고 돌아왔다. 이번에도 이웃 사람들이 찾아와 축하를 건넸지만 노인은 기뻐하지 않고 무심하게 말했다. "글쎄요, 이게 근심이 되어서 나쁜 일이 생길지 누가 압니까?" 노인의 아들은 말타기를 좋아했다. 준마가 생기자 아들은 날마다 말타기를 즐겼는데 그만 말에서 떨어져 다리가 부러지고 말았다. 아들이 절름발이가 되자 이웃 사람들이 혀를 끌끌 차며 노인을 위로했다. 이번에도 노인은 대수롭지 않다는 듯 말했다. "걱정 마시오. 이것이 또 복일지 누가 알겠소?" 그로부터 1년 뒤, 북쪽 오랑캐가 쳐들어와 전쟁이 일어나자 나라에서 급히 군사들을 뽑았다. 너나 할 것 없이 무기를 들고 싸움터로 나갔지만 전쟁에 나간 젊은이들은 열에 아홉이 오랑캐와 싸우다 죽고 말았다. 하지만 절름발이가 된 노인의 아들은 전쟁터에 나가지 않아서 목숨을 지킬 수 있었다. 이처럼 '화가 바뀌어 오히려 복이 되기도 하고 복이 바뀌어 화가 되기도 해서 화복은 예측하기 어렵다' 것을 새옹지마(塞翁之馬)에 비유하면서 이 말이 생기게 되었다.

고사 성어	**127. 생거진천(生居鎭川) 사거용인(死居龍仁)**
한자	生 날 생, 居 살 거, 鎭 진압할 진, 川 내 천, 死 죽을 사, 龍 용 용(룡), 仁 어질 인
의미	살아서는 진천에서 살고 죽어서는 용인에 묻힌다. 즉 진천군은 물이 좋고 살기 좋은 곳이고, 용인은 명당이 많아 묻힐 때 좋다.
출전	삼국유사 제5권 선율 환생과 어우야담, 평도공 최유경(崔有慶) 일화
유래	생거진천(生居鎭川) 사거용인(死居龍仁)이라는 말은 삼국유사 제5권 '선율 환생과 어우야담' 이야기에서 유래하였다. 경기도 용인 땅과 충청북도 진천 땅에 나이가 같은 동명이인 추천석이라는 농부가 살았는데, 한날 한시에 죽었다. 두 사람의 영혼이 저승에 갔는데, 염라대왕(閻羅大王)은 "용인에 살던 추천석은 수명이 다하지 않았으니 인간 세상으로 돌아가라."라고 하였다. 그가 이승에 와 보니, 자기 육신은 이미 매장되었으므로 저승에서 만난 진천 추천석의 육신으로 들어갔다. 그 집에서는 죽었던 사람이 살아났다고 좋아하였으나, 정작 그 사람은 자기는 용인에 살던 사람이고, 가족도 용인에 있다고 하였다. 이렇게 해서 용인사람이었던 추천석은 진천사람이 되어 진천부인과 용인부인을 데리고 살게 되었다. 진천 부인에게서 두 아들을 낳고 용인 부인에게서는 세 아들을 낳았으며 칠십 세가 넘도록 살다 죽었다. 양쪽 집의 아들들은 서로 자기 아버지라고 다투다가 결국 명관으로 이름난 진천 고을 원님에게 판결을 요청하였다. "살아서는 어디에서 살았느냐?"라고 진천군수가 묻자 아들들은 한목소리로 "진천서 살았습니다."라고 하였다. 그러자 진천군수는 "그래? 그럼 생거진천 했으니 사거용인 해라."하고 말하였다. '살았을 때는 진천에서 살았으니 죽어서는 용인에 묻히게 하라는 판결이었다.' 그래서 혼백을 용인에 사는 아들이 모시게 되었다. 이후부터 '생거진천 사거용인'이라는 말이 생겨났다. 또 다른 이야기는 지극한 효성으로 세종대왕으로부터 효자정문까지 하사받은 평도공(平度公) 최유경(崔有慶) 선생을 말한다고 한다. 맏아들 최사위는 생시에는 부친을 진천에서 지극정성으로 모셨고, 돌아가신 부친이 모셔진 용인 자봉산 자락 묘소 아래에 여막(廬幕)을 짓고 3년 동안 시묘를 했다. 그는 "내가 죽으면 그 자리에 묘소를 마련하라"라고 유언하여 사후에도 부친을 가까이에서 모시겠다는 지극한 효성을 보였다. 이런 이유로 살아서나 죽어서나 부친을 모시고자 했던 최씨 가문의 효행심에서 '생거진천 사거용인'이라는 말이 생겨났다.

고사 성어	**128. 선견지명(先見之明)**
한자	先 먼저 선, 見 볼 견, 之 갈 지, 明 밝을 명
의미	앞을 내다보는 밝은 지혜. 즉 현재 상황을 통해 미래를 예측하여 대처하는 지혜.
출전	후한서(後漢書) 양표전(楊彪傳)
유래	선견지명(先見之明)이라는 말은 양표가 조조에게 한 말인 '괴무일제선견지명(愧無日磾先見之明)'에서 유래되었다. 　중국 동한(東漢) 말기 위(魏)나라에 양수(楊修)라는 사람이 살았다. 어려서부터 총명하고 박식하여 일찍부터 관직에 올랐다. 후에 승상 조조(曹操)의 주부(主簿)가 되었는데 조조가 군사에 관한 일로 바쁠 때 양수가 정사 전반을 잘 보살폈다. 훗날 조조의 아들 조비(曹丕)와 조식(曹植)이 태자 자리를 놓고 다툴 때 양수는 조식 편에 있었는데 조조가 최종적으로 계승자로 선택한 것은 조비였다. 태자 등극에 실패한 후 조식은 진왕으로 강등되었고 양수는 조조에 의해 죽임을 당하였다. 그 후 어느 날 조조가 우연히 양수의 아버지 양표(楊彪)를 만났다. 그의 수척해진 모습을 보고 조조가 물었다. "공은 어찌 그토록 야위었소?" 　이에 양표는 "한 무제의 충신 김일제(金日磾)는 행실이 불량한 아들들의 부덕함이 후환이 될까 염려하여 직접 두 아들을 죽였습니다. 저는 김일제와 같이 미리 내다보는 현명함이 없고 늙은 소가 송아지를 핥는 부모의 사랑하는 마음만 있을 뿐입니다(愧無日磾先見之明 猶懷老牛舐犢之愛. 괴무일제선견지명 유회노우지독지애)."라고 답했다. 　양표의 말에 조조는 엄히 공경하는 태도를 보였다.

고사성어	**129. 선공후사(先公後私)**
한자	先 먼저 선, 公 공평할 공, 後 뒤 후, 私 사사 사
의미	공적인 일을 먼저 하고 사사로운 일은 뒤로 미룬다. 즉 사사로운 일이나 이익보다는 공익을 먼저 한다.
유의어	**멸사봉공(滅私奉公):** 사사로운 감정을 버리고 공공을 먼저 위한다.
반의어	**빙공영사(憑公營私):** 공적인 일을 빙자하여 개인의 이익을 꾀한다.
출전	사기(史記) 염파인상여열전(廉頗藺相如列傳)
유래	선공후사(先公後私)라는 고사성어는 사기 염파인상여열전에 나오는 인상여(藺相如)의 대화에서 유래하였다. 진(秦)나라 소양왕(昭襄王)이 조(趙)나라 혜문왕(惠文王)에게 우호를 위한 연회를 제안하였다. 진나라의 위세에 겁이 난 혜문왕은 참석하기를 꺼려했지만, 유명한 장군 염파(廉頗)는 '연회에 가지 않으시면 조나라가 약하다는 것을 스스로 보여주는 것'이라며 상대부 인상여가 수행하도록 해서 보냈다. 소양왕이 혜문왕에게 악기를 연주시키려는 등 치욕을 당할 뻔하였는데 인상여가 용맹(勇猛)과 기지(機智)를 발휘하여 무사히 회담을 마치고 돌아왔다. 인상여의 공을 인정한 혜문왕은 그를 재상으로 임명하였고, 이에 지위가 염파보다 높아졌다. 염파는 자신이 조나라의 장수로서 나라를 위해 싸운 공이 더 큰데 인상여가 말재간으로 자신보다 높은 위치에 올랐다며 화를 냈다. 이를 들은 인상여가 갖은 핑계를 대고 염파와 마주치지 않으려고 늘 피해 다니니까 인상여의 식객들이 비겁하고 부끄럽다고 하였다. 이에 인상여는 다음과 같이 말했다. "막강한 진나라 왕도 욕보인 내가 염장군을 두려워하겠는가? 나와 염장군이 조나라에 있기에 진나라가 조나라를 쳐들어오지 못하는 것이다. 그런데 그 두 호랑이가 싸우면 둘 다 살아남지 못할 것이다. 내가 그를 피하는 것은 '나라의 급한 일이 먼저이고 사사로운 원한은 나중(先公後私 선공후사)'이기 때문이다." 이 이야기를 들은 염파는 인상여의 대문 앞에 찾아가 사죄하였고 둘은 서로 목을 내놓아도 아깝지 않을 우정을 나누었다. 이 고사에서처럼 개인의 이익이나 감정보다 공공의 일을 우선시한다는 뜻으로 선공후사(先公後私)라는 말을 쓰며, 공직에 있는 사람의 마음가짐과 책임의식으로 자주 인용되기도 한다.

고사 성어	**130. 설상가상(雪上加霜)**
한자	雪 눈 설, 上 위 상, 加 더할 가, 霜 서리 상
의미	눈 위에 서리가 더한다. 즉 어려운 일이 겹친다.
유의어	①**설상가설(雪上加雪):** 눈 위에 눈이 더한다. ②**전호후랑(前虎後狼):** 앞에는 호랑이가 있고 뒤에는 늑대가 있다. 즉 어려운 일이 겹친다.
속담	①엎친 데 덮친 격이다. ②재수 없는 사람은 뒤로 넘어져도 코가 깨진다.
반의어	**금상첨화(錦上添花):** 비단 위에 꽃을 더한다. 즉 좋은 일 위에 좋은 일이 더해진다.
출전	도원(道原)의 경덕전등록(景德傳燈錄)
유래	설상가상(雪上加霜)이라는 말은 중국 송나라 도원(道原)이 1400년에 역대 부처와 조사들의 어록과 행적을 모아서 저술한 불교서적 경덕전등록(景德傳燈錄)에서 유래하였다. 원래는 '쓸데없이 참견한다'라는 의미였는데 세월이 흐르면서 '불행이 겹친다'라는 의미로 변하게 되었다. 지금은 원래의 뜻보다는 '불행이 겹친다'라는 의미로 쓰이고 있다.

고사 성어	**131. 세월부대인(歲月不待人)**
한자	歲 해 세, 月 달 월, 不 아닐 부, 待 기다릴 대, 人 사람 인
의미	세월은 사람을 기다려 주지 않는다. 즉 세월은 한 번 지나가면 다시 돌아오지 않으니 시간을 소중하게 아껴 써야 한다.
출전	도연명(陶淵明)의 잡시(雜詩)
유래	세월부대인(歲月不待人)은 도연명의 시에서 유래되었다. 도연명의 시 일부분을 소개하면 다음과 같다. 한창 시절은 거듭하여 오지 않으며, 盛年不重來 성년부중래 하루에 아침을 두 번 맞을 수 없다. 一日難再晨 일일난재신 때를 놓치지 말고 부지런히 힘써라. 及時當勤勵 급시당근려 세월은 사람을 기다려 주지 않는다. 歲月不待人 세월부대인 이 시를 권학시(勸學詩)로 아는 사람들이 많은데 실은 권주시(勸酒詩)였다. '기쁜 일은 마땅히 즐겨야 하며 한 말의 술이라도 이웃과 마셔야지(得歡當作樂 斗酒聚比隣 득환당작락 두주취비린).'에서 보면 알 수 있는데 지금은 의미가 변하였다.

고사성어	**132. 소탐대실(小貪大失)**
한자	小 작을 소, 貪 탐할 탐, 大 큰 대, 失 잃을 실
의미	작은 것을 탐하다가 큰 것을 잃는다. 즉 작은 이익을 탐내다가 큰 손해를 입는다.
출전	북제(北齊) 유주(劉晝)의 신론(新論)
유래	소탐대실(小貪大失)이라는 말은 진(秦)나라가 촉(蜀)나라를 멸망시키기 위해서 예물 계략을 써서 촉나라를 멸망시킨 고사에서 유래되었다. 중국 춘추전국시대(기원전 316년)에 진나라 혜왕(惠王)은 이웃 나라인 촉나라를 공격하려고 했다. 그 당시 촉나라는 약소국가였지만 수백 여년 동안 진나라와 싸우고 견딜 정도였기에 놔두자니 골치가 아프고, 멸망시키자니 힘이 들었다. 그러나 강력한 적국인 초나라를 견제하려면 그 가운데에 있는 촉나라를 멸망시키는 것이 진나라국익에 도움이 되었기에 촉나라를 멸망시켜야 했다. 하지만 촉이 약하다고 해도 무작정 군대로 밀어붙이기는 힘들었다. 길이 너무 험하였기에 정복하려면 산을 넘어야 하는데, 당연히 체력적으로 한계가 많았고, 물자 운송에도 애로사항이 많았다. 그래서 계략을 쓰기로 했는데, 바로 촉 왕이 욕심 많은 왕이라는 점을 이용하는 것이었다. 그리하여 혜왕은 소가 지나간 길가에 황금 덩어리를 떨어뜨려서 '황금 똥을 누는 소'라는 소문을 퍼뜨렸다. 또한, 촉에 사신을 보내 두 나라 간의 오갈 수 있는 길을 뚫는다면 촉 왕에게 '황금 똥을 누는 소'를 우호의 예물로 보내겠다고 했다. 이 소문을 들은 촉 왕은 함정일지도 모른다고 반대하던 신하들의 간언을 듣지 않고, 백성들을 징발해서 소를 맞을 길을 만들어 진의 사신을 접견했다. 진에서는 소에다 헌상품을 보내는 척 군사를 보냈는데 촉 왕은 성문을 열고 문무백관들과 접견할 준비를 하였다. 당연히 진의 군인들은 숨겨 온 무기를 꺼내 들고 촉 왕과 문무백관들을 모조리 잡아버려 제대로 싸울 틈도 없었고, 진은 15만 명에 이르는 진군을 출동시켜 촉을 패망시켰으며, 촉 왕은 유배당해 비참하게 최후를 맞았다. 결국, 촉 왕은 조그만 이익을 얻으려다가 큰 것을 잃게 되었는 데 여기에서 소탐대실(小貪大失)이라는 말이 생기게 되었다.

고사성어	**133. 송구영신(送舊迎新)**
한자	送 보낼 송, 舊 예 구, 迎 맞이할 영, 新 새 신
의미	묵은해를 보내고 새해를 맞는다.
유의어	**송고영신(送故迎新):** 구관을 보내고 신관을 맞이하다. 즉 묵은해를 보내고 새해를 맞는다.
출전	반고(班固)의 한서(漢書), 서현(徐鉉)의 제야(除夜), 고려사 권75
유래	송구영신(送舊迎新)은 '송고영신(送故迎新)'에서 나온 말로 관가에서 관리들의 인사이동 때 쓰던 말로 구관(이전 관리)을 보내고 신관(새로 부임하는 관리)을 맞이한다는 말에서 유래하였다. 또한, 서현이 지은 시 제야의 시구(詩句)에 나오는 '송구영신료불기(送舊迎新了不欺)'에서 유래했다는 설도 있다.

고사성어	**134. 수신제가(修身齊家)**
한자	修 닦을 수, 身 몸 신, 齊 가지런할 제, 家 집 가
의미	몸과 마음을 닦아 수양하고 집안을 다스린다.
출전	대학(大學) 8조목(八條目)
유래	대학의 8조목 끝부분에 '신수이후 가제(身修而后 家齊)'의 말에서 수신제가(修身齊家)라는 말이 생기게 되었다. 대학의 8조목 끝부분은 다음과 같다. 지식이 지극히 된 이후에 뜻이 성실히 되고 뜻이 성실히 된 이후에 마음이 바르게 되며 마음이 바르게 된 이후에 자신의 몸이 수양이 된다. 자신이 수양 된 이후에 집안이 잘 다스려지고 수많은 학파를 정돈한 이후에 나라가 잘 다스려진다. 나라가 잘 다스려진 이후에 천하가 평화롭게 된다. 知至而后 意誠　　지지이후 의성 意誠而后 心正　　의성이후 심정 心正而后 身修　　심정이후 신수 身修而后 家齊　　신수이후 가제 家齊而后 國治　　가제이후 국치 國治而后 平天下　국치이후 평천하

고사 성어	**135. 수어지교(水魚之交)**
한자	水 물 수, 魚 고기 어, 之 어조사 지, 交 사귈 교
의미	물과 물고기 같은 사이. 즉 그 관계가 아주 가까워 떨어질 수 없는 친한 사이.
유의어	①**수어지친**: 물고기와 물의 친밀한 관계. 즉 아주 친밀하여 떨어질 수 없는 사이. ②**어수지친**: 매우 친밀하게 사귀어 떨어질 수 없는 사이.
출전	삼국지 촉지(蜀志) 제갈량전(諸葛亮傳)
유래	중국 삼국 시대 유비(劉備, 자 현덕 玄德)는 인재를 얻으려고 세 번이나 발걸음을 해서 간신히 제갈량(諸葛亮, 자 공명 孔明)을 만나 정중하게 요청했다. "이미 한나라 왕실은 기운지 오래고 간신들이 천하를 차지하려고 합니다. 나는 천하를 구하고자 하는 큰 뜻을 품었으면서도 지혜롭지 못해 세월만 허비하며 오늘에 이르렀습니다. 아무쪼록 나를 도와서 세상을 구할 계책을 알려 주시오." "초야에 묻혀 살아온 보잘 것 없는 저를 이렇게 세 번씩이나 찾아 주시니 몸 둘 바를 모르겠습니다. 앞으로 주군으로 모시면서 함께 천하를 꾀하겠습니다." 제갈량은 유비를 따라 세상에 나오면서 위(魏)는 조조, 오(吳)는 손권, 촉(促)은 유비가 세운다는 천하삼분계책(천하삼분지계)를 내놓았다. "북쪽에는 조조가 튼튼한 터전을 갖고 있어서 지금 그와 싸우기는 어렵습니다. 동쪽 오나라와 손잡고 조조를 견제하면서 서쪽으로 들어가 촉나라를 세워서 때를 기다린다면 천하를 얻을 수 있습니다." "과연 탁월한 계책이오. 선생 이야기를 들으니 속이 후련하고 장님이 눈을 떠 밝은 세상을 보는 듯하오." 유비는 제갈량을 굳게 믿으며 숙식을 같이할 정도로 가깝게 지냈지만, 유비와 결의 형제를 맺은 관우와 장비는 제갈량에 대한 유비의 태도가 지나치다고 생각하고 종종 불평했다. 그러자 유비가 아우들을 나무라며 다음과 같이 말했다. "나에게 제갈량이 있다는 것은 고기가 물을 가진 것과 같다네. 다시는 불평을 하지 말도록 하게(孤之有孔明 猶魚之有水也. 願諸君勿復言. 고지유공명 유어지유수야 원제군물부언)."라고 말하면서 타일렀다. 그 후로부터는 관우와 장비는 제갈량에 대한 불평을 그쳤다.

고사 성어	**136. 수주대토(守株待兎)**
한자	守 지킬 수, 株 그루 주, 待 기다릴 대, 兎 토끼 토
의미	나무 그루터기를 지켜 토끼를 기다린다. 즉 고지식하고 융통성 없이 낡은 습관 과 전례(前例)만 고집한다.
출전	한비자(韓非子)의 오두편(五蠹篇)
유래	한비자의 오두편에 다음과 같은 이야기에서 수주대토(守株待兎)라는 말이 유래하였다. 　송나라 사람 중에 밭을 가는 사람이 있었다. 밭 가운데 나무 그루터기가 있 었는데, 풀숲에서 갑자기 토끼 한 마리가 뛰어나오다가 그루터기에 부딪혀 목이 부러져 죽었다. 농부가 이것을 보고 그 후부터는 일도 하지 않고 매일 그루터기 옆에 앉아서 토끼가 뛰어나오기를 기다렸다. 그러나 토끼는 두 번 다시 나타나지 않았으며, 그사이 밭은 황폐해져서 쑥대밭이 되었다. 그리하 여 농부는 사람들의 웃음거리가 되었다. 　한비자는 이 이야기로 언제까지나 구습(舊習)에 묶여 세상의 변화에 대응 하지 못하는 사람들을 비꼬았다. 한비자가 살았던 시기는 전국시대 말기인데 이때는 앞시대에 비해 기술도 진보하고 생산도 높아졌으며, 사회의 성격도 변해 있었다. 그런데도 정치가 중에는 옛날의 정치가 이상적이라며 낡은 제 도로 돌아갈 것을 주장하는 사람이 많았다. 　옛날에 훌륭한 것이었다고 해서 그것을 적응시키려는 것은 '나무 그루터기 옆에서 토끼를 기다리고 있는 것(守株待兎 수주대토)'이나 다를 것이 없다고 한비자는 주장했다.

고사 성어	**137. 순망치한(脣亡齒寒)**
한자	脣 입술 순, 亡 잃을(망할) 망, 齒 이 치, 寒 찰 한
의미	입술이 없으면 이가 시리다. 즉 서로 떨어질 수 없는 밀접한 관계.
유의어	①순치지국(脣齒之國): 입술과 이처럼 밀접한 두 나라. ②순치보거(脣齒輔車): 입술과 이 또는 수레의 덧방나무와 바퀴 중에서 어 느 한쪽이 없어도 안 된다.
출전	춘추좌씨전(春秋左氏傳)
유래	순망치한(脣亡齒寒)은 춘추시대의 괵(虢)나라와 우(虞)나라가 유지해야 했 던 관계에서 유래한 고사성어이다. 괵(虢)나라가 진(晉)나라의 남쪽 국경을 자주 침략하자 진나라 헌공(獻公) 은 괵나라를 공격할 야심을 품고 멸할 계책을 신하들에게 물었다. 이에 순식(荀息)이 전반적인 형세를 진단하며 다음과 같은 계책을 헌공에게 말했다. "괵나라를 치면 우나라가 괵나라를 도울 것이고 우나라를 치면 괵나라가 우 나라를 도울 것이니, 둘 중 어느 하나를 치더라도 결국은 두 나라와 전쟁을 할 수밖에 없습니다. 괵나라와 우나라는 작은 나라이긴 하지만 두 나라와 동시에 전쟁을 벌여 이 기는 것은 힘든 일입니다. 먼저 괵나라에 뇌물을 주고 미인계를 써서 괵나라 왕이 국사를 등한시하게 한 후 견융을 충동하여 괵나라를 치게 합니다. 이때 우리가 괵나라의 변방에서 심기를 건드리면 괵나라 군사는 우리를 욕 할 것입니다. 이를 명분으로 하여 우나라에게 길을 빌려달라고 요구합니다. 우나라 왕에게도 진귀한 보물을 뇌물로 주면 의심하지 않고 길을 빌려줄 것 입니다. 우나라를 통과하여 괵나라를 친 후 돌아오는 길에 우나라를 치면 차 례로 괵나라와 우나라를 멸할 수 있을 것입니다." 실제로 진나라는 순식의 계 책대로 실행하여 괵나라와 우나라를 멸망시켰다. 괵나라의 주지교(舟之橋)와 우나라의 궁지기(宮之奇)는 왕에게 충언을 했었 다. 주지교는 진나라가 보낸 뇌물과 미인이 미끼임이 분명하니 받으면 안 된다 고 왕에게 충언했고, 궁지기도 순망치한의 유래가 되는 충언을 했다. "옛말에 입술을 잃으면 이가 시리다(脣亡齒寒 순망치한).라는 말이 있는데, 괵나라가 입 술이고 우나라가 이에 해당합니다. 괵나라가 무너지면 그 영향이 우나라에까지 영향을 주어 우나라도 망하고 말 것이니 길을 빌려주면 절대로 아니 되옵니다." 그러나 두 나라 왕은 두 충신의 간언을 무시하고 진나라가 보낸 진귀한 뇌 물에 눈이 멀어 나라를 멸망의 길로 이끌고 말았다.

고사성어	**138. 심청사달(心淸事達)**
한자	心 마음 심, 淸 맑을 청, 事 일 사, 達 통달할 달
의미	마음이 맑으면 모든 일이 잘 이루어진다.
출전	추적(秋適)의 명심보감(明心寶鑑)
유래	추적의 명심보감에 '마음이 맑으면 잠자리가 편안하다.'라는 심청몽매안(心淸夢寐安)으로 표현되어있는데 여기에서 심청사달(心淸事達)이 유래되었다. 　심청사달은 기회주의적 사고를 갖지 말고 정도를 걸으며 당당함으로 업무를 수행하라는 뜻도 담고 있다. 특히 옛날이나 지금이나 공직사회는 특별하고 유별난 청렴(淸廉)을 요구받고 있다. 　또 관리에게 있어서 청백(淸白)은 청렴결백(淸廉潔白)의 줄인 말로 이상적인 관료의 미덕을 의미한다. 　우리는 청백리(淸白吏)라고 하는데 정확히 말하면 청백리는 공직을 끝내고 재야로 돌아간 청렴한 관리를 말하였고 청백리 제도가 제도화된 것은 조선 시대였다. 현직에 있는 깨끗한 관리는 염근리(廉謹吏) 또는 염리(廉吏)라고 했다. 　반대로 부정부패한 관료는 탐관오리(貪官汚吏)나 장리(贓吏)라고 했다. 이는 오장육부(五臟六腑)가 썩은 관리라는 의미로 그 아들이나 손자는 범죄자와 마찬가지로 벼슬길을 막았다. 　청백리 제도는 관리 중에서 청렴결백한 사람을 선발해 후세에 길이 거울삼게 했던 관기숙정(官紀肅正)을 위한 제도였다.

고사성어	**139. 십상팔구(十常八九)**
한자	十 열 십, 常 항상 상, 八 여덟 팔, 九 아홉 구
의미	열 가운데 여덟이나 아홉이 그러하다. 즉 거의 예외 없이 그렇게 됨을 추측할 때 쓰인다.
유의어	**십중팔구(十中八九):** 열 가운데 여덟이나 아홉 정도로 거의 대부분이거나 거의 틀림없다. 일본식 한자어이다.
출전	진서(晉書) 양호전(羊祜傳)
유래	십상팔구(十常八九)라는 말은 진서의 양호전에 '천하불여의 환십거칠팔(天下不如意 桓十居七八)'이라는 말에서 유래하였다. 　모든 언행은 죄다 침착해야 한다. 실수는 십상팔구 덤벼서 생기는 법이다(一切言動 都要安詳 十差九錯 只爲慌張. 일체언동 도요안상 십차구착 지위황장). 명나라 여득송(呂得勝)

고사성어	**140. 안빈낙도(安貧樂道)**
한자	安 편안할 안, 貧 가난할 빈, 樂 즐길 낙(풍류 악), 道 길 도
의미	가난에 구애받지 않고 평안하게 생활하며 도를 즐긴다. 재화에 대한 욕심을 버리고 평안히 즐기며 살아가는 태도.
반의어	①**육산포림(肉山脯林):** 고기가 산을 이루고 말린 고기가 숲을 이룬다. 즉 극히 호사스럽고 방탕한 술 잔치. ②**호의호식(好衣好食):** 잘 입고 잘 먹다.
출전	논어의 옹야편(雍也篇), 맹자의 이루장구하(離婁章句下)

유래	공자가 총애했던 제자 안회(안연 顔淵)는 어찌나 열심히 학문을 익혔던지 스물아홉에 이미 백발이 되었다. 특히 덕행이 뛰어나 공자도 그로부터 배울 점이 많았다. 그런데 아쉬운 것은 너무 가난하였다. 그래서 일생동안 끼니도 제대로 잇지 못했고 배불리 먹지도 못했다. 그는 그런 외부의 환경을 탓하거나 자신의 처지를 비관한 적이 없었다. 오히려 주어진 환경을 순순히 받아들이고 성인(聖人)의 도를 추구하는데 열심이었다.
	  그래서 공자는 이렇게 말했다. "변변치 못한 음식을 먹고 누추하기 그지없는 집에서 살면서도 아무런 불평이 없구나. 가난을 예사로 여기면서도 여전히 성인의 도(道)를 익히며 즐기고 있으니 이 얼마나 장한가."
	  그러나 안회는 32세에 요절하였다. 공자가 안회를 높이 평가한 까닭은 그의 호학(好學)과 안빈낙도(安貧樂道)의 생활 자세에 있었다.

고사성어	**141. 안하무인(眼下無人)**
한자	眼 눈 안, 下 아래 하, 無 없을 무, 人 사람 인
의미	눈 아래에 사람이 없다. 즉 교만하여 남을 업신여기다.
유의어	①**방약무인(傍若無人):** 곁에 아무도 없는 것처럼 여긴다. ②**안중무인(眼中無人):** 눈에 보이는 사람이 없다.
출전	능몽초의 단편소설 초각박안경기(初刻拍案驚奇)
유래	안하무인(眼下無人)이라는 말은 '늦게 얻은 자식을 부모가 너무 귀하게 키워 버릇이 없고, 제멋대로 굴게 되어 부모를 폭행할 정도로 인품이 망가져서, 부모가 자식을 잘못 키운 것을 후회하며 안하무인(眼下無人)이라고 말한 데서' 유래하였다.

고사성어	**142. 암중모색(暗中摸索)**
한자	暗 어두울 암, 中 가운데 중, 摸 찾을 모, 索 찾을 색(동아줄 삭)
의미	어둠 속에서 손을 더듬어 찾는다. 즉 어림짐작으로 사물을 알아내려고 한다.
출전	유속(劉餗)의 소설 수당가화(隨唐嘉話)
유래	암중모색(暗中摸索)이라는 말은 '여암중모색가기야(如暗中摸索可記也)'에서 유래하였다. 당나라 제3대 황제 고종(高宗)이 황후 왕씨를 폐하고 무씨(武氏: 측천무후 則天武后)를 황후로 맞이했다. 무씨를 옹립하는데 중심 역할을 한 허경종(許敬宗)은 건망증이 심하였다. 어떤 사람이 그에게 "당신은 유독 사람을 잘 기억하지 못하니 이는 일부러 모르는 척하는 것이 아니고 무엇이겠소?"라고 했다. 그러자 허경종은 그대들과 같은 사람들의 얼굴은 기억하기 어렵지만 하손(何遜)·유효작(劉孝綽)·심약(沈約) 같은 문단의 대가들을 만난다면 '어둠 속에서 손으로 더듬어서라도 기억할 수 있소(如暗中摸索可記也 여암중모색가기야).'라고 말하였다.

고사성어	**143. 양두구육(羊頭狗肉)**
한자	羊 양 양, 頭 머리 두, 狗 개 구, 肉 고기 육
의미	양의 머리를 걸어놓고 개고기를 판다. 즉 겉과 속이 다르다.
출전	안자(晏子)의 안자춘추(晏子春秋)
유래	양두구육은 안자(안영 晏嬰)의 안자춘추에 나오는 고사에서 유래하였다. 원전에는 "문밖에는 소머리를 걸어두고 안에서는 말고기를 파는 것과 같습니다(猶懸牛首于門而賣馬肉于內也. 유현우수우문이매마육우내야)."라고 되어 있는데 송나라의 오등회원(五燈會元)에 '현양두매구육(懸羊頭賣狗肉)'을 줄여 만든 말이다. 춘추시대 제나라 영공(靈公)의 애첩 융자(戎子)가 남장하는 것을 좋아했다. 곧 이 습성은 민간에 퍼져 남장 여인이 나라 안에 퍼졌다. 그래서 영공은 왕명으로 금지시켰지만 시행되지 않았다. 그래서 영공은 이유를 물었다. 안자(晏子)는 "폐하께서 궁중에서는 남장 여인을 허용하면서 궁 밖에서는 금하시는 것은 양의 머리를 문에 걸어놓고 안에서는 개고기를 파는 것과 같습니다. 이제부터라도 궁중 안에서 남장 여자를 금하소서."라고 말했다. 이 말을 듣고 궁중 안에 남장을 금하자 전역에 풍습이 사라졌다.

고사성어	**144. 양상군자(梁上君子)**
한자	梁 들보 양(량), 上 위 상, 君 임금 군, 子 아들 자
의미	대들보 위에 있는 군자. 즉 도둑을 미화하여 점잖게 부르는 말.
유의어	①**녹림호걸(綠林豪傑):** 푸른 숲속에 사는 호걸. 즉 산적이나 불한당, 화적(火賊)을 달리 부르는 말. ②**무본대상(無本大商):** 밑천 없이 장사하는 큰 상인. 즉 도둑을 달리 일컫는 말. ③**초두천자(草頭天子):** 풀잎 끝의 이슬 같은 천자. 즉 도둑의 우두머리를 뜻하는 말.
출전	후한서(後漢書) 진식전(陳寔傳)
유래	후한말 나라에 흉년이 엄청 심했다. 이로 인해서 배고픔을 참지 못하여 도둑이 많아졌다. 그 시기에 태구 현감이었던 진식(陳寔)은 인정이 많아 남의 사정을 잘 알아주며 무슨 일이든지 공정하게 처리했다. 어느 날 진식이 집에서 책을 읽고 있는데, 한 사나이가 몰래 안으로 들어오더니 대들보 위에 올라가 웅크리고 있는 것이었다. 그러나 진식은 못 본 체하고 계속 책을 읽고 있다가 아들과 손자들을 불러들여, 훈계(訓戒)하여 말하였다. "무릇 사람은 스스로 부지런히 힘쓰지 않으면 안 된다. 그러나 나쁜 짓을 하는 사람이라도 그 본바탕이 나쁜 것은 아니다. 버릇이 어느새 습성(習性)이 되어 좋지 못한 일을 저지르게 되는 것이다. 지금 대들보 위에 있는 저 군자(君子)도 마찬가지로 그런 사람이다."라고 했다. 도둑은 이 말을 듣고 양심의 가책(呵責)을 느껴 대들보 위에서 내려와 사죄했다. 진식은 비단과 양식을 주어 돌려보냈다. 이 일이 있은 다음부터는 그 고을에는 도둑이 없어졌다. 그 후부터 도둑을 미화하여 양상군자(梁上君子)라고 부르게 되었다.

고사성어	**145. 양약고구(良藥苦口)**
한자	良 좋을 양(량), 藥 약 약, 苦 쓸 고, 口 입 구
의미	좋은 약은 입에 쓰다. 즉 좋은 충고는 귀에 거슬린다.
유의어	①**문과즉희(聞過則喜):** 다른 사람이 허물을 지적하는 소리를 들으면 기뻐하다. ②**양약고어구(良藥苦於口):** 좋은 약은 입에 쓰다.
출전	사기(史記) 유후세가(留侯世家), 공자가어(孔子家語) 육본편(六本篇)
유래	양약고구(良藥苦口)라는 말은 장양(張良)이 유방에게 한 말인 '양약고구이어병(良藥苦口利於病)'에서 유래된 말이다. 천하를 통일하고 포악한 철권통치로 백성들을 옴짝달싹 못하게 하고 숨통을 조이던 진시황제가 죽고 나자, 진(秦)나라는 금방 혼란에 빠지고 말았다. 긴장이 풀린 후의 심각한 이완 현상이라고 할 수 있었다. 학정에 시달려 온 백성들은 곳곳에서 봉기했고, 그 민중의 에너지를 기반으로 군웅들이 국토를 분할하여 세력 경쟁을 벌였다. 그중에서 대표적인 인물이 항우(項羽)와 유방(劉邦)인데, 제2세 황제(호해 胡亥) 원년(BC 209년)에 군사를 일으킨 유방은 3년 후에 경쟁자 항우보다 한 걸음 먼저 진나라 수도인 함양(咸陽)에 입성했다. 제3세 황제 자영(子嬰)에게서 항복을 받아 낸 유방이 대궐에 들어가 보니 방마다 호화찬란한 재보(財寶)가 쌓여 있을 뿐 아니라 꽃 같은 궁녀들이 수없이 많았다. 유방은 원래 술과 여자를 좋아했으므로 대궐에 머물 생각을 했다. 그러자 부하인 번쾌(樊噲)가 쓴소리를 했다. "아직 싸움이 끝나지도 않았고 천하가 진정한 영웅을 기다리고 있는데, 여기서 주저앉아 한때의 쾌락을 즐기려고 하십니까? 모든 것을 봉인하고 교외의 군진으로 돌아가야 합니다." 유방이 불쾌해하자 지혜로운 참모 장양(張良)이 타일렀다. "우리가 여기까지 올 수 있었던 것은 진나라의 폭정에 대한 백성들의 원한이 컸기 때문입니다. 그런데 지금 전하께서 진나라 왕이 누리던 것을 일시적이나마 탐했다는 소문이 세상에 알려지면 그 결과가 어떻게 되겠습니까? 원래 충언은 귀에 거슬리나 행동에는 이롭고, 좋은 약은 입에 쓰지만 병에 이롭다(忠言逆耳利於行 良藥苦口利於病. 충언역이이어행 양약고구이어병).라고 했습니다. 번쾌의 충언을 받아들이십시오." 비로소 자기가 잘못 생각했다는 것을 깨달은 유방은 대궐에서 나와 군진이 있는 패상(覇上)으로 돌아갔다.

고사성어	**146. 어부지리(漁父之利)**
한자	漁 고기잡을 어, 父 아비 부, 之 갈 지, 利 이로울 리(이)
의미	어부가 이득을 본다. 즉 두 사람이 이해관계로 서로 다투는 바람에 다른 사람이 이득을 얻는다.
유의어	①**견토지쟁(犬兔之爭):** 개와 토끼가 다툰다. 즉 둘이 다투다가 제3자가 이익을 얻는다. ②**방휼지쟁(蚌鷸之爭):** 조개와 도요새가 다툰다. 즉 둘이 다투다가 제3자가 이익을 얻는다.
출전	전국책(戰國策) 연책(燕策)
유래	어부지리(漁父之利)라는 말은 전국책 연책에 나오는 고사에서 유래되었다. 　조(趙)나라가 연(燕)나라를 치려고 하자 소대(蘇代)가 연나라를 위해 조나라 혜문왕(惠文王)에게 말했다(趙且伐燕 蘇代爲燕謂惠王曰. 조차벌연 소대위연위혜왕왈). 　이번에 제가 이리로 올 때 역수(易水)를 건너오게 되었습니다. 때마침 조가비(조개)가 물가로 나와 입을 벌리고 햇볕을 쏘이고 있는데(今者臣來過易水 蚌方出曝 금자신래과역수 방방출폭) 도요새(물새)가 지나가다가 조가비의 살을 보고 쪼아 먹으려고 하자 조가비가 깜짝 놀라서 입을 오므리자 도요새는 그만 주둥이를 꽉 물렸습니다(而鷸啄其肉 蚌合而拑其喙 이휼탁기육 방합이겸기훼). 그렇게 되자 도요새가 말했습니다. 오늘도 내일도 비가 오지 않으면 그때는 바짝 말라 죽고 말 것이다(鷸曰, 今日不出明日不出 卽有死鷸. 휼왈, 금일불출명일불출 즉유사휼). 　둘은 상대방의 말을 듣지 않고 서로 포기하지 않고 버티다가 마침 지나가던 어부가 이 광경을 보고 도요새와 조가비를 함께 잡아넣고 말았습니다(兩者不肯相放 漁者得而幷禽之 양자불긍상사 어자득이병금지). 　지금 조나라가 연나라를 치려고 하는데, 연나라와 조나라가 오랫동안 서로 버티어 백성들이 지치게 되면 신은 강한 진나라가 어부가 될 것이 두렵습니다(今趙且伐燕 燕趙久相支 以弊大衆 臣恐强秦之爲漁夫也. 금조차벌연 연조구상지 이폐대중 신공강진지위어부야). 　혜문왕이 말했다. 좋소. 이에 혜문왕은 연나라 공격할 계획을 그만두었다(惠王曰. 善 乃止. 혜왕왈. 선 내지).

고사성어	# 147. 어불성설(語不成說)
한자	語 말씀 어, 不 아닐 불(부), 成 이룰 성, 說 말씀 설
의미	말하는 것이 전혀 문장을 이루지 않는다. 즉 말이 앞뒤가 맞지 않는다.
유의어	①만불성설(萬不成說): 이치에 맞지 않아 말이 도무지 되지 않는다. ②어불근리(語不近理): 말이 도무지 이치에 맞지 않는다.
출전	맹자(孟子)의 공손추편(公孫丑篇)
유래	어불성설(語不成說)이라는 말은 맹자의 공손추편에 맹자(孟子)와 공손추(公孫丑)의 대화에서 유래되었다. 　제자 공손추가 맹자에게 물었다. "스승님 장점은 무엇입니까?" 맹자가 대답하기를 "내 장점은 말을 알고 호연지기(浩然之氣)를 잘 기르는 것이다." 　공손추가 다시 물었다. "말을 안다는 것은 어떤 것인가요?" 　그러자 맹자는 "부동심(不動心)을 가지려면 지언(知言)의 능력을 갖추어야 한다. 이는 다른 사람이 하는 말의 뜻을 구분할 줄 아는 것을 뜻한다."라고 설명했다. 　그러면서 "사람의 말에는 네 가지 병이 있는데, 첫째는 한쪽으로 치우친 피사(詖辭)이고, 둘째는 외곬에 빠져 판단을 잃은 음사(淫辭)이며, 셋째는 바른 길을 벗어난 사사(邪辭)이고, 넷째는 궁한 나머지 책임을 벗으려는 둔사(遁辭)라고 했느니라."라고 말하였다. 그러면서 맹자는 "성인께서 다시 나오셔도 반드시 내 말에 동의하실 것이다."라고 강조했다.

고사성어	**148. 여조삭비(如鳥數飛)**
한자	如 같을 여, 鳥 새 조, 數 자주 삭(셈 수), 飛 날 비
의미	새가 하늘을 날기 위해 자주 날갯짓하는 것과 같다. 즉 배움도 쉬지 않고 끊임없이 연습하고 익혀야 한다.
유의어	①**마부작침(磨斧作針):** 도끼를 갈아 바늘을 만든다. 즉 힘든 일이라도 참고 노력하면 이룰 수 있다. ②**진합태산(塵合泰山):** 티끌이 모이면 태산이 된다.
출전	논어집주(論語集註)의 학이편(學而篇)
유래	논어집주의 학이편에 다음과 같은 학지부이 여조삭비야 (學之不已 如鳥數飛也)에서 여조삭비(如鳥數飛)라는 말이 유래하였다. 배운다는 말은 본받는다는 것이다. 사람의 성품은 누구나 다 선하지만, 이를 깨닫는 데는 앞과 뒤가 있으니, 미처 깨닫지 못한 자는 반드시 앞서 깨달은 자가 행한 바를 본받아야 선을 밝게 알아서 그 처음의 모습을 회복할 수 있다. 익힘이란 새가 자주 나는 것이니 끊임없이 배우기를 새가 자주 나는 것과 같이하는 것이다. 學之爲言 效也 학지위언 효야 人性皆善 而覺有先後 인성개선 이각유선후 後覺者必效先覺之所爲 후각자필효선각지소위 乃可以明善而復基初也 내가이명선이복기초야 習 鳥數飛也 습 조삭비야 學之不已 如鳥數飛也 학지부이 여조삭비야

고사성어	**149. 역지사지(易地思之)**
한자	易 바꿀 역, 地 땅 지, 思 생각 사, 之 갈 지
의미	입장을 바꿔 생각한다. 즉 다른 사람의 입장에서 생각한다.
유의어	①**기기기익(己飢己溺):** 자기가 굶주리고 자기가 물에 빠진 듯이 생각한다. 즉 타인의 고통을 나의 고통처럼 여긴다. ②**역지개연(易地皆然):** 사람의 처지나 경우를 바꿔 놓으면 하는 것이 서로 같다.
반의어	**아전인수(我田引水):** 자신의 논에 물을 끌어다 쓴다. 즉 본인의 이익만 생각한다.
출전	맹자(孟子)의 이루편(離婁編)
유래	역지사지(易地思之)는 맹자의 이루편 고사에 나오는 '역지즉개연(易地則皆然)'에서 유래된 말이다. 　중국 하(夏)나라의 시조 우(禹)임금은 치수에 성공한 인물이다. 후직(后稷)은 신농(神農)과 더불어 중국에서 농업의 신으로 숭배받는 인물로 순(舜)임금이 나라를 다스릴 적에 농업을 관장했다. 　맹자는 우임금과 후직은 태평성대에 세 번 자기 집 문 앞을 지나면서도 백성들을 생각하며 들어가지 않아 공자가 그들을 어질게 여겼으며, 공자의 제자 안회는 난세에 누추한 골목에서 한 그릇의 밥과 한 바가지의 물로 생활하여, 다른 사람들은 감내하지 못할 정도로 가난하게 살면서도 안빈낙도(安貧樂道)의 생활을 잃지 않아서 '공자는 그를 어질게 여겼다고 평했다'라고 했다. 　맹자께서 말하기를 "우임금과 후직, 안회(안자)는 도가 한 가지이다. 우임금은 천하에 물에 빠진 자가 있으면 생각하기를 자신이 빠지게 한 것같이 여기시며, 후직은 천하에 굶주린 자가 있으면 생각하기를 자신이 굶주리게 한 것같이 여기니, 이러므로 이처럼 급하게 하셨다. 우임금과 후직과 안자는 처지를 바꾸면 다 그렇게 했을 것이다(禹稷顔回同道. 禹思天下有溺者 由己溺之也. 稷思天下有飢者 由己飢之也 是以如是其急也. 禹稷顔子易地則皆然. 우직안회동도. 우사천하유익자 유기익지야. 직사천하유기자 유기기지야 시이여시기급야. 우직안자역지즉개연)."

고사성어	**150. 오매불망(寤寐不忘)**
한자	寤 깰 오, 寐 잠잘 매, 不 아니불(부), 忘 잊을 망
의미	자나 깨나 잊지 못하다. 즉 근심 또는 생각이 많아 잠 못 들다.
유의어	**연연불망(戀戀不忘)**: 그리워서 잊지 못하다.
출전	시경(詩經)의 시(詩) 관저(關雎)
유래	관저라는 시는 시경의 첫머리에 실려 있는 시이다. 모두 제3장으로 이루어져 있는데 그중 제2장 '오매구지(寤寐求之), 오매사복(寤寐思服)'에서 오매불망(寤寐不忘)이란 말이 유래되었다. 　제2장을 소개하면 다음과 같다. 　올망졸망 노랑머리연꽃(조아기) 이리저리 캐듯이 　아리따운 고운 아가씨 자나 깨나 찾네 　구해도 못 얻으니 자나 깨나 생각하네 　그리워그리워 엎치락뒤치락 뒤척이네 　參差荇菜 左右流之 참차행채 좌우류지 　窈窕淑女 寤寐求之 요조숙녀 오매구지 　求之不得 寤寐思服 구지불득 오매사복 　悠哉悠哉 輾轉反側 유재유재 전전반측

고사성어	**151. 오비삼척(吾鼻三尺)**
한자	吾 나 오, 鼻 코 비, 三 석 삼, 尺 자 척
의미	나의 코가 석 자이다. 즉 자기 사정이 급하여 남을 돌볼 겨를이 없다.
출전	문학평론집(文學評論集) 순오지(旬五志)
유래	조선 후기 학자 홍만종(洪萬宗)이 지은 문학평론집 순오지에서 유래한 사자성어이다. 　순오지는 우리나라의 속담을 한역한 대표적인 책이다. 홍만종이 보름 걸려서 완성했다고 하여 순오지라고 한다. 문학평론집으로 부록에 우리의 속담 130여 개가 실려 있어 귀중한 자료이다. 　내 코가 석 자라는 속담에 해당하는 것이 이 책에는 '나의 콧물이 석 자나 드리워졌다(吾鼻涕垂三尺 오비체수삼척).'라고 되어 있다. '오비체수삼척'을 줄여서 오비삼척(吾鼻三尺)이라고 한다.

고사 성어	**152. 오비이락(烏飛梨落)**
한자	烏 까마귀 오, 飛 날 비, 梨 배나무 이(리), 落 떨어질 락
의미	까마귀가 날자 배가 떨어진다. 즉 우연히 동시에 일어난 일로 의심을 받아 난처해지다. 오비이락은 우리나라 속담을 한자로 표현한 말이다.
유의어	**과전이하(瓜田李下):** 오이밭과 오얏나무 밑. 즉 오이밭에서 신을 고쳐 신지 말고 오얏나무 밑에서 갓을 고쳐 쓰지 말라. 과전이하(瓜田李下)는 과전불납리 이하부정관(瓜田不納履 李下不整冠)의 준말이다.
반의어	**사공중곡(射空中鵠):** 무턱대고 쏘아 과녁을 맞혔다. 즉 멋모르고 한 일이 우연히 들어맞아 성공하였다.
속담	①까마귀 날자 배 떨어진다. ②배나무 아래에서 갓을 고쳐 쓰지 말라. ③오이밭에서 신발 끈 고쳐 매지 말라.
출전	홍만종(洪萬宗)의 순오지(旬五志)
유래	옛날에 까마귀 한 마리가 배나무에 앉아 까악까악 울고 있었다. 하필이면 그때 배가 떨어졌고 밑을 지나가던 독사 한 마리가 머리를 맞아 죽게 되었다. 몹시 화가 난 독사는 죽는 순간 독을 내뿜었다. 그 독을 맞은 까마귀도 그 자리에서 죽고 말았다. 　죽은 뱀은 멧돼지로 까마귀는 암꿩(까투리)으로 다시 태어났다. 어느 날 멧돼지가 된 뱀이 암꿩이 된 까마귀를 보고 힘껏 돌을 굴렸다. 　'이제 죽었겠지? 속이 다 후련하다.' 때마침 지나가던 사냥꾼이 죽은 암꿩을 발견하고는 집에 가져가 부인과 맛있게 먹었다. 얼마 뒤 죽은 암꿩은 사냥꾼 부부의 아들로 다시 태어났다. 　'나를 죽였지? 멧돼지를 잡아 혼쭐을 내줘야지.' 자라서 사냥꾼이 된 아들은 멧돼지를 다시 만나게 되었다. 멧돼지는 도망치다가 우물 속으로 뛰어들었다. 사냥꾼은 멧돼지가 죽었는지 확인하기 위해 우물 속을 들여다보았다. 그런데 멧돼지는 온데간데없고 지장보살이 우물 안에 있었다. 지장보살은 불교에서 어리석은 사람들이 바른 생각을 하도록 가르쳐 주는 자비로운 보살이다. 　"나는 지장보살이다. 너희 둘이 쓸데없이 서로 죽이기에 잠시 멧돼지의 모습으로 변했던 것이다. 이제 원한을 풀도록 하라." 　이렇게 해서 까마귀와 뱀의 원한은 끝이 났다. 그 뒤로 오비이락(烏飛梨落)이라는 말은 '아무 관계도 없는 일이 함께 일어나 괜한 오해를 받게 된다'라는 뜻으로 쓰이게 되었다.

고사성어	# 153. 오십보백보(五十步百步)
한자	五 다섯 오, 十 열 십, 步 걸음 보, 百 일백 백
의미	정도의 차이는 있을망정 근본적 차이는 없다.
출전	맹자(孟子)의 양혜왕상편(梁惠王上篇)
유래	맹자가 양(梁)나라의 혜왕(惠王)에게 초청을 받았을 때의 이야기에서 맹자가 혜왕에게 한 말에서 오십보백보가 유래되었다. 양나라의 혜왕이 말했다. 과인은 나라에 마음을 다하고 있소. 하내지방이 흉년이 들면 그 백성들을 하동지방으로 옮기고, 곡식은 하내지방으로 옮기고, 하동지방이 흉년들면 역시 그렇게 하고 있소. 이웃 나라의 정사를 살펴보면 과인처럼 마음을 쓰는 자가 없소. 이웃 나라 백성은 줄어들지 않고 과인의 백성은 늘어나지 않는데 어째서 그런 것이요? 梁惠王曰 寡人至於國也 盡心焉耳矣. 察隣國之政 無如寡人之用心者. 河內凶 卽移其民於河東, 移其粟於河內 河東凶亦然. 隣國之民不加少 寡人之民不如多 何也? 양혜왕왈 과인지어국야 진심언이의. 찰린국지정 무여과인지용심자. 하내흉 즉이기민어하동, 이기속어하내 하동흉역연. 인국지민불가소 과인지민불여다 하야? 맹자가 대답했다. 왕께서 전쟁을 좋아하시니, 청컨대 전쟁으로 비유하겠습니다. 둥둥둥 북을 쳐서 병기를 접해서 싸우다가 갑옷을 버리고 병기를 끌며 도망칩니다. 어떤 사람은 백 보를 물러나 멈추고, 어떤 사람은 오십 보를 물러나 멈췄습니다. 오십 보가 백 보를 비웃는다면 어떻겠습니까? 왕이 말했다. 옳지 않소. 다만 백 보가 아닐 뿐 이 또한 도망친 것이오. 孟子對曰. 王好戰 請以戰喩. 塡然鼓之 兵刃旣接 棄甲曳兵而走. 或百步而後止 或五十步而後止. 以五十步笑百步 則何如? 王曰 不可. 直不百步耳 是亦走也. 맹자대왈. 왕호전 청이전유. 전연고지 병인기접 기갑예병이주. 혹백보이후지 혹오십보이후지. 이오십보소백보 칙하여? 왕왈 불가. 직불백보이시역주야.

고사성어	**154. 와신상담(臥薪嘗膽)**
한자	臥 엎드릴 와, 薪 섶나무 신, 嘗 맛볼 상, 膽 쓸개 담
의미	섶나무(땔감)에서 누워 자고 쓸개를 맛본다. 즉 뜻을 위해 온갖 괴로움을 참는다.
유의어	①**절치부심(切齒腐心):** 몹시 분하여 이를 갈고 마음을 썩임. ②**절치액완(切齒扼腕):** 이를 갈고 팔을 걷어 올리며 주먹을 쥔다. 즉 매우 분하여 벼르는 모습. ③**회계지치(會稽之恥):** 회계산에서 받은 치욕. 즉 결코 잊지 못하는 수모를 참고 견디다.
출전	사기 월세가(越世家), 십팔사략(十八史略)
유래	사기 월세가와 십팔사략 고사 중에 월왕 구천(句踐)과 오왕 부차(夫差)가 복수를 다짐하며 노력한 일에서 와신상담(臥薪嘗膽)이라는 말이 생기게 되었다. 　수몽(오나라 시조) 이후 네 명의 왕을 지나, 합려(제6대 왕)에 이르러서는 오원을 추천하여 국사를 도모했다. 　오원의 자(字)는 자서로 초나라 사람 오사(伍奢)의 아들인데 아버지 오사가 죽임을 당하자 오나라로 달아나서 오나라 병사가 되어 초나라 수도 영에 들어갔다. 　오나라가 월나라를 공격하다가 합려가 부상당하여 죽고, 아들 부차(오나라 끝 왕)가 왕위에 오르니 오자서는 다시 부차를 섬겼다. 　(壽夢後四君 而至闔廬 舉伍員謨國事. 員字子胥 楚人伍奢之子 奢誅而奔吳 以吳兵入郢. 吳伐越 闔廬傷而死 子夫差立 子胥復事之. 수몽후사군 이지합려 거오원모국사. 원자자서 초인오사지자 사주이분오 이오병입영. 오벌월 합려상이사 자부차입 자서부사지.) 　부차가 복수에 뜻을 두고, 아침저녁으로 섶나무 안에 누워 있었는데, 출입하는 심부름꾼에게 호통을 치며 이렇게 말하였다. 　부차야, 너는 월나라 사람이 네 아버지를 죽인 사실을 잊었는가? 주나라 경왕 26년에 부차가 월나라를 부초에서 패배시키자 월왕 구천은 남은 병사들로 회계산에 거처하면서 신하 되기를 청하고 아내는 첩 되기를 청하였다. 이에 오자서는 불가하다고 하였고, 태자 백비는 월나라에서 뇌물을 받고 부차에게 월나라를 용서할 것을 설득했다. 　(夫差志復讐 朝夕臥薪中 出入使人呼曰. 夫差而忘越人之殺而父耶 周敬王二十六年 夫差 敗越于夫椒 越王句踐 以餘兵, 棲會稽山 請爲臣妻爲妾. 子胥

言不可 太宰伯嚭受越賂, 說夫差赦越. 부차지복수 조석와신중 출입사인호왈. 부차이망월인지살이부야 주경왕이십육년 부차 패월우부초 월왕구천 이여병, 서회계산 청위신처위첩. 자서언불가 태재백비수월뇌, 설부차사월.)

구천은 월나라로 돌아가서 쓸개를 달아놓고 자리에 누우면 곧 우러러 쓸개를 맛보며 이렇게 말했다. 너는 회계의 치욕을 잊었는가? 모든 나라의 정치를 대부인 문종에게 맡기고 범려와 함께 병사를 다스리며 오나라를 도모하는 데 힘썼다.

(句踐反國 懸膽於坐臥 卽仰膽嘗之曰 女忘會稽之恥邪 擧國政屬大夫種 而與范蠡治兵事 事謀吳. 구천반국 현담어좌와 즉앙담상지왈 여망회계지치야 거국정속대부종 이여범려치병사 사모오.)

태자 백비가 오자서에 대해 참소하기를, 계책이 쓰이지 않아 원망한다고 합니다. 부차는 이에 자서에게 촉루라는 검을 하사하여 자결을 명했다. 자서는 그의 가족에게 고하여 말하기를 꼭 내 무덤에 오동나무를 심었다가 오동나무는 부차의 관을 만들 재료로 쓰시오. 내 눈을 도려내어 동문에 매달아 주시오. 월나라 군사가 오를 멸망시키는 것을 보기 위함이오. 이에 스스로 목을 베어 자결했다.

(太宰嚭譖子胥 恥謀不用怨望 夫差乃賜子胥屬鏤之劍. 子胥告其家 人曰 必樹吾墓檟 檟可材也. 抉吾目懸東門 以觀越兵之滅吳 乃自剄. 태재비참자서 치모불용원망 부차내사자서촉루지검. 자서고기가 인왈 필수오묘가 가가재야 결오목현동문 이관월병지멸오 내자경).

부차가 그의 시신을 취하여 가죽 주머니에 담아서 강에 던졌다. 오나라 사람들이 그를 가엽게 여겨 강가의 언덕 위에 사당을 짓고 서산이라 불렀다. 월나라는 10년 동안 백성을 길러 군사를 강화하고 10년 동안 가르치고 깨우쳐서, 주나라 원왕 4년에 월나라가 오나라를 치니 오나라는 세 번 싸워 세 번 다 패했다.

부차는 고소산에 올라 또 월나라에 화친하기를 청하니 범려는 그럴 수 없다고 했다. 부차가 말했다. 내가 자서를 볼 면목이 없구나. 이에 얼굴을 싸매고 죽었다.

(夫差取其尸 盛以鴟夷 投之江. 吳人憐之 立祠江上命曰胥山. 越十年生聚 十年敎訓 周元王四年 越伐吳 吳三戰三北. 夫差上姑蘇 亦請成於越 范蠡不可. 夫差曰 吾無以見子胥 爲幎冒乃死. 부차취기시 성이치이 투지강. 오인연지 입사강상명왈서산. 월십년생취 십년교훈 주원왕사년 월벌오 오삼전삼배. 부차상고소 역청성어월 범려불가. 부차왈 오무이견자서 위멱모내사).

고사성어	**155. 완벽귀조(完璧歸趙)**
한자	完 완전할 완, 璧 구슬 벽, 歸 돌아갈 귀, 趙 나라 조
의미	구슬을 온전히 조나라로 돌려보내다. 즉 빌렸던 물건을 온전한 상태로 주인에게 돌려주다.
출전	사기(史記) 염파(廉頗) 인상여열전(藺相如列傳)
유래	전국시대 조나라의 혜문왕(惠文王)이 화씨지벽(화씨가 발견한 구슬)이라는 진귀한 벽옥(璧玉)을 얻었는데, 진(秦)나라 소왕(昭王)이 이를 빼앗을 속셈으로 15개의 성과 벽옥을 바꾸자고 제안하였다. 혜문왕은 소왕의 속셈을 짐작하였으나, 제안을 거절하였다가는 강대국인 진나라의 공격을 받게 될까 우려하였다. 그러자 무현(繆賢)이라는 신하가 자신의 식객으로 있는 인상여(藺相如)가 지혜와 용맹을 겸비하였으니 대책을 상의해보라고 건의하였다. 혜문왕을 만난 인상여는 자신이 벽옥을 가지고 진나라로 가서 소왕이 약속을 지키면 벽옥을 내주고, 그렇지 않으면 반드시 '벽옥을 온전하게 하여 조나라로 돌아오겠다(完璧歸趙 완벽귀조).'라고 하였다. 인상여가 진나라로 가서 소왕에게 벽옥을 주었으나 소왕은 약속한 15개 성을 내줄 생각이 전혀 없어 보였다. 그러자 인상여는 소왕에게 벽옥이 진귀한 보물이기는 하지만 작은 흠집이 있으니 그것을 찾아 보여주겠다고 하였다. 소왕이 그 말을 믿고 벽옥을 인상여에게 도로 내주었다. 그러자 그는 기지(機智)를 발휘해 벽옥을 가지고는 기둥 옆으로 다가가서 약속을 지키지 않으면 벽옥을 기둥에 던져 부숴버리고 자신도 기둥에 머리를 부딪쳐 자결하겠다고 소리쳤다. 소왕은 벽옥이 손상될까 두려워하여 임기응변(臨機應變)으로 성을 내주겠다고 약속하였다. 소왕의 진의를 간파한 인상여는 5일 내로 약속을 지키면 벽옥을 돌려주겠다고 말하고는 남몰래 사람을 시켜 벽옥을 조나라로 돌려보냈다. 이로써 벽옥은 온전한 상태로 다시 조나라로 돌아가게 되었다.

고사 성어	**156. 외유내강(外柔內剛)**
한자	外 밖 외, 柔 부드러울 유, 內 안 내, 剛 굳셀 강
의미	겉으로는 부드럽고 순하게 보이나 속은 곧고 굳세다. 즉 겉모습은 부드러우나 속마음은 단단하고 굳세다.
반의어	**외강내유(外剛內柔):** 겉으로는 강하게 보이나 안은 부드럽다.
출전	당서(唐書)의 노탄전(盧坦傳)

유래	외유내강(外柔內剛)은 당서(唐書)의 노탄전에 나오는 이야기에서 유래하였다.
	  당나라 허난성 출신인 노탄(盧坦)은 관직에 올랐을 때 상관인 두황상(杜黃裳)이 "어느 집안의 자제가 주색(酒色)에 빠져 재산을 탕진하는데 왜 보살피지 않는가?"하고 물었다.
	  이에 노탄은 "재물에 대한 욕심이 없는 청렴한 관리는 축재하지 않을 텐데 재물이 많은 것은 곧 다른 사람을 착취해 얻은 것이다. 방탕한 생활로 재물을 다 써 잃으면 다른 사람을 착취해 거든 재물을 다시 그들에게 되돌려 주는 일"이라고 하였다.
	  황제가 절도사 이복(李復)의 후임으로 요남중(姚南仲)을 임명하자 군대 감독관인 설영진(薛盈珍)은 요남중이 서생이었다고 반대하였다. 이에 노탄은 "요남중은 외유중강(外柔中剛)이고, 설영진이 요남중의 인사에 동의하지 않는다면 이에 따르지 않겠다."라고 하면서 설영진을 비판하였다. 중강은 내강을 의미한다.

고사 성어	**157. 요산요수(樂山樂水)**
한자	樂 좋아할 요, 山 뫼 산, 水 물 수
의미	산을 좋아하고 물을 좋아한다. 즉 산수의 경치를 좋아한다.
출전	논어(論語) 옹야편(雍也篇)
유래	논어의 옹야편에, 공자(孔子)께서 말하기를, "지혜로운 사람은 물을 좋아하고, 어진 사람은 산을 좋아한다. 지혜로운 사람은 움직이고, 어진 사람은 고요하다. 지혜로운 사람은 즐겁게 살고, 어진 사람은 장수한다.(子曰 智者樂水 仁者樂山. 智者動 仁者靜. 智者樂 仁者壽. 자왈 지자요수 인자요산. 지자동 인자정. 지자락 인자수)."라는 구절의 '인자요산(仁者樂山) 지자요수(知者樂水)'를 줄여서 요산요수(樂山樂水)라는 말이 생겼다.

고사성어	**158. 용두사미(龍頭蛇尾)**
한자	龍 용 용(룡), 頭 머리 두, 蛇 뱀 사, 尾 꼬리 미
의미	용의 머리와 뱀의 꼬리. 즉 시작은 용의 머리처럼 웅장하여 좋지만 끝은 뱀의 꼬리처럼 빈약하거나 미미하다.
반의어	**계구우후(鷄口牛後):** 쇠꼬리보다 닭의 부리가 되는 것이 낫다. 즉 큰 집단의 말석보다 작은 집단의 우두머리가 되는 것이 낫다.
출전	환오극근(圜悟克勤)의 벽암록(碧巖錄), 전등록(傳燈錄)
유래	환오극근이 쓴 벽암록에 다음과 같은 고사에서 용두사미(龍頭蛇尾)라는 말이 유래되었다. 옛날 중국 송나라에 용흥사(龍興寺)라는 절이 있었다. 그곳에서 수행하던 진존숙(陳尊宿)이라는 유명한 스님은 어느 날 깨달음을 얻고 지식을 전파하기 위해 짐을 꾸려서 방랑길에 나섰다. 전국을 돌아다니던 스님은 시간이 날 때마다 지푸라기로 짚신을 만들고 짝을 맞춰 나뭇가지에 걸어놓거나 바닥에 내려놨는데 그 장면을 목격한 지나가는 나그네는 스님에게 물었다. "스님! 왜 멀쩡한 짚신을 버리고 가시는 겁니까?" 그러자 스님 진존숙은 호탕하게 웃으며 말하였다. "저처럼 먼 길을 가는 사람들은 짚신이 낡아서 난처한 상황이 많을 텐데 이렇게 하면 그들의 아픈 발을 편하게 만들어주고 보탬이 될까 해서입니다." 이렇게 남을 배려(配慮)하는 마음으로 도를 닦고 있는 진존숙은 중간에 자신과 같이 떠돌아다니는 스님을 만나서 반가운 마음에 이야기를 나누려고 했다. 진존숙이 먼저 인사를 하면서 배움을 나누려고 하자 그 스님은 버럭 소리를 지르며 화를 내자 진존숙은 '도를 많이 닦아서 높은 위치에 있는 분이구나.'라는 생각을 하게 되었다. 그래서 정중하게 가르침을 청했지만, 스님은 대화를 거부하고 호통만 칠 뿐이었다. 이에 진존숙은 '겉보기에는 용의 머리처럼 훌륭해 보이지만 속은 뱀의 꼬리처럼 형편없는 사람이다(龍頭蛇尾 용두사미).'라는 생각에 큰소리를 낸 이유에 대해서 말해달라고 하였다. 그러자 그 스님은 슬그머니 자리를 피해서 도망치기 시작했다. 그 스님은 큰소리로 호통을 치면 사람들이 높은 사람인 줄 알고 문답을 하지 못했기 때문이었다. 그 모습을 지켜보던 사람들은 '용두사미(龍頭蛇尾)'라고 말하며 그 스님을 비웃었다.

고사 성어	**159. 용장(勇將)은 지장(智將)을 이기지 못하고, 지장(智將) 은 덕장(德將)을 이기지 못하며, 덕장(德將)은 복장(福 將)을 이기지 못한다.**
한자	勇 날샐 용, 將 장차 장, 智 슬기 지, 德 큰 덕, 福 복 복
의미	용맹한 장수는 지략의 장수를 이기지 못하고, 지략의 장수는 덕을 갖춘 장수를 이기지 못하며, 덕을 갖춘 장수는 복이 넘치는 장수를 이기지 못한다. ※ 복장은 운장(運將: 운 좋은 장군)이라고도 한다.
출전	손자(孫子)의 손자병법(孫子兵法)
유래	손자(본명: 손무 孫武)병법에 다음과 같은 말에서 유래하였다. 손자 병법에 '용장(勇將)보다 지장(智將)이 낫고 지장(智將)보다 덕장(德將) 이 낫고 덕장(德將)보다 복장(福將)이 낫다.'라는 말이 있다. 이 말은 '용맹스러 운 장수는 지혜 있는 장수를 이기지 못하고, 지혜 있는 장수는 덕이 있는 장수 를 이기지 못하며, 덕이 있는 장수는 복이 있는 장수를 이기지 못한다.'라는 의 미이다. (주 1) 손자와 제갈량이 분류한 장군 유형은 다음과 같다. 손자가 분류한 장군 유형 네 가지 ①용장(勇將): 용맹과 추진력을 갖춘 장군. ②지장(智將): 지혜롭고 지략이 뛰어난 장군. ③덕장(德將): 덕을 베풀어 부하들을 이끄는 장군. ④복장(福將): 복이 많아 운이 따르는 장군. 제갈량이 분류한 장군 유형 아홉 가지 ①인장(仁將): 자신의 덕행으로 병사들을 가르치고, 예법으로 병사들의 행 동을 규제하며, 병사들의 형편을 알뜰히 보살피고, 그들의 노고를 몸소 살피 며, 동고동락하는 장군. ②의장(義將): 임무를 수행할 때 눈앞의 어려움을 피하며, 안일을 도모하지 않고, 원대한 계획을 갖고 빈틈없이 움직이며, 이익에 흔들리지 않고 영광스 런 죽음을 택하며, 굴욕스런 삶을 추구하지 않은 장군. ③예장(禮將): 높은 지위에 있어도 오만하지 않고 전공이 뛰어나도 우쭐대 지 않으며, 성품이 어질면서도 자기 혼자 고결하다고 여기지 않고, 자기보다 지위가 낮은 사람에게 겸양하며, 강직하면서도 다른 사람들을 관대하게 포용 할 줄 아는 장군.

④지장(智將): 신출귀몰한 전술을 운용하고 지략이 풍부하며, 역경에 처해도 능히 재앙(화)을 복으로 바꿀 수 있고, 위험에 직면해도 승리를 거둘 줄 아는 장군.

⑤신장(信將): 앞장서 진격하는 자에게는 후한 상을 내리고, 비겁하게 물러서는 자에게는 엄한 벌을 내리며, 적시에 상을 내리고 형벌을 가할 때는 신분의 귀천을 가리지 않는 장군.

⑥보장(步將): 몸놀림이 힘차고 날쌔어 적진 깊숙이 돌진하여 함락시킬 때 천마처럼 민첩하며, 기개가 호방하고 투지가 드높아 능히 천명도 압도하며 나라를 잘 보위하고 창검에 능한 장군.

⑦기장(騎將): 높은 곳을 타 넘고 험한 곳을 돌파하며, 나는 듯 질주하는 말 위에서 활을 쏘고, 진격할 때에는 선봉에 서며 후퇴할 때에는 뒤를 지키는 장군.

⑧맹장(猛將): 기백이 삼군을 압도하고 어떤 강적도 우습게 볼 정도로 과단성이 있으며, 작은 전투도 신중히 대하며 소홀히 하지 않고, 강대한 적을 마주하더라도 싸우면 싸울수록 용감해지는 장군.

⑨대장(大將): 현자를 만나면 허심탄회하게 가르침을 청하고 다른 사람들의 의견을 잘 받아들이며, 누구나 자신의 생각을 말할 수 있게 하고 너그럽고 후하면서 강직성을 잃지 않으며, 용감하면서 과단성이 있고 기략도 풍부한 장군.

(주 2) 제갈공명의 아내 황씨

제갈량의 아내 황씨는 재능이 뛰어나고 됨됨이가 훌륭해 남편이 승상(丞相)의 자리에 오르는 데 큰 힘이 되었다.

제갈량은 늘 깃털 부채를 들고 다녔는데 이는 아내의 부탁이었다. 그녀가 부채를 선물한 데는 '화나는 일이 있더라도 절대 감정을 밖으로 드러내지 말라.'는 당부가 담겨 있었다.

아내 황씨는 제갈량에게 말했다. "친정아버지와 대화하는 모습을 보고, 당신은 포부가 크고 기개가 드높은 사람이라고 생각했어요. 유비에 대해 이야기할 때면 표정이 환했지요. 하지만 조조에 대해 말할 때는 미간을 잔뜩 찌푸리더군요. 손권을 언급할 땐 고뇌에 잠긴 듯 보였고요. 큰일을 도모하려면 감정을 드러내지 말고 침착해야 해요. 이 부채로 얼굴을 가리세요."

제갈량은 집을 떠나 있는 동안 늘 부채를 손에 쥐었다. 부채질을 한번 하면 머리가 맑아지는 기분이 들었다. 아내 황씨가 말한 '얼굴을 가리라.'라는 말은 침착하라는 의미였다.

고사 성어	**160. 용호상박(龍虎相搏)**
한자	龍 용 용(룡), 虎 범 호, 相 서로 상, 搏 넓을 박
의미	용과 범이 서로 싸운다. 즉 두 강자의 실력이 매우 비슷해서 우열을 가리기가 힘들다.
유의어	①**난형난제(難兄難弟):** 형이라 말하기도 어렵고 아우라고 말하기도 어렵다. 　즉 둘의 재능이나 실력이 비슷하여 누가 나은지 우열을 가리기 어렵다. ②**막상막하(莫上莫下):** 어느 것이 위고 아래인지 분간할 수 없다. ③**양웅상쟁(兩雄相爭):** 용과 범이 서로 싸운다. 즉 강자끼리 서로 싸운다. ④**용나호척(龍拏虎擲):** 용과 범이 맞붙어 싸운다. 즉 영웅이 서로 싸운다. ⑤**용양호박(龍攘虎搏):** 용과 범이 서로 싸운다. 즉 비슷한 상대끼리 맹렬히 　다툰다.
출전	이백(李白)의 시(詩) 고풍(古風)
유래	세력이나 역량이 비슷한 두 영웅(英雄)을 가리키는 말인 용호(龍虎)는 이백 의 시 고풍에서 유래하였다. 　시 고풍에서 진(秦)나라의 통일에 이르기까지 약육강식(弱肉强食)의 정복 전쟁이 무수히 일어난 춘추전국시대를 묘사하여 "용과 범이 서로 물고 뜯으 며, 전쟁이 광포한 진나라에 이르렀도다(龍虎相啖食 兵戈逮狂秦. 용호상담 식 병과체광진)."라고 묘사한 구절이 있다. 　이로부터 흔히 막강한 이들의 대결을 용호의 싸움으로 표현하게 되면서 용 호상박(龍虎相搏)이라는 말이 생기게 되었다.

고사성어	**161. 우공이산(愚公移山)**
한자	愚 어리석을 우, 公 공변될 공, 移 옮길 이, 山 뫼 산
의미	우공이 산을 옮긴다. 즉 무슨 일이든지 오래 노력하면 성공할 수 있다.
유의어	①**마부작침(磨斧作針):** 도끼를 갈아 바늘을 만든다. ②**산류천석(山溜穿石):** 산간에 흐르는 낙숫물이 돌을 뚫는다. ③**진합태산(塵合泰山):** 티끌이 모이면 태산이 된다. ④**철저성침(鐵杵成針):** 철 절굿공이로 바늘을 만든다. 즉 아주 오랫동안 노력하면 성공한다.
출전	열자(列子) 탕문편(湯問篇)
유래	중국에는 태항산(太行山)과 왕옥산(王屋山)이라는 두 산이 기주(冀州) 남쪽에서 하양(河陽) 북쪽 사이에 있다. 이곳 북쪽 산기슭에 큰 산이 가로막고 있어 매우 불편한 곳에 아흔 살이 다 된 우공(愚公)이라는 사람이 살고 있었다. 사람들은 높은 두 산이 북쪽에서 남쪽으로 가는 길을 막아섰기에 나들이를 하려면 큰 산을 돌아서 가야 했다. 이리하여 우공은 온 가족을 불러 의논했다. "이제 우리가 온 힘을 다 기울여 험한 산을 깎아서 평평하게 만들면 예주(豫州) 남쪽으로 직통하고 한수(漢水) 남쪽에 다다를 수 있는데, 가족들은 어떻게 생각하는가?" 모든 가족이 하나같이 입을 모아 찬성하는데 우공의 아내는 의문을 제기하며 반대했다. 그러나 우공은 아이 셋을 데리고 돌을 깨고 흙을 파내어 삼태기에 담아 발해 해변으로 옮겼다. 이웃에 사는 경성씨(京城氏) 미망인에게 7, 8세 되는 어린 아들이 있었는데, 이 아이도 통통거리며 뛰어와서 일을 도왔다. 겨울과 여름이 바뀌는 동안 한 차례 왕복할 수 있었다. 하곡(河曲)에 사는 지수(智叟)라는 사람이 웃으면서 이들을 막아섰다. "이제 곧 세상을 떠날 나이에 남은 힘이라고는 산의 풀 한 포기도 어쩌지 못할 터인데, 흙이랑 돌을 어쩌겠다는 건지요?"하며 말렸다. 하지만 우공은 탄식(歎息)하며 이렇게 일렀다. "당신의 생각이 얼마나 꽉 막혔는지 뚫을 수 없을 정도이구려. 과부의 어린 아들만도 못하니 말이오. 설령 내가 죽더라도 내 아들이 있고, 아들은 또 손자를 낳을 테고, 손자는 또 그 아들을 낳고, 아들은 또 손자를 낳고, 자자손손(子子孫孫) 끝이 없을 터이고, 산은 더 높아질 리 없을진대, 무슨 까닭으로 평평하게 만들지 못할 것이라며 걱정하오?"

유래

하곡에 사는 지수는 더이상 말이 없었다. 조사신(操蛇神)이 이 말을 듣고 이들이 진짜로 이 일을 중도에 그만둘세라 염려되어 하늘에 호소했다. 하늘도 이들의 정성에 감동하여 과아씨(誇娥氏)의 두 아들에게 산 하나는 삭주(朔州)의 동쪽에, 또 하나는 옹주(雍州) 남쪽에 업어다 두도록 명령했다. 이때부터 기주(冀州) 남쪽에서 한수(漢水) 북쪽 사이에는 자그마한 언덕 하나도 없게 되었다. 이렇게 되어 예주(豫州) 남쪽으로 직통하고 한수 남쪽에 다다를 수 있어 기주에 사는 사람들의 생활이 편리하게 되었다.

고사 성어	**162. 위편삼절(韋編三絶)**
한자	韋 다룸가죽 위, 編 엮을 편, 三 석 삼, 絶 끊을 절
의미	책을 묶은 가죽끈이 세 번이나 끊어졌다. 즉 독서에 힘쓴다.
출전	사기(史記) 공자세가(孔子世家)
유래	사기 공자세가에서는 만이희역(晩而喜易)과 위편삼절(韋編三絶)에 대하여 다음과 같이 말하고 있다. 　공자께서 나이 들어 주역을 좋아하여 단전, 계사전상, 계사전하, 대상, 소상, 설괘전, 서괘전, 잡괘전, 건괘문언전, 곤괘문언전 등 십익(十翼)을 서술하였다. 공자가 역경을 여러 번 읽다 보니 죽간을 묶은 가죽끈이 세 번이나 끊어졌다(孔子 晩而喜易 序象繫象說卦文言. 讀易 韋編三絶. 공자 만이희역 서단 계상설괘문언. 독역 위편삼절). 　'공자께서 말하기를 나에게 수년의 틈을 준다면, 만약에 역을 이렇게만 공부한다면 나는 역에 대한 천도, 지도, 인도의 이치에 심도 있게 밝아질 것이다(子曰 假我數年 若是 我於易則彬彬矣. 자왈 가아수년 약시 아어역칙빈빈의).' 에서 위편삼절(韋編三絶)이란 말이 유래되었다. 　(주) 사마천의 사기는 제후나 왕에 대해서만 세가(世家)라는 말을 붙일 수 있었고 세가는 왕과 제후에 대하여 기술한 것이다. 　그런데 제후나 왕이 아닌 공자의 일대기를 세가에 포함 시킨 것은 공자의 가르침이 개인의 차원을 넘어 국가 이상의 가(家)를 이루었다고 판단하였기 때문이다. 　또한, 공자를 성인으로 추앙하고 존경한다는 의미도 있다. 이 때문에 이후 공자에게 작위가 없는 왕이라는 뜻의 소왕(素王)이라는 명칭을 붙이기도 하였다.

고사성어	**163. 유구무언(有口無言)**
한자	有 있을 유, 口 입 구, 無 없을 무, 言 말씀 언
의미	입은 있지만 할 말이 없다. 즉 변명할 말이 없거나 변명을 못한다.
유의어	**함구무언(緘口無言):** 입을 다물고 아무런 말도 하지 아니한다.
우리속담	입이 열 개라도 할 말이 없다.
출전	맹자(孟子)와 혜왕(惠王)의 대화
유래	중국 남북조시대 양나라의 혜왕(惠王)은 전쟁의 군자금을 위해서 백성들에게 많은 세금을 거둬들였는데 전쟁이 끝나도 계속 높은 세율을 유지했다. 　이렇게 백성들의 어려움이 지속 되자 맹자(孟子)는 혜왕에게 백성들이 살기 어려우니 세금을 줄여달라고 건의하였다. 　그러나 "혜왕은 갑자기 세금을 줄이면 나라 살림이 어려워질 수 있으니 조금씩 줄여가겠다."라는 모호한 답변을 하자 맹자는 이렇게 말하였다. 　"어떤 도둑이 닭을 훔치다가 주인에게 들키자 훔치는 닭을 조금씩 줄여가겠다고 말하면 그 사람은 닭 도둑이 아닙니까?" 　이에 혜왕은 훔치는 개수와 상관없이 도둑이라고 답변하였다. "그렇다면 백성들의 어려움을 외면하는 지금 세금을 조금씩 줄여가겠다는 정치는 올바른 정치라고 할 수 있겠습니까?" 　그러자 혜왕은 아무 말도 하지 못했다(有口無言 유구무언). 　유구무언(有口無言)이라는 말은 '잘못이 확실하기 때문에 입은 있지만 변명이나 반박하기 어려운 상황'을 말할 때 사용하므로 오늘날 일상생활에서 많이 쓰고 있다.

고사성어	**164. 유비무환(有備無患)**
한자	有 있을 유, 備 갖출 비, 無 없을 무, 患 근심 환
의미	준비가 되어 있으면 근심이 없다. 즉 준비가 되어 있으면 뒷걱정이 없다.
유의어	①**거안사위(居安思危):** 편안하게 있을 때, 위태로움을 생각하다. ②**곡돌사신(曲突徙薪):** 굴뚝을 구부리고 굴뚝 가까이에 있는 땔나무를 다른 곳으로 옮기다. 즉 화근을 미리 치움으로써 재앙을 미연에 방지하다. ③**안거위사(安居危思):** 편안할 때일수록 위험이 닥칠 때를 생각하여 미리 대비하다.
반의어	①**망양보뢰(亡羊補牢):** 양을 잃고 우리를 고치다. ②**사후약방문(死後藥方文):** 죽은 뒤에 약방문을 쓰다. ③**사후청심환(死後淸心丸):** 사람이 죽은 뒤 약을 짓는다.
출전	서경(書經) 열명(說明), 춘추좌씨전(春秋左氏傳)
유래	열명은 은(殷)나라 고종이 부열(傅說)이란 어진 재상을 얻게 되는 경위와 부열의 어진 정사(政事)에 대한 의견과 그 의견을 실천하는 내용을 기록한 글인데, 부열이 고종에게 한 말 가운데에 내기유비 유비무환(乃其有備 有備無患)에서 유비무환(有備無患)이라는 말이 생기게 되었다. 선한 것을 헤아려 행동하시되 행동은 시의에 적절해야 합니다. 스스로 자기가 착함이 있다고 뽐내면 그의 공을 잃게 됩니다. 스스로 자기의 능력을 자랑하면 그의 공을 잃게 됩니다. 일마다 준비가 있는 법이니 준비가 있으면 걱정이 없을 것입니다. 慮善以動 動惟厥時　　여선이동 동유궐시 有其善 喪厥善　　유기선 상궐선 矜其能 喪厥功　　긍기능 상궐공 惟事事 乃其有備 有備無患　유사사 내기유비 유비무환 또한 춘추좌씨전에 다음과 같은 글에서 유비무한이 유래되었다. 편안할 때 위태로움을 생각하고 居安思危 거안사위 생각하게 되면 대비를 하게 되고 思則有備 사즉유비 대비하면 근심이 없게 되니 有備無患 유비무환 감히 이것으로 모범을 삼는 것이다. 敢以此規 감이차규

고사 성어	**165. 유유상종(類類相從)**
한자	類 무리 유(류), 相 서로 상, 從 좇을 종
의미	같은 무리끼리 서로 따르고 사귄다. 즉 비슷한 부류의 사람들끼리 서로 모인다.
유의어	①**동기상구(同氣相求):** 기질과 뜻이 같은 사람끼리 서로 찾아서 모이게 된다. ②**물이유취(物以類聚):** 비슷한 부류끼리 어울리게 된다.
출전	주역(周易) 계사(繫辭)편
유래	유유상종(類類相從)은 주역의 계사상편에서 그 근거를 찾을 수 있다. 　삼라만상은 그 유사한 것끼리 모이고, 만물은 무리를 지어 나뉘어 산다. 거기서 길흉이 생긴다(方以類聚 物以群分 吉凶生矣. 방이유취 물이군분 길흉생의). 　위의 글에서 물이유취(物以類聚)라는 말이 나오는데 유유상종(類類相從)은 여기서 유래되었다.

고사 성어	**166. 유종지미(有終之美)**
한자	有 있을 유, 終 끝날 종, 之 갈 지, 美 아름다울 미
의미	시작한 일을 잘하여 끝맺음의 아름다움이 있다. 즉 시작한 일의 끝맺음을 잘하여 좋은 결과를 거두다.
유의어	**유시유종(有始有終):** 처음도 있고 끝도 있다. 즉 시작한 일을 끝까지 마무리하다.
반의어	**용두사미(龍頭蛇尾):** 용의 머리와 뱀의 꼬리. 즉 처음은 좋으나 끝이 좋지 않다.
출전	오긍(吳兢)의 정관정요(貞觀政要)
유래	유종지미(有終之美)라는 말은 전국시대에 진나라 무왕은 세력이 커지자 점점 자만해져서 처음 품었던 마음을 잃어버림으로써 이를 안타깝게 여긴 신하가 무왕에게 직언한 말에서 유래되었다. 　그 신하는 무왕에게 "시경에 처음에는 누구나 잘하지만 끝까지 잘하는 예는 드물다(詩經 靡不有初 鮮克有終. 시경 미불유초 선극유종).'라는 말이 있사옵니다. 대왕께서는 부디 천하통일의 대업을 착실히 추진하시어 유종지미(有終之美)를 거두신다면 온 백성이 크게 우러러볼 것입니다."라고 말한 데서 유래되었다.

고사성어	**167. 유지경성(有志竟成)**
한자	有 있을 유, 志 뜻 지, 竟 다할 경, 成 이룰 성
의미	뜻이 있어 마침내 이루다. 즉 이루고자 하는 뜻이 있는 사람은 반드시 성공한다.
유의어	**백절불굴(百折不屈):** 어떠한 난관에도 굽히지 않는다.
출전	후한서(後漢書) 경엄전(耿弇傳)

유래	중국 후한의 광무제(光武帝)와 장수 경엄(耿弇)의 고사에서 유래되었다.
	    경엄은 원래 선비였는데, 무관들이 말을 타고 활과 칼을 쓰며 무용(武勇)을 자랑하는 광경을 본 뒤로, 자신도 장차 대장군이 되어 공을 세우고자 마음먹었다. 그 후 21세에 유수(劉秀: 훗날 광무제)의 수하로 들어가 각종 전쟁에서 공을 세웠고, 난공불락이었던 장보(張步)의 군대를 상대로 다리에 화살을 맞아 고통스러운 상황에서도 잠시 퇴각하여 훗날을 도모하자던 부하에게 "승리하여 술과 안주를 갖추어 주상을 영접하여야 마땅하거늘, 어찌 적을 섬멸하지 못하고 주상께 골칫거리를 남겨 드릴 수 있겠는가?"라며 다시 공격하여 기어코 장보의 군대를 물리쳤다.
	    이에 유수는 크게 기뻐하며 "장군이 전에 남양에서 천하를 얻을 큰 계책을 건의할 때는 아득하여 실현될 가망이 없는 것으로 여겨졌는데, 뜻이 있는 사람은 마침내 성공하는구료(將軍前在南陽 建此大策, 常以爲落落難合 有志者事竟成也. 장군전재남양 건차대책, 상이위낙낙난합 유지자사경성야)."라고 말했다.

고사 성어	**168. 읍참마속(泣斬馬謖)**
한자	泣 울 읍, 斬 벨 참, 馬 말 마, 謖 일어날 속
의미	울면서 마속의 목을 베다. 즉 큰 목적을 위하여 자기가 아끼는 사람을 포기하다.
유의어	①**누참마속(淚斬馬謖):** 울면서 마속의 목을 베다. ②**이일경백(以一警百):** 한 사람을 벌하여 뭇사람의 경계가 되게 하다. ③**일벌백계(一罰百戒):** 한 사람을 벌주어 백 사람을 경계가 되도록 한다. ④**징일여백(懲一勵百):** 한 사람을 징계하여 여러 사람을 격려하다.
출전	나관중(羅貫中)의 삼국지연의(三國志演義)
유래	유비와 조조가 죽은 뒤 그 아들과 강동의 손권이 일진일퇴를 거듭하며 촉의 제갈량이 위(魏)와 싸울 때의 이야기에서 읍참마속(泣斬馬謖)이라는 말이 생기게 되었다. 　촉(蜀)의 승상 제갈량은 위를 정벌하기 위해 성도(成都)를 출발하여 한중(漢中)을 장악한 다음 기산으로 진출하여 위군과 격돌하게 되었다. 당시 위의 국권을 장악하고 있던 사마의(司馬懿)는 20만 병력을 이끌고 기산에 달려와 방어진을 구축하고 사활을 건 일전을 준비하고 있었다. 　제갈량은 위군의 방어진을 깨뜨릴 방안 마련에 골몰했는데, 결전에 앞서 가장 고심한 문제는 보급 수송로의 요충지 가정을 어떤 장수에게 맡기느냐 하는 것이었다. 전쟁에서 보급의 중요성은 매우 크다. 사마의는 제갈량의 호적수로 불릴 만큼 전략에 통달하고 계략이 무궁무진한 인물이었고, 제갈량 역시 사마의의 능력을 인정하고 있었다. 그런 만큼 그가 가정을 기습 공격할 가능성에 대비해야 하는데, 그렇다고 전군을 지휘해야 하는 제갈량이 가정을 지키고 있을 수는 없었다. 　'누구를 보내야 안심할 수 있을까?' 제갈량이 한참 고심하던 중에 스스로 그 임무를 맡겠다고 나선 이가 젊은 장수 마속(馬謖)이었다. 그는 제갈량의 절친한 친구이며 조정 중신 마양(馬良)의 아우이고, 머리가 비상하고 병서를 많이 읽어 군략에도 일가견을 갖고 있는 촉망 받는 인물이었다. 　"자원하고 나서니 가상하긴 하다 마는 자신 있는가?" 　"오랫동안 병법을 배운 제가 가정을 지키지 못하겠습니까? 싸움에서 패한다면 군법에 따라 엄벌을 받겠으니 믿어 주십시오." 　"그렇지만 상대는 병법에 노련한 사마의야. 만약 가정을 잃게 되면 이번 출정은 헛일이 되고 우리는 회군(回軍)해야 하네."

"그렇게 못 믿으신다면 제 목숨을 걸겠습니다. 만약 실패하면 참형(斬刑)에 처해도 원망하지 않겠습니다."

"그렇게까지 말하니 어쩔 수 없구나. 다만 군율에는 사사로운 정이 통하지 않는다는 것을 명심하라."

이렇게 다짐한 제갈량은 마속더러 "가정은 삼면이 절벽이라 기슭에 진을 치면 위군이 접근하지 못할 것이니 지형지물을 이용해 길을 굳게 지켜 위군이 접근하지 못하도록 하게."라면서 신신당부했다. 그러나 현지에 도착한 마속은 지세를 살펴본 결과 '이곳은 적군을 끌어들여 역습하기 꼭 알맞군. 산기슭이 아니라 산꼭대기에 진을 쳐야겠구나. 이번에 공을 세워 승상께 내 실력을 보여 드려야지.' 병력으로 적의 진출입로를 방비하는 것보다 산 위에 진을 쳐서 적군을 유인해 역공을 취하는 것이 훨씬 효과적일 것 같았다. 그래서 산 정상에 진을 치고 적이 나타나기를 기다렸다. 이윽고 위군이 나타났는데, 그들은 결전을 서두르지 않고 산기슭을 포위한 채 시간만 끌었다. 그럴수록 마속의 병사들은 식수와 식량이 동이 나서 큰 고난을 겪었다.

'승상의 지시에 따를 걸 공연한 짓을 했구나!' 마속은 크게 후회했으나 소용이 없었다. 자책감과 분노를 느끼며 그는 결사의 각오로 돌진해 내려와 포위망을 뚫으려고 했으나 부하들 대부분은 죽고 그는 간신히 제갈량의 본진에 도착했다. 가정을 적에게 내줌으로써 중원 진출의 꿈은 물거품이 되었고, 제갈량은 한중으로 군대를 물리칠 수밖에 없었다. 그리고 명령을 어긴 마속은 군율에 따라 참형에 처해졌다. 마속의 재주를 아낀 많은 사람이 선처를 호소했지만 제갈량은 단호했다.

"마속은 참으로 아까운 인재요. 하지만 군법은 누구에게나 공정해야 하오. 그를 용서하면 군대 질서가 서지 않아 더욱 큰 손실이 올거요. 인재일수록 더 엄히 벌해야 대의가 바로 서는 법이오."

마속은 울면서 제갈량에게 절한 다음 형장으로 향했고, 제갈량은 소맷자락으로 얼굴을 가리고 흐느꼈다. 주위 신하들도 그 마음을 헤아리고 모두 울었다.

고사성어	**169. 이인동심(二人同心)**
한자	二 두 이, 人 사람 인, 同 한가지 동, 心 마음 심
의미	두 사람이 한마음이다. 즉 절친한 친구 사이를 이르는 말이다.
유의어	①금란지교(金蘭之交): 쇠와 난초의 사귐. 즉 벗과 두텁게 사귄다. ②단금지계(斷金之契): 쇠라도 자를 만큼의 굳은 약속. ③지란지교(芝蘭之交): 지초와 난초의 교제. 즉 벗과 깊이 사귄다.
반의어	①견원지간(犬猿之間): 개와 원숭이처럼 맞지 않은 사이. ②불공대천(不共戴天): 함께 하늘을 이지 못한다. ③빙탄지간(氷炭之間): 얼음과 숯 사이. 서로 맞지 않은 사이. ④세불양립(勢不兩立): 비슷한 세력은 함께 존재할 수 없다. ⑤수화상극(水火相剋): 물과 불은 공존할 수 없다.
출전	역경(易經) 계사상전(繫辭上傳)
유래	역경 계사상전에 다음과 같은 말에서 이인동심(二人同心)이라는 말이 유래되었다. '두 사람이 마음을 합하면 그 예리함이 쇠도 끊을 수가 있다.(二人同心 其利斷金. 이인동심 기리단금.)' 또한, '마음을 함께 하는 말은 그 냄새가 난초와 같다(同心之言 其臭如蘭. 동심지언 기취여란).'라는 말이 있는데 그 의미도 비슷하다. (주) 주역(周易)은 주(周)나라의 역(易)이란 말이다. 후에 경전으로 칭하여 역경(易經)이라 불리게 됐다. 그러므로 주역과 역경은 큰 차이가 없다. 차이점을 말하면 주역은 추상화된 세계와 인간에서 벌어지는 일을 대입하여 해석한 책이고, 역경은 세상의 근본 원리를 설명한 책이다. 역경은 삼경(시경, 서경, 역경)에 속한다.

고사성어	**170. 인과응보(因果應報)**
한자	因 인할 인, 果 과실 과, 應 응할 응, 報 갚을 보
의미	사람은 짓는 선악의 인업에 응하여 과보가 있다. 즉 좋은 인연에는 좋은 과보가 오고 악한 인연에는 악한 과보가 온다.
유의어	**자업자득(自業自得):** 자기의 과보는 자기가 받는다.
출전	법원주림(法苑珠林)의 유무삼매경(惟無三昧經), 대당자은사삼장법사전(大唐慈恩寺三藏法師傳)
유래	인과응보(因果應報)라는 말은 불교 용어로 중국 당나라의 율종승(律宗僧) 도세(道世)라는 사람이 불교의 세계관에 대하여 백과사전(百科事典)처럼 엮은 책인 법원주림의 유무삼매경편에 다음과 같은 구절이 나오는데 여기서 유래되었다. '선을 생각하는 자는 선한 과보를 얻고, 악을 생각하는 자는 악한 과보를 얻는다(一善念者 亦得善果報 一惡念者 亦得惡果報 일선념자 역득선과보 일악념자 역득악과보).'

고사성어	**171. 인면수심(人面獸心)**
한자	人 사람 인, 面 낯 면, 獸 짐승 수, 心 마음 심
의미	사람의 얼굴을 하고 있으나 마음은 짐승과 같다. 즉 마음이나 행동이 몹시 흉악하다.
유의어	**의관금수(衣冠禽獸):** 옷을 입고 관을 쓴 짐승이다. 곧 옷을 입고 관을 썼지만 하는 짓은 짐승과 같다.
출전	반고(班固)의 한서(漢書) 흉노전(匈奴傳), 열자(列子) 황제편(黃帝篇)

유래	인면수심(人面獸心)이라는 말은 '한서 열전 흉노전'과 '열자 황제편'에 나오는 이야기이다.
	  반고는 흉노전에서 흉노족을 가리켜 "오랑캐들은 머리를 풀어헤치고 옷깃을 왼쪽으로 여미며, 사람의 얼굴을 하고 있으나 마음은 짐승과 같다(夷狄之人 被髮左衽 人面獸心. 이적지인 피발좌임 인면수심)."라고 표현하였다.
	  열자(列子) 황제편(黃帝篇)에서는 '하(夏)나라의 걸왕과 은(殷)나라의 주왕, 그리고 노(魯)나라의 환공과 초(楚)나라의 목왕은 그 용모가 다른 사람과 같았지만, 마음은 짐승이었다(夏桀 殷紂 魯桓 楚穆 狀貌七竅皆同于人 而有禽獸之心. 하걸 은주 노환 초목 상모칠규개동우인 이유금수지심).

고사 성어	**172. 인자무적(仁者無敵)**
한자	仁 어질 인, 者 놈 자, 無 없을 무, 敵 원수 적
의미	어진 사람에게는 적(싸우거나 해치고자 하는 상대)이 없다.
출전	맹자(孟子)의 양혜왕장구상(梁惠王章句上)
유래	인자무적(仁者無敵)이라는 고사성어는 맹자(孟子)의 양혜왕장구상편에 다음과 같은 고사에서 유래되었다. 양혜왕(梁惠王)이 맹자에게 전쟁에서 진 치욕을 어떻게 하면 씻을 수 있는지를 묻자, 맹자(孟子)는 "어진 정치를 해서 형벌을 가볍게 하고 세금을 줄이며, 농사철에는 농사를 짓게 하고, 장정들에게는 효성과 우애와 충성과 신용을 가르쳐 부모와 윗사람을 섬기게 한다면, 몽둥이 밖에 든 것이 없다고 할지라도 갑옷을 입고 칼을 든 진(秦)나라와 초(楚)나라의 견고한 군대를 이길 수 있습니다."라고 대답했다. 곧이어 다음과 같이 말하였다. "저들은 백성들이 일할 시기를 빼앗아 밭을 갈지 못하게 함으로써 부모는 추위에 떨며 굶주리고, 형제와 처자는 뿔뿔이 흩어지고 있습니다. 저들이 백성을 도탄에 빠뜨리고 있는데, 왕께서 가셔서 정벌한다면 누가 감히 대적하겠습니까? 그래서 이르기를 '어진 사람에게는 적이 없다(仁者無敵 인자무적).'라고 하는 것입니다. 왕께서는 의심하지 마십시오." 이 인자무적(仁者無敵)의 유래는 맹자가 지어낸 말은 아니며, 그 이전부터 전해 내려오는 말을 맹자가 인용한 것이다. 공자는 "지혜로운 사람은 미혹되지 않고, 어진 사람은 근심하지 않으며, 용감한 사람은 두려워하지 않는다(知者不惑 仁者不憂 勇者不懼. 지자불혹 인자불우 용자불구)."라고 했다. 어진 사람은 널리 사람을 사랑하므로 적이 없다는 논리이다.

고사 성어	**173. 인장지덕 목장지패(人長之德 木長之敗)**
한자	人 사람 인, 長 길 장, 之 갈 지, 德 큰 덕, 木 나무 목, 敗 깨뜨릴 패
의미	큰 사람 아래 있으면 덕이 생기지만 큰 나무 아래에서는 패한다. 즉 큰 사람 밑에서는 덕을 볼 수 있지만, 큰 나무 밑에서는 자라는 데 도움을 받을 수가 없다. 즉 사람은 큰 사람 덕을 보지만 나무는 큰나무 덕을 보지 못한다.
출전	구전(口傳) 용어(用語)
유래	훌륭한 지도자(指導者)는 좋은 지도자를 키운다. 훌륭한 지도자는 자기 뒤에 올 사람이 자기 위치가 아니라 자기보다 더 나은 위치로 갈 수 있도록 보살펴 준다. 더 좋은 세상 더 나은 세상을 물려주려는 훌륭한 지도자의 지혜(智慧)이다. 그래서 한국속담에 인장지덕 목장지패(人長之德 木長之敗)라는 말이 생기게 되었다. 　즉 훌륭한 사람을 모시고 있으면 그 사람을 본받거나 그 사람으로 인해 크게 되거나 해서 여러 가지 덕(德)을 보지만, 큰나무 아래에 있는 나무나 풀은 큰나무가 햇볕을 차단해서 피해(被害)를 보게 되는 것이다.

고사 성어	**174. 인지상정(人之常情)**
한자	人 사람 인, 之 어조사 지, 常 항상 상, 情 뜻 정
의미	사람이 보편적으로 가지고 있는 감정. 즉 사람으로 태어나 갖게 되는 자연스러운 감정.
출전	고대 중국 사상가들이 사용한 표현, 한명회가 성종에게 한 말
유래	인지상정(人之常情)에 대하여 전해오는 옛이야기는 없다. 　다만 고대 중국의 사상가들이 인간의 본성에 대하여 논의할 때 사용한 표현이라고 한다. 　또한, 조선 시대 한명회가 사위이자 제9대 임금인 성종에게 남긴 말에 인지상정이라는 말을 사용했다고 한다. 　'시작할 때는 부지런하고 성실하다가 일의 끝을 태만한 것이 인간의 본성이기 때문에 처음과 끝을 똑같이 근면하게 하셔서 백성들에게 모범을 보여주십시오(始勤終怠 人之常情 終愼如始 시근종태 인지상정 종신여시).'라고 했다.

고사 성어	**175. 인지위덕(忍之爲德)**
한자	忍 참을 인, 之 갈 지, 爲 할 위, 德 큰 덕
의미	참는 것이 덕이 된다. 즉 감정을 다스리고 참고 견디면 일을 그르치지 않는다.
출전	이솝우화의 여우와 농부 이야기
유래	인지위덕(忍之爲德)이라는 말은 이솝우화에 나오는 '여우와 농부 이야기'에서 유래되었다. 옛날 어느 마을에 여우가 살았다. 이 여우는 근처 농부(農夫)의 집에 몰래 들어와서 닭을 물어갔다. 농부는 처음에는 '오죽 배가 고팠으면 그랬으랴' 생각하고 참았다. 그러나 이튿날도 여우가 나타나 이번에는 오리 한 마리를 물어갔다. 농부는 이번에도 한 번 더 참기로 했다. 얼마 후 여우가 또 찾아와서 닭을 물어가자 농부는 덫을 놓고 마침내 여우를 잡았다. 농부는 그냥 죽이는 것으로는 분이 풀리지 않아 여우 꼬리에 짚을 묶은 후 불을 붙였다. 그러자 여우가 괴로움을 견디지 못해 이리저리 뛰어다니는 것을 보며 농부는 기분이 좋아졌다. 그러나 여우가 뛰어간 곳은 1년 내내 농부가 땀 흘려서 농사를 지은 밀밭이었다. 여우가 지나갈 때마다 밀밭은 불길이 번졌고, 순식간에 재로 변했다. 자신을 화나게 한 대상에게 자제심(自制心)을 잃고 복수했을 때 그 행위로 인한 화가 결국 자신에게 돌아오니 '참는 것이 덕이 된다(忍之爲德 인지위덕).'라는 교훈을 보여주는 이야기이다.

고사 성어	# 176. 일거양득(一擧兩得)
한자	一 한 일, 擧 들 거, 兩 두 양(량), 得 얻을 득
의미	한 번 들어서 두 가지를 얻다. 즉 한 가지의 일로 두 가지의 이익을 본다.
유의어	①일석이조(一石二鳥): 한 개의 돌을 던져 두 마리의 새를 잡는다. 즉 한 가지 일로 동시에 두 가지 이득을 본다. 　　일석이조는 고사성어가 아니라 영어속담이다. ②일전쌍조(一箭雙鵰): 하나의 화살로 두 마리의 수리를 떨어뜨린다. 즉 한 가지 일을 하여 두 가지 이득을 본다.
반의어	일거양실(一擧兩失): 한 번 들어서 두 가지를 잃는다.
우리 속담	①누이 좋고 매부 좋다. ②꿩 먹고 알 먹는다. ③마당 쓸고 엽전 줍는다. ④임도 보고 뽕도 딴다. ⑤도랑 치고 가재 잡는다.
출전	사기(史記) 장의열전(張儀列傳)
유래	중국 전국시대에 한나라와 위나라가 싸우면서 화해하지 않자 진나라 혜왕은 진진(陳軫)에게 의견을 물었다. 　진진은 대답하였다. '옛날에 변장자(卞莊子)라는 사람이 여관에 투숙하고 있는데 호랑이 두 마리가 나타났습니다. 그가 나가서 호랑이를 찔러 죽이려고 하자 여관에서 심부름하는 아이가 말리며 말했습니다. 　호랑이 두 마리가 소를 잡아먹으려고 서로 다투고 있습니다. 서로 싸우면 큰 호랑이는 상처를 입게 될 것이고, 작은 호랑이는 결국 죽게 될 것입니다. 그때 상처를 입은 큰 호랑이를 찔러 죽이면 한 번에 호랑이 두 마리를 잡을 수 있을 것입니다. 　변장자는 아이의 말이 옳다고 생각하며 기다렸습니다. 두 호랑이는 서로 싸워서 작은 호랑이는 죽고 큰 호랑이는 상처를 입었습니다. 그러자 그는 상처 입은 큰 호랑이를 찔러 죽여서 한 번에 두 마리의 호랑이를 잡는 공을 세웠습니다. 　한나라와 위나라도 위와 마찬가지로 큰 나라는 상처를 입을 것이고, 작은 나라는 망할 것입니다. 이때 상처 입은 나라를 치면 한 번에 두 나라를 얻게 될 것입니다.' 　혜왕은 진진의 말이 옳다고 믿고 그의 말을 따랐다. 과연 큰 나라는 타격을 입었고 작은 나라는 멸망했다. 이에 진나라는 출병하여 대승을 거둬 두 나라를 차지할 수 있게 되었다.

고사성어	**177. 일겸사익(一謙四益)**
한자	一 한 일, 謙 겸손할 겸, 四 넉 사, 益 더할 익
의미	겸손함 하나에 네 가지가 이롭게 해준다. 즉 겸손해야 함을 강조하는 말이다.
출전	역경(易經) 겸괘(謙卦)
유래	역경 겸괘에 '네 가지가 모두 겸손한 사람을 이롭게 하여 준다.'라는 말이 있는데 여기서 유래하였다. 즉 한 번의 겸손은 하늘(천도 天道), 땅(지도 地道), 신(귀신 鬼神), 사람(인도 人道)으로부터 이로움을 가져오기 때문에 사람은 겸손해야 한다는 말을 강조하는 데에서 일겸사익(一兼四益)이라는 말이 생기게 되었다.

고사성어	**178. 일석이조(一石二鳥)**
한자	一 한 일, 石 돌 석, 二 두 이, 鳥 새 조
의미	한 개의 돌을 던져 두 마리의 새를 잡는다. 즉 한 가지 일로 두 가지의 이익을 본다. 고사성어가 아니라 영어속담이다.
유의어	①일거양득(一擧兩得): 한 번 들어서 두 가지를 얻다. ②일전쌍조(一箭雙鵰): 하나의 화살로 두 마리의 수리를 떨어뜨린다. 즉 한 가지 일을 하여 두 가지 이득을 본다.
반의어	**일거양실(一擧兩失):** 한 번 들어서 두 가지를 잃는다.
출전	영어속담
유래	일석이조(一石二鳥)는 고사성어가 아니라 영어속담이다. 원래 영어속담 'To kill two birds with one stone.'이라는 영어속담을 일본에서 메이지 시대에 받아들여 일석이조(一石二鳥)로 직역한 표현이다. 따라서 이 표현은 중국에서는 쓰지 않는다. 일석이조와 비슷한 고사성어로는 '하나의 화살로 두 마리의 수리를 떨어뜨린다.'라는 일전쌍조(一箭雙鵰)나 일거양득(一擧兩得)의 표현이 있다. 일석이조(一石二鳥)가 쓰이기 전까지 우리나라, 중국, 일본은 일전쌍조나 일거양득의 표현을 썼었다.

고사 성어	**179. 일일삼성(日日三省)**
한자	日 날 일, 三 석 삼, 省 살필 성
의미	날마다 세 가지 일을 살핀다. 즉 날마다 세 가지 일에 대하여 자신의 행동을 반성한다.
유의어	**삼성오신(三省吾身):** 날마다 세 가지 일에 대하여 자기가 한 행위나 생각을 반성한다.
출전	논어(論語) 학이편(學而篇)
유래	일일삼성(日日三省)이라는 말은 논어 학이편에 증자(曾子)가 자신의 언행(言行)에 대하여 제자들에게 다음과 같이 한 말에서 유래했다. 증자는 말하였다. "나는 날마다 세 가지로 나의 몸을 살핀다. 남을 위해 일을 도모함에 불성실하지는 않았는가? 벗과 더불어 사귐에 신의를 잃지는 않았는가? 전해 받은 학문을 못 익히지는 않았는가?(曾子曰: 吾日三省吾身. 爲人謀而不忠乎. 與朋友交而不信乎. 傳不習乎. 증자왈: 오일삼성오신. 위인모이불충호. 여붕우교이불신호. 전불습호.)" 증자가 이 세 가지로써 날마다 자신을 반성하여 이런 잘못이 있으면 고치고, 없으면 더욱 힘써서 자신을 다스림에 정성스럽고 간절함이 이와 같았으니, 학문(學問)하는 근본을 얻었다 할 수 있다. 여기서 말하는 삼성(三省)은 하루에 '세 번 반성한다.'라는 의미가 아니라 날마다 세 가지 일 즉 불충(不忠), 불신(不信), 불습(不習) 등 세 가지를 반성한다는 말이다. (주 1) 일일삼성(一日三省)은 하루에 세 차례 반성한다. 혹은 하루에 세 가지를 반성한다. (주 2) 일일삼성(日日三省)은 날마다 세 차례 반성한다. 혹은 날마다 세 가지를 반성한다.

고사 성어	**180. 일일삼추(一日三秋)**
한자	一 한 일, 日 날 일, 三 석 삼, 秋 가을 추
의미	하루가 삼 년처럼 길게 느껴진다. 즉 몹시 애태우며 기다린다.
유의어	①**일각여삼추(一刻如三秋)**: 일각(15분)이 세 번의 가을과 같다. ②**일일여삼추(一日如三秋)**: 하루가 세 번의 가을과 같다. ③**일일천추(一日千秋)**: 하루가 천년처럼 길게 느껴진다.
출전	시경(詩經) 왕풍(王風) 시 채갈(采葛)
유래	일일삼추(一日三秋)라는 말은 '일일불견 여삼추혜(一日不見 如三秋兮)'에서 유래하였다. 　왕풍(王風)의 채갈 시는 남편이 나랏일로 멀리 타국에 가서 돌아오지 않자 그 부인이 행여나 하는 생각에 바구니를 들고 나가 나물을 뜯고 칡뿌리를 캐며 남편이 돌아오는 길목을 지켜보는 심정을 노래한 시다. 　채갈(采葛) 　칡 캐는 이여 　하루 못 보면 석 달이나 못 본 듯하고 　대쑥(산쑥) 캐는 이여 　하루 못 보면 세 번째 가을이나 못 본 듯하네. 　약쑥 캐는 이여 　하루 못 보면 삼 년이나 못 본 듯하구나. 　彼采葛兮 피채갈혜 　一日不見 如三月兮 일일불견 여삼월혜 　彼采蕭兮 피채소혜 　一日不見 如三秋兮 일일불견 여삼추혜 　彼采艾兮 피채애혜 　一日不見 如三歲兮 일일불견 여삼세혜

고사성어	**181. 일조일석(一朝一夕)**
한자	一 한 일, 朝 아침 조, 夕 저녁 석
의미	하루 아침과 하루 저녁. 즉 대단히 짧은 시간을 가리킨다.
유의어	①**백구과극(白駒過隙):** 흰 망아지가 문틈 사이로 지나간다. 즉 세월과 인생이 덧없이 짧다. ②**탄지지간(彈指之間):** 손가락을 튕길 사이 즉 아주 짧은 시간을 말한다. ③**호홀지간(毫忽之間):** 털끝만큼 틀리는 지극히 짧은 사이.
출전	주역(周易) 문언전(文言傳)
유래	일조일석(一朝一夕)이라는 말은 주역 문언전에 나오는 말이다. 공자는 주역 곤괘(坤卦)를 중히 여겨 문언전에서 다음과 같이 말하였다. 착한 일을 쌓은 집안에는 반드시 경사가 있고, 악업을 쌓은 집에는 반드시 재앙이 따른다(積善之家 必有餘慶, 積不善之家 必有餘殃. 적선지가 필유여경, 적불선지가 필유여앙). 천하의 일은 쌓음으로 말미암아 이루어지지 않음이니, 집안에서 쌓은 것이 선이면 복과 경사가 자손에게 미치고, 쌓은 것이 불선이면 재앙이 후세에 흐른다(天下之事 未有不由積而成, 家之所積者善 則福慶及於子孫, 所積不善 則災殃流於後世. 천하지사 미유불유적이성, 가지소적자선 칙복경급어자손, 소적불선 칙재앙유어후세). 그 큼이 시역의 화(禍)에 이르더라도 모두 누적되어 이루어지는 것이요, 아침저녁에 이루어지는 것이 아니다(其大至於弑逆之禍 皆因積累而至, 非朝夕所能成也. 기대지어시역지화 개인적루이지, 비조석소능성야). 지혜가 밝은 사람은 조짐을 자라게 해서는 안 되고, 작은 것이 쌓여 큰 것을 이룸을 알아서, 일찍이 분변하여 순차적으로 자라지 못하게 한다(明者則知漸不可長, 小積成大, 辨之於早 不使順長. 명자칙지점불가장, 소적성대, 변지어조 불사순장). 그러므로 천하의 악이 말미암아 이루어지지 않는 것이니, 이에 서리를 밟으면 얼음이 이르는 경계를 안다(故 天下之惡 无由而成, 乃知霜氷之戒也. 고 천하지악 무유이성, 내지상빙지계야). 서리가 얼음에 이르고 작은 악이 큰 악에 이름은 모두 사세가 순차적으로 자라는 것이다(霜而至於氷 小惡而至於大 皆事勢之順長也. 상이지어빙 소악이지어대 개사세지순장야).

고사성어	**182. 일취월장(日就月將)**
한자	日 날 일, 就 이룰 취, 月 달 월, 將 장차 장
의미	날마다 이루고 달마다 달성하다. 즉 반복적인 훈련과 학습이 놀랄 만큼 부쩍 늘다.
유의어	①괄목상대(刮目相對): 눈을 비비고 다시 보며 상대를 대하다. 즉 남의 학식이나 재주가 놀랄 만큼 부쩍 늘다. ②일신우일신(日新又日新): 날마다 새로워지고 또 날마다 새로워지다. 즉 나날이 발전하다. ③일장월취(日將月就): 나날이 다달이 자라거나 발전하다.
출전	시경(詩經) 주송(周頌)의 경지(敬之)
유래	중국 주나라의 제2대 성왕(成王)은 혼란한 시기 어린 나이에 즉위하여 신하들의 우려 목소리가 높았기 때문에 다음과 같은 말을 했는데 여기서 일취월장(日就月將)이라는 말이 유래되었다. 　나 성왕은 총명하지 못하고 조심스러운 성격을 가지지 못했소. 그래서 항상 나아가고 이루려 노력해 높은 학문에 이를 것이니, 신하들 역시 맡은 일 하면서 훌륭한 행실을 보여줬으면 좋겠소(維予小子 不聰敬止. 日就月將 學有緝熙于光明 佛時仔肩 示我顯德行.(유여소자 불총경지. 일취월장 학유집희우광명 불시자견 시아현덕행).

고사성어	**183. 임기응변(臨機應變)**
한자	臨 임할 임(림), 機 틀 기, 應 응할 응, 變 변할 변
의미	그때그때 처한 상황이나 형편에 맞추어 곧바로 알맞게 대처하다.
유의어	①수기응변(隨機應變): 그때그때의 기회에 따라 일을 적절히 처리하다. ②수시응변(隨時應辯): 그때그때 처한 상황에 따라 변화하다. ③임시응변(臨機應變): 그때에 따라 알맞게 일을 처리하다.
출전	진서(晉書)의 손초전(孫楚傳)
유래	임기응변(臨機應變)이라는 말은 진서의 손초전(孫楚傳)에 나오는 고사성어로 손초를 평하여 '나라와 백성을 다스리는 방책이 뛰어났고, 임기응변이 무궁하였다(廟算之勝 應變無窮. 묘산지승 응변무궁).'라고 한데서 유래하였다.

고사 성어	**184. 입신양명(立身揚名)**
한자	立 설 입(립), 身 몸 신, 揚 오를 양, 名 이름 명
의미	사회적으로 인정을 받고 출세하여 이름을 떨치다.
유의어	①**부귀공명(富貴功名):** 공을 세워 이름을 떨치고 재산이 많고 지위가 높다. ②**입신출세(立身出世):** 성공하여 세상에 이름을 떨치다. ③**출장입상(出將入相):** 나가서는 장군이 되고 들어와서는 재상이 되다. 즉 　문무(文武)를 겸비하다.
출전	효경(孝經) 제1장 개종명의장(開宗明義章)
유래	효경 제1장 개종명의장(開宗明義章)에는 책 전체의 개요를 밝히고 있는데 그중에 다음과 같은 '입신항도 양명어후세(立身行道 揚名於後世)'에서 입신양명(立身揚名)이라는 말이 생겼다. 　신체의 머리털과 살갗은 부모에게서 받은 것이니 감히 손상하지 아니함이 효도의 시작이고, 입신출세하여 도를 행하여 후세에 이름을 드날려 부모를 드러내는 것이 효도의 마침이다(身體髮膚 受之父母 不敢毁傷 孝之始也. 立身行道 揚名於後世 以顯父母 孝之終也. 신체발부 수지부모 부감훼상 효지시야. 입신행도 양명어후세 이현부모 효지종야). 　효를 실천하기에 앞서 그 시작과 끝을 설명하는 대목이다. 여기서 입신(立身)은 자신의 기반을 세워 사회적으로 남들에게도 인정받는 것이다. 부모에게서 받은 몸은 함부로 행동하지 않고 다른 사람들이 알아줄 만큼 바른 뜻을 펼치는 것이 효의 시작이자 끝이라는 말이다. 　효의 실천내용으로 전하는 말인 입신양명(立身揚名)은 부모의 마음을 아프게 하지 않고 자랑스러운 아들이 되기 위해서 노력해야 한다는 뜻도 있지만, 효도의 목적보다는 권세(權勢)나 부귀(富貴)를 얻어 스스로 사회적 지위를 높이는 것을 의미하는 쪽으로 쓰이는 경향이 있다. 　원래는 '세상을 위해 좋은 일을 한다.'라는 뜻이었지만 조선 시대에서부터 취지가 변질되어 '출세(出世)해서 이름을 세상에 알린다.'라는 출세주의를 뜻하게 되었다.

고사 성어	**185. 입이출구(入耳出口)**
한자	入 들 입, 耳 귀 이, 出 날 출, 口 입 구
의미	귀로 듣고 입으로 말한다. 즉 말을 금방 남에게 옮긴다.
출전	순자(荀子)의 권학편(勸學篇)
유래	순자의 권학편에서 경청(傾聽)의 자세에 대해서 말하고 있다. 순자는 학문을 군자의 학문과 소인의 학문으로 구분하였다. '군자의 학문은 귀로 들어오면 마음에 새겨져서 배움의 결과가 몸 전체로 퍼져 동작으로 드러나게 된다(君子之學也 入乎耳著乎心 布乎四體 形乎動靜. 군자지학야 입호이착호심 포호사체 형호동정).'라고 했다. 또한, '소인의 학문은 귀로 들어오면 바로 입으로 내뱉는다. 입과 귀 사이가 겨우 사촌에 불과하니 어찌 칠 척의 몸을 아름답게 할 수 있겠는가(小人之學也 入乎耳出乎口 口耳之間才四寸 曷足以美七尺之軀哉. 소인지학야 입호이출호구 구이지간재사촌 갈족이미칠척지구재).'라고 했다. 여기 '입호이출호구(入乎耳出乎口)'에서 입이출구(入耳出口)라는 말이 유래하였다.

고사 성어	**186. 자승자강(自勝自强)**
한자	自 스스로 자, 勝 이길 승, 者 놈 자, 强 굳셀 강
의미	자신을 이기는 사람이 진정으로 강한 사람이다.
동의어	**자승가강(自勝家强):** 자신을 이기는 사람이 진정으로 강한 사람이다.
출전	노자(老子)의 도덕경(道德經)
유래	남을 아는 사람은 지(智 지혜)라고 하고, 자기를 아는 것을 명(明 밝음)이라고 한다. 남을 이기는 사람은 힘(力)이 있다고 하지만, 자신을 이기는 사람이야말로 진정으로 강(强)한 사람이다. 만족할 줄 아는 사람은 부유하고, 행함을 관철하는 사람은 뜻이 있다. 그 자리를 잃지 않는 사람이라야 오래 가고, 죽어도 없어지지 않는 사람이라야 오래 산다고 할 것이다(知人者智 自知者明 勝人者有力 自勝者强 知足者富 强行者有志 不失其所者久 死而不亡者壽. 지인자지 자지자명 승인자유력 자승자강 지족자부 강행자유지 부실기소자구 사이부망자수).

고사 성어	**187. 자포자기(自暴自棄)**
한자	自 스스로 자, 暴 사나울 포(폭), 棄 버릴 기
의미	자신을 스스로 학대하고 돌보지 아니하다.
출전	맹자(孟子)의 이루편(離婁篇)
유래	자포자기(自暴自棄)라는 말은 맹자가 이루편에서 다음과 같이 말한 데에서 유래하였다. 　맹자가 말하기를 "스스로를 해치는 사람과는 더불어 진리를 말할 수 없고, 스스로를 포기한 사람과는 진리를 행할 수 없다(自暴者 不可與有言也 自棄者 不可與有爲也. 자포자 불가여유언야 자기자 불가여유위야)." 　이어서 맹자는 "예의를 비방하는 것을 자기를 해치는 자포(自暴)라 하고, 내 몸이 인(仁)에 살고 의(義)를 따라 행하지 않는 것을 자기를 버리는 자기(自棄)라고 한다. 인은 사람의 편안한 집이고, 의는 사람의 바른길이다. 편안한 집을 비워 두고 살지 않으며, 바른길을 버리고 행하지 않으니 슬프다(言非禮義 謂之自暴也 吾身不能居仁由義 謂之自棄也. 仁 人之安宅也 義 人之正路也. 曠安宅而弗居 舍正路而不由 哀哉. 언비례의 위지자포야 오신불능거인유의 위지자기야. 인 인지안택야 의 인지정로야. 광안택이불거 사정로이불유 애재)."

고사 성어	**188. 작심삼일(作心三日)**
한자	作 지을 작, 心 마음 심, 三 석 삼, 日 날 일
의미	결심한 마음이 사흘을 가지 못한다. 즉 결심이 굳지 못하다.
출전	맹자(孟子)의 등문공(滕文公) 하편의 호변장(好辯章)
유래	작심(作心)이라는 말은 맹자의 등문공 하편의 호변장(好辯章)에서 언급된 말에서 유래하였다. 　'그 마음에서 일어나 그 일을 해치기도 하며, 그 일에서 일어나서 그 정사를 해치기도 한다(作於其心 害於其事 作於其事 害於其政. 작어기심 해어기사 작어기사 해어기정).'라는 의미였다. 처음에는 '마음을 다잡는다'라는 뜻이었다. 이처럼 맹자가 긍정적인 의미로 쓴 말이 우리나라에서는 반대의 뜻으로 사용되고 있다. 작심삼일(作心三日)은 '굳게 먹은 마음이 사흘을 못 가서 흐지부지된다.'라는 뜻으로 결심을 끝까지 지키지 못하는 사람을 비아냥거릴 때 주로 사용한다.

고사성어	**189. 전전긍긍(戰戰兢兢)**
한자	戰 싸움 전, 兢 삼갈 긍
의미	겁을 먹고 두려워 떨며 삼가고 조심하다.
출전	시경(詩經) 소아편(小雅篇), 논어(論語) 태백편(泰伯篇)

유래	시경 소아편(小雅篇)에 나오는 시는 서주(西周) 말엽에 모신(謨臣)에 의해 고법(古法)을 무시한 정치가 자행됨을 한탄한 시가 떠돌았다. 　주자(朱子)는 왕이 간사한 계교에 속아서 단호하게 선을 행하지 못했기 때문에 대부(大夫)가 시를 지었다고 했는데 그 시에 전전긍긍(戰戰兢兢)이라는 말이 나온다. 　감히 맨손으로 범을 잡지 못하고 　감히 걸어서 황허강을 건너지 못한다. 　사람들은 그 하나는 알지만 　그 밖의 것은 전혀 알지 못하네. 　두려워서 벌벌 떨며 조심하기를 　마치 깊은 연못에 임하듯 하고 　살얼음을 밟고 가듯 해야 하네. 　不敢暴虎 부감박호 　不敢憑河 부감빙하 　人知其一 인지기일 　莫知其他 막지기타 　戰戰兢兢 전전긍긍 　如臨深淵 여림심연 　如履薄氷 여리박빙 　또한 전전긍긍이라는 말은 논어의 태백편(泰伯篇)에 나와 있다 　증자가 임종시에 제자들을 불러놓고 다음과 같이 말하였다. 　"나의 발을 펴고 내 손을 펴 보아라. 시경에 이르기를 '두려워 하고 근심함이 깊은 연못가에 임하여 있는 듯하고 살얼음을 밟는 듯하다' 하였거늘 지금에서야 나는 마음을 놓겠구나." 　증자는 공자의 제자 중에서도 가장 효성이 지극한 사람이었다. 　효성이 지극한 증자로서는 몸을 훼손하지 않기 위해 그동안 두려워하고 근심함이 살얼음판을 밟은 듯 전전긍긍하였는데 이제 죽게 되니 그런 굴레에서 벗어나게 되었다고 말한 것이다.

고사 성어	**190. 전전반측(輾轉反側)**
한자	輾 돌아누울 전, 轉 구를 전, 反 되돌릴 반, 側 곁 측
의미	이리저리 뒤척이며 잠을 이루지 못하다.
유의어	①**오매불망(寤寐不忘)**: 자나 깨나 잊지 못하다. ②**전전불매(輾轉不寐)**: 누워 뒤척이며 잠 못 이루다.
출전	시경(詩經) 국풍편(國風篇) 시 관저(關雎)
유래	전전반측(輾轉反側)은 시경 국풍 주남 제1편 시 '관저(물수리새)'에 나오는 말인데 성인(聖人)으로 이름 높은 주나라 문왕(文王)과 아내 태사를 높이 칭송한 내용이다. 처음에는 아름다운 여인을 그리워하여 잠을 이루지 못하는 것을 비유한 말이었으나 오늘날은 걱정과 많은 생각으로 잠 못 이루는 경우를 의미한다. 꾸룩꾸룩 물수리새야　　關關雎鳩 관관저구 물가에서 노는구나　　　在河之洲 재하지주 정숙한 아가씨는　　　　窈窕淑女 요조숙녀 군자의 좋은 배필　　　　君子好逑 군자호구 올망졸망 마름나물　　　參差荇菜 참차행채 여기저기 흘러가네　　　左右流之 좌우류지 정숙한 아가씨를　　　　窈窕淑女 요조숙녀 자나 깨나 그려보네　　　寤寐求之 오매구지 구하여도 얻지 못해　　　求之不得 구지불득 자나 깨나 생각에 빠져　　寤寐思服 오매사복 그립고 그리워서　　　　悠哉悠哉 유재유재 이리저리 뒤척이네　　　輾轉反側 전전반측 올망졸망 마름나물　　　參差荇菜 참차행채 이곳저곳 뜯고 있는　　　左右采之 좌우채지 정숙한 아가씨는　　　　窈窕淑女 요조숙녀 금슬 타며 벗이 되어　　　琴瑟友之 금슬우지 옹기종기 마름나물　　　參差荇菜 참차행채 여기저기 무성한데　　　左右芼之 좌우모지 정숙한 아가씨는　　　　窈窕淑女 요조숙녀 종과 북을 치며 즐기누나　鐘鼓樂之 종고락지

고사 성어	**191. 전화위복(轉禍爲福)**
한자	轉 구를 전, 禍 재화 화, 爲 할 위, 福 복 복
의미	재앙이 바뀌어 오히려 복이 되다.
유의어	①반화위복(反禍爲福): 재앙이 바뀌어 오히려 복이 되다. ②새옹득실(塞翁得失): 한때의 이득이 도리어 해가 되기도 하고, 화가 도리어 복이 되기도 하다. ③새옹지마(塞翁之馬): 인생의 길흉화복은 항상 바뀌어 미리 헤아릴 수 없다. ④화전위복(禍轉爲福): 재앙이 바뀌어 오히려 복이 되다.
출전	사기(史記) 소진열전(蘇秦列傳)
유래	전국시대 합종책을 주장하며 여섯 나라(한, 위, 조, 연, 제, 초)의 임금을 보필했던 재상 소진(蘇秦)이 말한 '전화위복 인패위공(轉禍爲福 因敗爲功)'에서 전화위복(轉禍爲福)이 유래되었다. 　소진이 말하기를, 신이 듣기로 예전에 일 처리를 잘했던 사람은 화를 바꿔 복이 되게 하고 실패로 인해 성공이 되게 했다고 합니다. 대왕께서 참으로 신의 계책을 들어주신다면 이제 연나라의 열 개의 성을 돌려주십시오(蘇秦曰, 臣聞古之善制事者 轉禍爲福 因敗爲功. 大王誠能聽臣計 即歸燕之十城. 소진왈, 신문고지선제사자 전화위복 인패위공. 대왕성능청신계 즉귀연지십성).

고사성어	**192. 절차탁마(切磋琢磨)**
한자	切 끊을 절, 磋 갈 차, 琢 쫄 탁, 磨 갈 마
의미	옥돌을 자르고 줄로 쓸고 끌로 쪼고 갈아 빛을 낸다. 즉 학문이나 인격을 갈고 닦는다.
유의어	①와신상담(臥薪嘗膽): 뜻을 위해 온갖 괴로움을 참는다. ②자강불식(自强不息): 스스로 힘쓰고 쉬지 않는다. ③절치부심(切齒腐心): 몹시 분하여 이를 갈며 속을 썩이다.
반의어	①불구심해(不求甚解): 깊이 있는 해석을 추구하지 않는다. ②천상첩지(淺嘗輒止): 얕게 맛보고 곧바로 그만둔다.
출전	시경(詩經) 위풍(衛風) 기오편(淇澳篇)
유래	시경의 위풍 기오편에 학문과 덕을 쌓은 군자를 찬양한 시에 '여절여차(如切如磋)'와 '여탁여마(如琢如磨)'의 말에서 절차탁마(切磋琢磨)라는 말이 생기게 되었다. 기수라 저 물굽이　　瞻彼淇奧 첨피기오 푸른 대 우거졌네　　綠竹猗猗 녹죽의의 어여쁘신 우리임은　　有匪君子 유비군자 뼈와 상아 다듬은 듯　如切如磋 여절여차 구슬과 돌 갈고 간 듯　如琢如磨 여탁여마 엄하고 너그럽고　　瑟兮猗兮 슬혜의혜 환하고 의젓한 분　　赫兮喧兮 혁혜훤혜 어여쁘신 우리임을　　有匪君子 유비군자 끝내 잊지 못하겠네　終不可諼兮 종불가훤혜 또한 논어 학이(學而)에서는 공자가 자공(子貢)과 문답하면서 시경의 이 절차탁마(切磋琢磨)라는 말을 인용하였다. 　제자 자공이 스승인 공자에게 물었다. "선생님, 가난하더라도 남에게 아첨하지 않으며 부자가 되더라도 교만하지 않은 사람이 있다면(貧而無諂 富而無驕 빈이무첨 부이무교) 어떤 사람일까요?" 　"좋긴 하지만, 가난하면서도 도를 즐기고, 부자가 되더라도 예를 좋아하는 사람만은 못하느니라(貧而樂道 富而好禮 빈이낙도 부이호례)."

유래

　　공자의 대답에 이어, 자공은 또 이렇게 물었다. "시경에 '선명하고 아름다운 군자는, 뼈나 상아를 잘라서 줄로 간 것(切磋 절차)처럼 또한 옥이나 돌을 쪼아서 모래로 가는 것(琢磨 탁마)처럼, 밝게 빛나는 것 같다.'라고 나와 있는데, 이는 선생님이 말씀하신 '수양을 쌓아야 한다.'라는 것을 말한 것일까요?"

　　공자는 이렇게 대답하였다. "사(賜: 자공)야, 이제 너와 함께 시경을 말할 수 있게 되었구나. 과거의 것을 알려주면 미래의 것을 안다고 했듯이, 너야말로 하나를 듣고 둘을 알 수 있는 인물이로다."

고사 성어	**193. 절치부심(切齒腐心)**
한자	切 끊을 절, 齒 이 치, 腐 썩을 부, 心 마음 심
의미	몹시 분하여 이를 갈며 속을 썩이면서 참는다.
유의어	①**와신상담(臥薪嘗膽):** 뜻을 위해 온갖 괴로움을 참는다. ②**절치액완(切齒扼腕):** 이를 갈고 팔을 걷어 올리며 주먹을 쥐다. ③**회계지치(會稽之恥):** 회계산에서 받은 치욕을 씻다.
출전	사기(史記) 자객열전(刺客列傳) 형가편(荊軻篇)
유래	절치부심(切齒腐心)이라는 말은 사기 자객열전 형가편 고사에 '차신지일야 절치부심야(此臣之日夜切齒腐心也)'에서 유래하였다. 　전국시대 위나라 형가(荊軻)는 검술에 능한 자객으로, 연나라 태자 단(丹)의 조언자 역할을 하였다. 태자 단은 진나라의 인질로 있다가 도망쳐 돌아와 진나라 왕에게 보복하고 싶었다. 　그러나 작은 제후국에 불과한 연나라는 진나라가 점점 세력을 넓혀 연나라에 가까워져 오자 마음이 조급해졌다. 그래서 형가와 진나라를 물리칠 방법을 논하였다. 　그때 진나라의 장군 번오기(樊於期)는 죄를 짓고 연나라에 망명해 있었다. 진나라는 번오기를 잡아들이려 재물을 내걸고 찾고 있었다. 형가는 이를 이용하여 번오기를 진나라에게 넘기면서 기회로 삼자고 하였다. 그러나 태자 단은 그럴 수 없다며 반대하였다. 　형가는 번오기를 찾아가 "진나라가 장군을 대우함은 매우 참혹합니다. 부모와 종족이 죽거나 노비가 되었고, 장군의 목에는 황금 일천 근과 만 호의 식읍을 내걸었습니다. 어찌하시렵니까?" 　이에 번오기는 탄식하며 눈물을 흘리며 말했다. "늘 그 생각만 하면 너무나 괴롭습니다. 그러나 어찌해야 할지 모르겠습니다." 　"지금 연나라의 근심을 없애고 장군의 원수를 갚을 수 있다면 어떻게 하시겠습니까?" "어떻게 하면 되겠습니까?" "장군의 목을 진나라 왕에게 바치면 됩니다. 그러면 진나라 왕은 저를 만나려 할 것입니다. 그때 제가 그의 가슴을 찌르겠습니다. 그러면 장군의 원수(怨讎)를 갚고 연나라의 모욕도 씻을 수 있습니다." 　형가의 말에 번오기는 "이것이야말로 제가 밤낮으로 이를 갈며 속을 썩이던 것입니다(此臣之日夜切齒腐心也. 차신지일야절치부심야)."라고 말하고 스스로 목을 찔러서 죽었다. 　형가(荊軻)는 번오기의 수급을 가지고 진시황제와 접견하게 된다. 형가는 숨겨간 비수로 왕을 찔렀으나 실패하였고, 결국 그 자리에서 죽임을 당했다. 연나라는 5년 후 진나라가 멸망시켰다.

고사 성어	**194. 점입가경(漸入佳境)**
한자	漸 점점 점, 入 들 입, 佳 아름다울 가, 境 지경 경
의미	가면 갈수록 경치가 더 아름다워진다. 즉 일이 점점 더 재미있는 지경으로 돌아가다.
출전	진서(晉書) 고개지전(顧愷之傳)
유래	점입가경(漸入佳境)은 진서(晉書) 고개지전 고사(古史)에서 유래되었다. 　중국 동진(東晉)에 고개지(顧愷之)라는 화가가 살고 있었다. 그는 강소성 무석(無錫) 출신으로 자는 장강(長康)이며, 호두(虎頭)장군이 되었기 때문에 고호두(顧虎頭)라고도 불린다. 위진남북조시대에 활동하였으며, 유려하면서도 힘 있는 선묘로 인물화, 고사인물화, 초상화 등을 잘 그렸다. 유명한 작품으로 여사잠도(女史箴圖)가 있다. 　그는 서예로 이름을 날리던 동시대의 명필가인 왕희지와 함께 당대 예술계의 투톱을 달리고 있었다. 그는 재주가 많은 것과 독특한 성격으로 유명했는데, 특히 불교 인물화에 재능을 보였다. 　고개지는 사탕수수를 좋아했었는데 그는 항상 뿌리에서 먼 쪽의 얇은 가지부터 씹어 먹었다. 그 이유는 사탕수수는 뿌리 쪽에 가까울수록 단맛이 강하기 때문이었다. 친구들이 왜 얇은 가지부터 씹느냐고 묻자 그는 "점점 갈수록 단맛이 강해지기 때문이라네(漸入佳境 전입가경)."라고 대답했다. 이때부터 점입가경은 경치나 문장, 또는 어떤 일의 상황이 갈수록 재미있게 전개된다는 뜻으로 쓰이게 되었다.

고사 성어	**195. 정중지와(井中之蛙)**
한자	井 우물 정, 中 가운데 중, 之 갈 지, 蛙 개구리 와
의미	우물 안의 개구리. 즉 식견이 좁아 세상 물정을 잘 모른다.
유의어	①**관중지천(管中之天):** 관(대롱) 구멍으로 하늘을 보다. ②**정저지와(井底之蛙):** 우물 밑(속)의 개구리. ③**정중관천(井中觀天):** 우물 가운데서 하늘을 보다. ④**좌정관천(坐井觀天):** 우물 속에 앉아서 하늘을 보다.
출전	장자(莊子)의 추수편(秋水篇)
유래	장자의 추수편 이야기에 '정와불가이어어해자(井蛙不可以語於海者)'에서 정중지화(井中之蛙)라는 말이 유래되었다. 　장자는 황허의 하신 하백(河伯)과 북해의 해신 약(若)의 문답형식을 빌어 '도의 높고 큼이나 대소 귀천은 정해진 것이 아니다. 따라서 사람들은 그 구별을 잊고 도에 따라야 한다.'라고 주장하였다. 　다음은 장자의 추수편 내용 일부분이다. 우물안 개구리에게 바다에 대해 말을 해도 알지 못하는 것은 우물안 구속을 받기 때문이고 여름벌레에게 얼음에 대해 말을 해도 알지 못하는 것은 시간에 집착하기 때문이며 비뚤어진 선비에게 도에 대해 말을 해도 알지 못하는 것은 가르침에 속박되어 있기 때문이다. 井蛙不可以語於海者　　정와불가이어어해자 拘於虛也　　　　　　　구어허야 夏蟲不可以語於氷者　　하충불가이어어빙자 篤於時也　　　　　　　독어시야 曲士不可以語於道者　　곡사불가이어어도자 束於敎也.　　　　　　　속어교야

고사 성어	**196. 조삼모사(朝三暮四)**
한자	朝 아침 조, 三 석 삼, 暮 저물 모, 四 넉 사
의미	아침에 세 개 저녁에 네 개를 준다. 즉 눈앞에 보이는 차이만 알고 결과가 같은 것을 모르는 어리석음을 표현한 말이다.
속담	①눈 가리고 아웅한다. ②제 꾀에 제가 넘어간다.
출전	열자(列子)의 황제편(黃帝篇)
유래	전국시대 송나라(宋)에 저공(狙公)이라는 사람이 살았는데, 이 사람은 원숭이를 무척 좋아하여 집에다 수십 마리를 기르고 있었다. 그처럼 가깝게 지내다 보니 사람과 원숭이 간의 의사소통(意思疏通)이 가능하게 되었고, 눈빛만 봐도 상대방의 마음을 헤아릴 수 있을 정도가 되었다. 넉넉한 형편도 아니면서 그처럼 많은 원숭이를 기르다 보니 먹이의 문제가 여간 큰 부담(負擔)이 아니었다. 　가족이 먹는 식량을 조금씩 절약해서 원숭이 먹이를 충당했지만, 그것도 한계가 있었다. 식량은 동이 났고, 사람도 짐승도 먹을 것이라곤 도토리밖에 없었다. 그 도토리마저 충분하지 않은 형편이었다. 　그래서 그는 '하는 수 없지. 원숭이들 먹이를 줄이는 수밖에.' 마침내 이렇게 결정하고, 어떤 방법을 쓸 것인가를 생각했다. 　'덮어놓고 먹이를 줄이겠다고 하면 원숭이들은 펄쩍 뛸 거야. 그러니까 줄이면서도 줄이지 않는 것처럼 생각하도록 만들어야 하는 거야.' 　이렇게 궁리를 한 저공은 원숭이들을 모두 불러 놓고 말했다. "이제부터 너희들한테 아침에는 도토리 세 개, 저녁에는 네 개를 주려고 한다. 그래도 괜찮겠느냐?" 그러자 원숭이들은 저녁보다 아침에 하나 적으면 배가 고프다며 아우성이었다. 　'그렇다면 아침에 도토리 네 개, 저녁에는 세 개로 하자꾸나. 그렇게 하면 아침에 저녁보다 한 개를 더 많이 먹게 되는 셈이지. 어떠냐?' 　그러자 원숭이들이 이번에는 모두가 좋다고 기뻐했다. 아침에 한 개를 더 먹는다는 데만 생각이 미친 것이다. 　이때부터 사람들은 잔꾀를 부려서 남을 속이거나 당장의 차이에만 신경을 쓰는 어리석은 상황을 조삼모사(朝三暮四)라고 말하기 시작했다.

고사 성어	**197. 주경야독(晝耕夜讀)**
한자	晝 낮 주, 耕 밭갈 경, 夜 밤 야, 讀 읽을 독
의미	낮에는 밭을 갈고(경작하고) 밤에는 책을 읽는다. 즉 어려운 여건 속에서 어렵 게 공부하다.
유의어	①**영설독서(映雪讀書):** 눈빛에 비쳐 책을 읽는다. 즉 가난을 무릅쓰고 어렵 게 공부하다. ②**주경야송(晝耕夜誦):** 낮에는 밭을 갈고 밤에는 글을 외운다. 즉 어려운 여 건 속에서 공부하다. ③**청경우독(晴耕雨讀):** 갠 날에는 밭을 갈고, 비 오는 날에는 책을 읽는다. 부지런히 일하면서 틈나는 대로 공부하다.
출전	위서(魏書) 최광전(崔光傳)
유래	주경야독(晝耕夜讀)은 위서 최광전에는 주경야송(晝耕夜誦)이라고 되어 있 는데 이것이 변하였다. 　북위(北魏) 때의 최광(본명 효백 孝伯)이라는 사람은 효문제(孝文帝)가 내 린 이름이다. '집안이 가난하였으나 학문을 좋아하여 낮에는 밭을 갈고 밤에 는 책을 외웠으며, 다른 사람에게 글을 베껴 써주는 일을 하며 부모를 봉양하 였다(家貧好學 晝耕夜誦 傭書以養父母. 가빈호학 주경야송 용서이양부모).' 　어려운 가운데서도 학문에 정진하여 벼슬길에 올라 중서박사 저작랑이 되 었으며, 나중에는 태자 태부가 되었고, 개국공에 봉해졌다. 효문제는 그를 다 음과 같이 기렸다. 　'효백의 재주는 넓고 깊어서 황하가 동쪽으로 흐르는 것과 같다. 오늘날의 숭앙하는 대문장가 문종이다(孝伯之才 浩浩如黃河東注. 今日之文宗也. 효 백지재 호호여황하동주. 금일지문종야).' 　(주) 낮에는 밭을 갈고 밤에 공부하는 것을 처음 출전에는 주경야송(晝耕夜 誦)으로 되어 있고, 주경야독(晝耕夜讀)은 우리나라에서 많이 쓴다. 그것도 조선 중기 이후 문집에 가끔 등장한다.

고사성어	**198. 주마간산(走馬看山)**
한자	走 달릴 주, 馬 말 마, 看 볼 간, 山 뫼 산
의미	말을 타고 달리면서 산을 본다. 즉 자세히 살펴보지 않고 대충 보고 지나간다.
유의어	**주마간화(走馬看花):** 말을 타고 달려가며 꽃을 본다. 즉 사물의 겉면만 훑어 보고, 그 깊은 속은 살펴보지 않는다.
출전	맹교(孟郊)의 시 등과후(登科後)
유래	주마간산(走馬看山)은 중국의 당나라 시인 맹교의 등과후(과거에 급제하고 나서)라는 시의 주마간화(走馬看花)에서 유래하였다. 　주마간화(走馬看花)는 일일간진장안화(一日看盡長安花)에서 유래한 말로 '하루 만에 말을 타고 장안의 꽃을 모두 보았다.'라는 시의 4구(句)에서 생긴 말이다. 　등과후라는 시는 맹교가 급제 전과 급제하고 난 후의 세상이 자기를 보는 인심이 다름을 풍자한 시인데, 급제하고 난 뒤에 한 술좌석에서 읊은 칠언절 구로 이루어진 시이다. 　이 표현이 오랜 시간 쓰이면서 꽃(花)이 산(山)으로 바뀌어 주마간산(走馬看山)이 되었고, 점차 그 뜻도 변화되어 '자세히 살펴보지 않고 대강 훑어보고 지나치다.'를 의미하게 되었다. 지난날 궁색할 때 살았던 것은 자랑할 것 없더니, 오늘 아침에는 우쭐하여 생각에 거칠 것이 없어라. 봄기운 만끽하며 세차게 말을 타고 내달리며, 하루 만에 장안의 꽃을 다 돌아보았네. 昔日齷齪不足誇 석일악착부족과 今朝放蕩思無涯 금조방탕사무애 春風得意馬蹄疾 춘풍득의마제질 一日看盡長安花 일일간진장안화

고사성어	**199. 죽마고우(竹馬故友)**
한자	竹 대 죽, 馬 말 마, 故 옛 고, 友 벗 우
의미	대나무로 만든 말을 타고 함께 놀던 벗. 즉 어릴 때부터 같이 놀며 자란 친구.
유의어	①기죽지교(騎竹之交): 대나무로 만든 말을 타고 놀던 사이. ②죽마지우(竹馬之友): 대나무로 만든 말을 타고 놀던 친구. ③총죽지교(蔥竹之交): 파피리 불며 죽마를 타고 놀던 사이.
출전	진서(晉書) 은호전(殷浩傳), 후한서 곽급전(郭伋傳)
유래	죽마고우(竹馬故友)라는 말은 은호전에 나오는 환온(桓溫)과 은호(殷浩)의 이야기에서 유래하였다. 　중국 동진(東晉)의 황제 간문제(簡文帝) 때 환온이라는 사람이 있었다. 그는 촉(蜀)나라 땅을 평정하고 돌아온 위세에 힘입어 조야의 신망이 두터워 황제도 함부로 대할 수 없을 정도로 큰 세력을 형성하게 되었다. 　'이건 황실의 안녕을 위해서도 바람직하지 않다.'라고 판단한 간문제는 환온을 견제할 목적으로 은호를 양주 자사에 임명하고 건무장군이라는 관작을 내려 우대했다. 둘은 어릴 적 친구이며 학문과 재능이 뛰어난 인물이었는데, 은호가 관직에 오른 날부터 둘은 옛날의 관계가 무색할 정도로 정적이 되어 반목했다. 서예가인 왕희지가 화해를 시키려고 애썼으나 허사였다. 　그 무렵 오호십육국의 하나인 후조(後趙)에 내분이 발생하여 혼란스럽다는 정보가 들어와 동진은 긴장했다. 파급효과가 어떨지 걱정스럽기는 하지만, 한편으로는 오랑캐들에게 빼앗긴 땅을 되찾을 절호의 기회라고 생각했다. 논의 끝에 군대를 동원하여 중원 정벌에 나서기로 하고, 은호를 대장에 임명했다. 은호는 군대를 이끌고 출발했는데, 도중에 말에서 떨어져 싸움에서 참패하였다. 　'그동안 네가 나를 마음고생 시켰었지.' 벼르던 환온은 은호의 죄를 청하는 상소를 황제에게 올렸고, 패전의 엄연한 과실이 있어 황제도 은호를 감싸 주고 싶어도 감싸 줄 수가 없었다. 그래서 은호는 변방으로 귀양을 갔다. 훗날 환온은 옛정을 생각해 은호를 다시 불러들이려고 그에게 편지를 보냈다. 크게 기뻐한 은호는 정성껏 답장을 썼는데 실수로 봉투만 보냈다. 자기를 우습게 본다고 여긴 환온은 크게 화를 내며 이렇게 말했다. 　"은호는 나와 어릴 때 죽마고우(竹馬故友)였소. 하지만 그는 항상 내가 버리는 죽마를 주워서 타곤 했었소. 그러니 그가 내 앞에서 머리를 숙여야 하는 것은 당연한 일 아니겠소." 　은호는 환온이 끝내 불러들이지 않아 귀양지에서 사망하였다.

고사 성어	**200. 지록위마(指鹿爲馬)**
한자	指 손가락 지, 鹿 사슴록(녹), 爲 할 위, 馬 말 마
의미	사슴을 가리켜 말이라고 한다. 즉 윗사람을 농락하고 권세를 함부로 휘두르다.
출전	사기(史記) 진시황본기(秦始皇本記)
유래	사마천(司馬遷)이 지은 사기의 진시황본기에 다음과 같은 말에서 지록위마(指鹿爲馬)가 유래되었다. 진나라 말기에 진시황이 병으로 죽게 되자 환관 조고(趙高)는 조정의 대권을 차지하려고 진시황의 죽음을 아무에게도 알리지 않았다. 조고는 계략을 꾸며 진시황의 맏아들 부소(扶蘇)를 자결하게 하고, 둘째 아들 호해(胡亥)를 태자로 세운 다음 진시황의 죽음을 세상에 알렸다. 그 이유는 현명한 부소보다는 어리석은 호해가 다루기 쉬웠기 때문이었다. 뒤이어 조고는 호해가 제2대 황제의 자리를 잇게 하고, 자신은 승상이 되어 조정의 실권을 잡았다. 그러나 조고는 이에 만족하지 않고 황제의 자리도 넘봤다. 황제를 허수아비로 만들어 내세우고 조고의 권세는 하늘을 찔렀지만, 조고는 혹시 대신들이 들고 일어날까 봐 늘 걱정했다. 그러던 어느 날 조고는 좋은 꾀를 생각해 냈다. 조고는 호해 황제에게 사슴 한 마리를 바치면서 말했다. "이것은 신(臣)이 폐하에게 드리는 말(馬)입니다." "승상, 장난이 심하오. 분명 사슴인데 말이라고 하시는구려." 호해 황제가 웃으면서 말하자 조고는 정색하며 말했다. "누가 감히 폐하(陛下)와 장난을 하겠습니까? 이것은 분명 말이옵니다. 폐하께서 믿지 못하시면 여기 있는 대신들에게 물어보십시오." 호해 황제가 대신들을 둘러보며 "이것이 도대체 사슴이오? 말이오?"라고 물었더니, 조고에게 아부하는 대신들과 그를 두려워하는 대신들은 모두가 말이라고 대답했다. 몇몇 정직한 대신만이 사슴이라고 말하거나 대답을 회피했지만 얼마 뒤 조고는 그들을 모두 처단해 버렸다. 이 이야기에서 지록위마(指鹿爲馬)라는 고사성어(故事成語)가 유래했다. 그 후 궁에서는 조고의 말에 반대하는 사람이 하나도 없었다. 그러나 각처에서 반란이 일어나며 세상은 오히려 혼란에 빠졌다. 그중 항우와 유방의 군사가 도읍인 함양을 향해서 진격해 오자 조고는 호해 황제를 죽이고 부소의 아들 자영(子嬰)을 제3대 황제로 삼았다. 그러나 이번에는 조고 자신이 자영 황제의 계략에 빠져 죽임을 당하고 말았다.

고사 성어	**201. 지부작족(知斧斫足)**
한자	知 알 지, 斧 도끼 부, 斫 벨 작, 足 발 족
의미	믿는 도끼에 발등이 찍힌다. 믿는 사람에게서 배신을 당한다.
출전	홍만종(洪萬宗)의 순오지(旬五志), 중국에 전해오는 이야기
유래	지부작족(知斧斫足)은 홍만종이 지은 순오지에 나온 우리말 속담(俗談)을 한역한 것으로, 믿는 사람에게서 배신을 당함을 비유해서 우리 삶 속에서 사람들이 사용하면서 널리 퍼지게 되었다. 　또한, 옛날 중국의 어느 지방에 한 목수가 있었는데 그는 마을에서 가장 뛰어난 목수로 알려져 있었다. 그런데 어느 날 나무를 베다가 실수로 자기의 발등을 찍게 되었다. 이 사건을 목격한 마을 사람들은 놀라서 목수에게 "어떻게 당신이 그런 실수를 할 수 있나요?"하고 물었다. 그러자 그는 "나는 내 도끼를 너무 믿었기 때문입니다."라고 대답했다. 이 사건을 바탕으로 '믿는 도끼에 발등 찍인다.'라는 말이 유래하게 되었고, 이후 이 말은 사람들 사이에서 '믿는 사람에게 배신당할 때'에 사용하게 되었다.

고사 성어	**202. 지족불욕(知足不辱)**
한자	知 알 지, 足 발 족, 不 아닐 불(부), 辱 욕되게 할 욕
의미	분수를 지켜 만족할 줄 아는 사람은 욕을 먹지 않는다.
출전	노자(老子)의 도덕경(道德經)
유래	지족불욕(知足不辱)은 노자의 도덕경(道德經) 제44장에 다음과 같은 말에서 유래되었다. 　만족할 줄 알면 욕됨이 없고, 그칠 줄 알면 위태롭지 않으리니, 이렇게 하면 오래오래 갈 수 있다(知足不辱 知止不殆 可以長久. 지족불욕 지지불태 가이장구). 　노자는 말뿐만 아니라 사람이 안전하고 평온한 삶을 살려면 만족과 멈춤의 선을 지켜야 한다고 생각했다. 　또한, 서진(西晉) 시대의 육운(陸雲)이 지은 한선부(寒蟬賦)에서 육운은 늦가을의 매미를 '지덕지충(至德之蟲)'이라며 매미는 군자가 배워야 할 오덕(五德)을 지니고 있다고 했다. 　매미의 울음소리는 선비의 문덕(文德), 맑은 이슬과 수액만 먹고 살기에 청덕(淸德), 농부가 애써 일군 곡식을 탐하지 않으니 염덕(廉德), 집을 짓지 않으니 검덕(儉德), 물러날 때를 알고 신의를 지키니 신덕(信德)이 있는 곤충이라고 칭송했다.

고사 성어	**203. 지철심경(志鐵心鏡)**
한자	志 뜻 지, 鐵 쇠 철, 心 마음 심, 鏡 거울 경
의미	의지는 쇠와 같이 마음은 거울처럼 한다. 즉 의지를 굳게 다지며 자신의 삶을 거울에 비쳐 보고 마음을 다스려 깨끗하고 투명하게 행동하다.
출전	후한서(後漢書)의 경엄전(耿弇傳)
유래	중국 후한의 광무제(光武帝)와 수하 장수 경엄(耿弇)의 고사에서 유래되었다. 지철심경(志鐵心鏡)을 유지자사경성(有志者事竟成)이라고도 한다. 　경엄은 원래 선비였는데 무관들이 말을 타고 칼을 쓰며 무용을 자랑하는 광경을 본 뒤로 자신도 대장군이 되어 공을 세우고자 했다. 유수(劉秀:훗날 광무제)가 병사를 모집한다는 소식을 듣고 달려가 그의 수하가 된 뒤로 많은 전투에서 승리를 거두었다. 경엄이 유수의 명을 받고 장보(張步)의 군대를 치러 갔을 때 일이다. 　당시 장보의 군대는 전력이 막강하여 공략하기 어려운 상대였다. 장보는 요처에 병사들을 배치하고 경엄을 맞아서 싸웠지만, 얼마 지나지 않아 수세에 몰렸다. 　이에 장보가 직접 정예 병사들을 이끌고 공격하였다. 어지럽게 싸우는 가운데 경엄은 적군의 화살을 다리에 맞아 피가 철철 흐르고 통증도 심하였다. 그러자 경엄의 부하가 잠시 퇴각한 뒤에 전열을 가다듬어 다시 공격하자고 권하였다. 　그러나 경엄은 "승리하여 술과 안주를 갖추어 주상을 영접하여야 마땅하거늘, 어찌 적을 섬멸하지 못하고 주상께 골칫거리를 남겨 드릴 수 있겠는가?" 라고 말하고는 다시 군대를 이끌고 장보를 공격하여 장보는 마침내 패하고 도망쳤다. 　유수는 경엄이 부상을 당하고도 분전하여 적을 물리친 것을 알고 매우 기뻐하였으며, 그를 칭찬하며 다음과 같이 말하였다. 　"장군이 전에 남양에서 천하를 얻을 큰 계책을 건의할 때는 아득하여 실현될 가망이 없는 것으로 여겼었는데, 뜻이 있는 자는 마침내 성공하는 구료(將軍前在南陽 建此大策 常以爲落落難合, 有志者事竟成也. 장군전재남양 건차대책 상이위락락난합, 유지자사경성야)."

고사 성어	**204. 천고마비(天高馬肥)**
한자	天 하늘 천, 高 높을 고, 馬 말 마, 肥 살찔 비
의미	하늘이 높고 말이 살찐다. 즉 하늘이 높푸르고 온갖 곡식이 익는 계절이다.
유의어	**①추고마비(秋高馬肥):** 가을 하늘은 높고 말은 살찐다. **②추고새마비(秋高塞馬肥):** 가을 하늘이 높고 변방의 말은 살찐다.
출전	한서(漢書) 흉노전(匈奴傳)
유래	천고마비(天高馬肥)라는 말의 원래의 뜻은 우리가 알고 있는 의미와는 다르다. 고사성어 가운데 가장 와전된 경우이다. 　원래는 '가을이 되면 하늘이 높고 시야가 좋아 초원에서 기르는 말들이 살이 찌고 힘이 좋아져서 흉노족이 중국 변방으로 쳐들어와 식량과 가축을 노략질해 갈 것이다.'라는 경계의 의미로 쓰였다. 　당시 유목민이었던 흉노족은 중국인에게 공포의 대상이었다. 만리장성을 쌓는 것도 흉노족의 침략에 대비하는 일환이었다. 　고사의 유래는 다음과 같다. 　두보의 조부 두심언(杜審言)에게는 소미도(蘇味道)라는 글을 잘 짓고 무예가 출중한 친구가 있었다. 이 친구는 북쪽 흉노의 침략을 막기 위해 변방에서 참군(參軍)으로 복무 중이었는데 그는 친구의 안위를 걱정하며 하루빨리 장안(長安)으로 돌아오기를 바라며 시를 보냈는데 그 시의 구절에 '추고새마비(秋高塞馬肥)'라는 구절이 있는데 이 구절이 변해서 오늘날 천고마비(天高馬肥)의 유래가 되었다. 　다음은 두심언(杜審言)의 시 일부분이다. 구름 고요한데 별(요성)이 떨어지고, 가을 하늘이 높으니 요새의 말은 살찌는구나. 말 안장에 올라탄 장수는 칼을 휘두르고, 붓을 휘둘러 격문을 날리리라. 雲淨妖星落 운정요성낙 秋高塞馬肥 추고새마비 馬鞍雄劍動 마안웅검동 搖筆羽書飛 요필우서비

고사성어	**205. 천생연분(天生緣分)**
한자	天 하늘 천, 生 날 생, 緣 인연 연, 分 나눌 분
의미	하늘이 정해준 인연. 즉 사람이 어떻게 할 수 없는 남녀의 인연.
유의어	①**천생인연(天生因緣):** 하늘이 정하여 준 인연. ②**천정배필(天定配匹):** 하늘이 정해준 배필. ③**천정연분(天定緣分):** 하늘이 정하여 준 연분.
출전	구전(口傳) 이야기
유래	옛날에 과거시험(科擧試驗)을 공부하던 서생이 좋아하던 처녀의 마음을 사로잡으려고 무척 노력하면서 공을 들였는데, 처녀도 서생에게 '과거에 합격할 때까지 기다리겠다.'라고 약속하여 서생은 그 처녀의 말을 믿고 서울로 올라와서 열심히 공부하였다. 어느 날 서생을 기다리던 규수는 비단에 편지를 써서 연못에 던지자 물고기가 그 편지를 삼키고 사라져버렸다. 그 후에 서생이 물고기 한 마리를 사 와서 배를 가르자 그 물고기 속에는 그리워하면서 썼던 처녀의 비단 편지가 들어 있었다. 곧 서생은 처녀의 집으로 달려가서 처녀 가족들에게 그 편지를 보여주었다. 처녀의 부모는 미물인 물고기마저도 두 사람을 맺어주려고 하였으니 서생과 자기 딸은 '하늘이 내려준 인연이므로, 사람의 힘으로는 어떻게 할 수가 없다(天生緣分 천생연분).'라고 하면서 혼인을 허락했다는 이야기에서 유래되었다.

고사성어	**206. 천애지각(天涯地角)**
한자	天 하늘 천, 涯 물가 애, 地 땅 지, 角 뿔 각
의미	하늘의 끝과 땅의 귀퉁이. 즉 아주 멀리 떨어진 곳을 의미한다.
출전	한유(韓愈)의 제12랑문(祭十二郞文)
유래	한유가 조카 십이랑(12번째 조카) 상을 당하고 지어 보낸 제문에 '일재천지애 일재지지각(一在天之涯 一在地之角)'이라는 말에서 천애지각(天涯地角)이라는 말이 생기게 되었다. '한 사람은 하늘의 끝에 있고, 한 사람은 땅의 저 모퉁이에 있구나. 살아서는 너의 그림자와 나의 몸이 더불어 의지하지 못했고, 죽어서는 너의 혼령과 나의 꿈이 더불어 서로 만나지 못했구나(一在天之涯 一在地之角 生而影不與吾形相依 死而魂不與吾夢相接. 일재천지애 일재지지각 생이영불여오형상의 사이혼불여오몽상접).'

고사성어	## 207. 천재일우(千載一遇)
한자	千 일천 천, 載 실을 재, 一 한 일, 遇 만날 우
의미	천 년에 한 번 만난다. 즉 좀처럼 만나기 어려운 드문 기회.
유의어	①**만세일기(萬歲一期):** 만년에 한 번 만나는 드문 기회. ②**천재일시(千載一時):** 좀처럼 만나기 매우 어려운 시기. ③**천재일회(千載一會):** 좀처럼 만나기 어려운 기회.
출전	문선(文選)의 삼국명신서찬(三國名臣序贊)
유래	천재일우(千載一遇)라는 고사성어는 문선의 삼국명신서찬에 나오는 이야기에서 유래되었다. 중국 동진 시대에 문장가 원굉(袁宏)이라는 사람이 있었다. 글재주가 뛰어났지만, 집안이 어려워 배에서 짐꾼으로 일하던 어느 가을밤에 강에 나가서 시 한 수를 읊었다. 마침 사상이라는 귀족이 배를 띄우고 달구경을 하다 그 시를 듣고 원굉을 찾았다. 이 인연으로 원굉은 동양군 태수가 되었다. 그가 쓴 삼국명신서찬은 삼국지에 나오는 20명의 건국 명신에 대한 찬양의 글인 행장기(行狀記: 일생 행적을 기록한 글)이다. 위(魏)나라 9명, 촉(蜀)나라 4명, 오(吳)나라 7명을 찬양하는 글을 담고 있는데 제갈량·방통 등의 인물도 있지만 낯선 인물이 많다. 명신 예찬 내용 중에 원굉은 위나라의 순문약(筍文若, 본명 순욱 荀彧)을 찬양한 글에서 다음과 같이 적고 있다. '대저 백락(伯樂: 말 감별사)을 만나지 못하면 천 년이 지나도 천리마는 한 마리도 나오지 못한다. 대저 만 년에 한 번의 기회는 삶이 통하는 길이며, 천 년에 한 번의 만남은 현명한 군주와 지모가 뛰어난 신하의 진귀한 만남이다. 만나면 기뻐하지 않을 수 없으며, 잃으면 어찌 개탄하지 않을 수 있겠는가(夫 未遇伯樂 則千載無一驥 夫萬歲一期 有生之通途 千載一遇 賢智之嘉會. 遇 之不能無欣 喪之何能無慨? 부미우백락 칙천재무일기 부만세일기 유생지통 도 천재일우 현지지가회. 우지불능무흔 상지하능무개)?' (주 1) 순욱(荀彧, 자 순문약 筍文若)은 후한 말의 사람으로 조조의 참모로 조조의 장자방이라 불리며 왕좌지재(王佐之才)로 유명하다. 예주 영천군 영음현 출신이다. (주 2) 백락(伯樂)은 주나라 사람으로 명마를 잘 감정하는 '말 감별사'이다.

고사성어	**208. 청천벽력(靑天霹靂)**
한자	靑 푸를 청, 天 하늘 천, 霹 벼락 벽, 靂 벼락 력(역)
의미	맑은 하늘에 갑자기 벼락이 떨어지다. 즉 예상하지 못한 상황에서 큰 사건이나 사고가 발생하다.
속담	마른 하늘에 날벼락.
출전	육유(陸遊)의 시 구월사일계미명기작(九月四日鷄未鳴起作)
유래	육유의 오언절구(五言絶句) 시 구월사일계미명기작(九月四日鷄未鳴起作)에 '청천비벽력(靑天飛霹靂)'이라는 말에서 청천벽력(靑天霹靂)이 유래되었다. 구월 사일 닭이 울기도 전에 일어나서 글을 짓다 방옹(육유의 호)이 병으로 가을을 지내다가 홀연히 일어나 취한 듯 먹을 갈아 붓을 놀리네 마치 오랫동안 웅크리고 승천하기를 기다리는 용처럼 푸른 하늘에 벼락을 날리는 듯한 기세가 있구나 비록 이 글이 좀 괴이하고 기이하다고 누가 말해도 가엾게 여겨 보아준다면 볼 만도 하리라 하루아침에 이 늙은이가 죽게 된다면 천금을 주고 구하려고 해도 얻지 못하리라 九月四日鷄未鳴起作 구월사일계미명기작 放翁病過秋 방옹병과추 忽起作醉墨 홀기작취묵 正如久蟄龍 정여구칩룡 靑天飛霹靂 청천비벽력 雖云墮怪奇 수운타괴기 要勝常憫黙 요승상민묵 一朝此翁死 일조차옹사 千金求不得 천금구부득

고사 성어	**209. 청출어람(靑出於藍)**
한자	靑 푸를 청, 出 날 출, 於 어조사 어, 藍 쪽 람(남)
의미	푸른색이 쪽에서 나왔으나 쪽보다 더 푸르다. 즉 제자가 스승보다 더 뛰어나 다.
유의어	①**출람지예(出藍之譽):** 제자가 스승보다 평판이나 명성이 낫다. ②**출람지재(出藍之才):** 제자이면서 스승보다 뛰어날 만큼 능력을 갖춘 인재 　를 말한다.
출전	순자(荀子)의 권학편(勸學篇)
유래	청출어람(靑出於藍)은 전국시대 권학편에서 순자(본명 순황 筍況)가 한 말 로서 학문의 중요성을 깨우치는 다음과 같은 글에서 청출어람이라는 말이 나 왔다. 　학문은 계속 노력하여야 하며 중도에서 쉬어서는 아니 된다 　푸른색은 쪽(藍)에서 나왔지만 쪽빛보다 더 푸르고, 　얼음은 물에서 비롯됐지만 물보다 더 차다. 　學不可以已　　　　　학불가이이 　靑取之於藍 而靑於藍　청취지어람 이청어람 　氷水爲之 而寒於水　　빙수위지 이한어수 　'청취지어람 이청어람(靑取之於藍 而靑於藍)'을 줄여서 청출어람(靑出於藍)이라고 하며, 이런 재주 있는 사람을 출람지재(出藍之才)라고 한다. 　학문을 중도에 그쳐서는 안 된다는 것은 학문이란 끊임없이 계속되는 것이 므로 도중에 그쳐서는 안 된다는 뜻이다. 푸른색이 쪽빛보다 푸르듯이, 얼음 이 물보다 차듯이 면학을 계속하면 스승을 능가하는 학문의 깊이를 가진 훌 륭한 제자가 될 수 있다.

고사성어	**210. 촌철살인(寸鐵殺人)**
한자	寸 마디 촌, 鐵 쇠 철, 殺 죽일 살, 人 사람 인
의미	한 치도 못 되는 쇠붙이로 사람을 죽일 수 있다. 즉 짧은 경구나 단어로 사람을 크게 감동시키다.
유의어	①**약석지언(藥石之言):** 약과 돌바늘 같은 말. 즉 사람을 훈계하여 나쁜 점을 고치게 하다. ②**정문일침(頂門一針):** 정수리에 침을 놓다. 즉 남의 잘못에 대한 따끔한 충고나 교훈을 한다. ③**정상일침(頂上一鍼):** 정수리에 침을 놓는다. 즉 상대방의 핵심을 찌르는 따끔한 충고나 교훈을 한다.
출전	나대경(羅大經)의 학림옥로(鶴林玉露)
유래	촌철살인은 중국 남송에서 유래한 고사성어이다. 남송의 유학자 나대경이 지은 학림옥로라는 책에서 찾아볼 수 있다. 그 중 종고 선사가 선에 대해 논한 대목에 촌철살인이란 말이 나온다. 　송나라 때의 선승 종고 선사는 설법에 능해 제자가 2000명도 넘었다. 화두를 사용하여 진리를 깨닫고자 하는 간화선(看話禪)의 창시자로 알려져 있다. 독특한 이야기를 던져놓고 깊은 사색으로 해탈(解脫)에 도달해야 하니 한 마디가 촌철이 된다. 　'종고 선사가 선을 논하여 말했다. 비유하면 어떤 사람이 한 수레의 병기를 싣고 와서 무기 하나를 꺼내 가지고 놀고 나서 또다시 다른 무기 하나를 꺼내 가지고 노는 것과 같다(宗杲論禪曰 譬如人載一車兵器 弄了一件 又取出一件 來弄. 종고론선왈 비여인재일거병기 롱료일건 우취출일건래농).' 　'이것은 사람을 죽이는 수단이 아니다. 내가 만일 겨우 한 치 길이의 칼만 있다면 사람을 죽일 수 있다(便不是殺人手段. 我則只有寸鐵 便可殺人. 편부시 살인수단. 아즉지유촌철 편가살인).' 　이는 선의 본바탕을 파악한 말로 마음속의 속된 생각을 없애고 깨달음에 이르는 것을 의미한다. 선의 본바탕을 말하는 선사가 살인이라고 비유한 것은 마음속의 잡된 생각을 없애고 깨달음에 이르는 것을 의미한다. 정신을 집중하여 수양(修養)한다면 아주 사소한 것 하나가 사물을 변화시키고 사람을 감동시킬 수도 있다.

고사 성어	**211. 측은지심(惻隱之心)**
한자	惻 슬퍼할 측, 隱 숨길 은, 之 어조사 지, 心 마음 심
의미	남의 불행을 가엾고 불쌍히 여기는 마음.
출전	맹자(孟子)와 공손추(公孫丑)의 대화
유래	맹자는 제자 공손추와의 대화에서 '어린아이가 우물 속으로 빠지는 것을 보게 되면, 누구라도 측은한 마음을 갖게 된다. 이러한 마음이 드는 것은 그 어린아이의 부모와 친해지고 싶어서도 아니고, 주변 사람들로부터 칭찬을 받기 위해서도 아니며, 구해주지 않았다는 비난을 듣고 싶지 않아서도 아니다.'라고 하며 측은지심(惻隱之心)에 대해서 설명하였다. 　또한 '측은히 여기는 마음이 없으면 사람이 아니다. 측은지심은 어짊의 시작이다(無惻隱之心 非人也. 惻隱之心 仁之端也. 무측은지심 비인야. 측은지심 인지단야).'라고 하여 인(仁)이 측은지심으로부터 비롯된다고 주장하였다. 　(주) 맹자가 제시한 사단(四端) 　①인(仁)의 실마리인 측은지심(惻隱之心: 측은해하는 마음) 　②의(義)의 실마리인 수오지심(羞惡之心: 부끄러워하는 마음) 　③지(智)의 실마리인 시비지심(是非之心: 옳고 그름을 판단하는 마음) 　④예(禮)의 실마리인 사양지심(辭讓之心: 사양하는 마음)

고사 성어	**212. 치산치수(治山治水)**
한자	治 다스릴 치, 山 뫼 산, 水 물 수
의미	산과 내를 잘 다스려 가뭄과 홍수 등의 재해를 미리 예방한다.
출전	서경(書經)
유래	전설에 따르면 요(堯)임금은 순(舜)임금에게, 순임금은 우(禹)임금에게 선양(禪讓)을 향했다. 우임금은 중국 최초로 수리(水利) 사업에 큰 공훈을 세운 인물로 하(夏)나라를 세운 분이다. 　우임금은 땅을 다스렸고 산에 이르면 나무를 베고, 높은 산과 큰 강에 가서는 제사를 올렸으며 산과 물을 잘 다스려서 황하 문명을 이뤄내 중국 최초의 세습 왕조를 이루게 한 임금이다. 　치산치수(治山治水)라는 말은 우임금이 산과 물을 다스려 성공을 거둔 데서 유래되었다.

고사 성어	**213. 칠종칠금(七縱七擒)**
한자	七 일곱 칠, 縱 놓을(늘어질) 종, 擒 사로잡을 금
의미	일곱 번 잡았다가 일곱 번 풀어주다. 즉 상대를 마음대로 다룰 수 있다.
출전	나관중(羅貫中)의 삼국지연의(三國志演義)
유래	칠종칠금(七縱七擒)은 나관중의 삼국지연의에 나오는 제갈량의 이야기에서 유래된 말로, '상대를 마음대로 요리한다.'를 비유하는 말로 칠금(七擒)이라고 줄여서 말하기도 한다. 삼국시대 촉한(蜀漢)의 제1대 황제 유비는 관우의 복수를 위해 동오 정벌에 나섰다가 실패하고 백제성에서 제갈공명에게 아들 유선(劉禪)을 부탁하고 세상을 떠났다. 제갈량은 유선을 보필하게 되었는데, 그때 각지에서 반란이 일어났다. 위(魏)나라를 공략하여 생전의 유비 뜻을 받들어야 했던 제갈량은 먼저 내란부터 수습해야 했다. 유선이 아직 어리고 철이 없어 군대를 동원하는 것이 무리라고 생각한 제갈량은 적진에 유언비어를 퍼뜨려 이간책을 썼다. 의도한 대로 반란군은 같은 편끼리 싸움을 벌여 서로 살육을 일삼았다. 그 결과 마지막으로 등장한 반란군이 바로 맹획(孟獲, 남만 왕)이라는 장수였다. 맹획이 반기를 들자 제갈량은 노강 깊숙이 들어가 그를 생포했다. 제갈량의 계략에 걸려들어 생포된 맹획은 분함을 이기지 못했다. 맹획을 생포한 제갈량은 오랑캐로부터 절대적 신임을 받고 있는 맹획을 죽이는 것만이 능사는 아니라고 판단했다. 　이에 대해 촉한의 무장 마속(馬謖)은 "무릇 용병의 도는 마음을 공략하는 것이 상책이고, 성을 공격하는 것은 하책이며, 마음으로 싸우는 것이 상책이고, 병기로 싸우는 것은 하책이다.라고 했습니다. 원컨대 승상께서는 저들의 마음을 복종시키는 것으로 충분하실 겁니다." 　이에 제갈량은 "유상(마속)이 내 속의 폐부까지 들여다보고 있구나!"라고 말하면서 '용병의 도리는 최상이 민심을 공략하는 것으로, 군사전은 하책일 뿐 심리전을 펴서 적의 마음을 정복하라.'라고 했다. 제갈량은 오랑캐의 마음을 사로잡고 나면 그들의 인적, 물적 자원을 바탕으로 북벌도 용이할 것이라 생각하고 맹획을 풀어주었다. 고향에 돌아온 맹획은 전열을 재정비하여 또다시 반란을 일으켰다. 제갈량은 자신의 지략을 이용하여 맹획을 다시 사로 잡았지만 또 풀어주었다. 이렇게 하기를 일곱 번 마침내 맹획은 제갈량에게 마음속으로부터 복종하여 부하 되기를 자청했다. 여기서 칠종칠금(七縱七擒)이라는 말이 나왔다.

고사 성어	**214. 쾌도난마(快刀亂麻)**
한자	快 쾌할 쾌, 刀 칼 도, 亂 어지러울 난(란), 麻 삼 마
의미	잘 드는 칼로 어지럽게 엉클어진 삼실을 자른다. 즉 어지럽게 뒤섞인 일을 명쾌하게 처리하다.
유의어	①**일도양단(一刀兩斷):** 칼을 한 번 휘둘러 단번에 둘로 나누듯이 일이나 행동에 대한 결정을 선뜻 분명히 내리다. ②**참정절철(斬釘截鐵):** 못과 쇠를 자르듯 일을 결단하여 처리하다.
출전	북제(北齊)의 역사책 북제서(北齊書)
유래	중국 남북조시대 북제의 창시자 고환(高歡)은 여러 명의 아들이 있었는데, 하루는 누가 제일 총명한지가 궁금해서 아들들을 시험해보기로 했다. 그래서 잔뜩 얽히고설킨 삼실을 그들에게 하나씩 나누어주며 이를 풀어보라고 했다. 그러자 모두 얽혀 있는 삼실을 한 가닥씩 푸느라 진땀을 흘리고 있는데, 둘째 아들 고양(高洋)은 달랐다. 그는 잘 드는 칼 한 자루를 들고 와서는 헝클어진 삼실을 싹둑 잘라버리고는 득의(得意)에 찬 표정을 짓는 것이었다. 눈을 휘둥그렇게 뜨고 있는 아버지 앞에서 고양은 "어지러운 것은 베어버려야 합니다(亂者須斬 난자수참)."라고 말했다. 이렇게 해서 쾌도난마(快刀亂麻)란 고사성어가 생겨났는데 오늘날의 의미와는 달리 원래는 '통치자가 백성들을 참혹하게 다스리는 것'을 가리키는 말이었다. 큰일을 해낼 인물이 될 것이라 생각한 아버지의 기대와는 달리 훗날 문선제(文宣帝)가 된 고양은 백성들을 못살게 군 폭군이 되었다.

고사성어	**215. 타산지석(他山之石)**
한자	他 다를 타, 山 뫼 산, 之 어조사 지, 石 돌 석
의미	다른 산에 있는 돌. 즉 다른 산에서 나온 거친 돌도 자기의 구슬을 가는 데에 소용이 된다. 즉 다른 사람의 하찮은 언행도 자신의 몸을 닦고 학문을 연마하는데 거울로 삼을 수 있다.
유의어	①**공옥이석(攻玉以石)**: 돌을 가지고 옥을 닦는다. 즉 하찮은 것으로 귀한 것의 가치를 빛낸다. ②**반면교사(反面教師)**: 다른 사람의 하찮은 언행일지라도 가르침을 얻을 수 있다.
반의어	**중도복철(重蹈覆轍)**: 지난 교훈을 받아들이지 못하고 과거의 실수를 되풀이하다.
출전	시경(詩經) 소아편(小雅篇) 학명(鶴鳴)
유래	타산지석(他山之石)은 시경의 소아편 학명에 나오는 시의 한 구절에서 유래하였는데 그 시의 내용은 다음과 같다. 학이 높은 언덕에서 우니, 그 울음소리 들판에 울려 퍼지네. 물고기는 연못에 숨어있다가 때로는 물가로 올라오기도 하네. 즐거운 저 동산에 박달나무 있고, 그 아래에는 낙엽이 있네. 다른 산의 조악한 돌이라도 옥을 가는 숫돌로 쓸 수 있다네. 학이 높은 언덕에서 우니, 그 울음소리 하늘까지 들리네. 물고기가 물가에도 있고, 연못에 잠기기도 하네. 즐거운 저 동산에 박달나무 있는데, 그 아래는 닥나무 있네. 다른 산의 조악한 돌이라도 옥을 다듬을 수 있다네. 鶴鳴于九皐 聲聞于野　　학명우구고 성문우야 魚潛在淵 或在于渚　　　어잠재연 혹재우저 樂彼之園 爰有樹檀 其下維蘀　낙피지원 원유수단 기하유탁 他山之石 可以爲錯　　　타산지석 가이위착 鶴鳴于九皐 聲聞于天　　학명우구고 석문우천 魚在于渚 或潛在淵　　　어재우저 혹잠재연 樂彼之園 爰有樹檀 其下維穀　낙피지원 원유수단 기하유곡 他山之石 可以攻玉　　　타산지석 가이공옥

고사 성어	**216. 탁상공론(卓上空論)**
한자	卓 높을 탁, 上 위 상, 空 빌 공, 論 말할 론(논)
의미	탁상 위에서 나누는 허황한 이론. 즉 현실성이 없는 허황한 이론이나 논의.
유의어	①**궤상공론(机上空論):** 탁자 위에서 벌이는 쓸데없는 이론이나 논의. ②**묘항현령(猫項縣鈴):** 고양이 목에 방울 달기. 즉 실행할 수 없는 헛된 이론 　이나 논의.
출전	사마천(司馬遷)의 사기열전(史記列傳)
유래	탁상공론(卓上空論)은 장평전투(長平戰鬪)에서 조괄(趙括)이 현장의 지형 지물을 모르고 '지도 위에서만 병법을 말하고(紙上談兵 지상담병)' 전투에 참 가하여 크게 패한 이야기에서 유래되었다. 중국 전국시대 조(趙)나라의 장군 조괄(趙括)은 세리 출신으로 장군 조사(趙奢)의 아들이다. 어려서부터 스스 로 병법을 익힌 조괄은 자신보다 전투를 잘하는 사람이 없다고 기고만장했 다. 　아버지 조사는 '전쟁은 목숨을 거는 일인데 조괄이 너무 쉽게 말한다(兵死 地也 而括易言之. 병사지야 이괄역언지).'라며 아들이 장군이 된다면 틀림없 이 패할 것이라고 걱정했다. 조나라를 침입한 진(秦)나라에서 이 소식을 듣고 첩자를 시켜 조괄이 대장군이 되는 일만 없으면 이길 수 있다고 소문을 퍼뜨 렸다. 　조나라 왕은 조사 장군과 명신 인상여(藺相如)의 반대를 물리치고 국경을 든든히 지키고 있던 염파(廉頗) 장군 대신 조괄(趙括)을 앉혔다. 백전노장 백 기(白起)가 지휘하는 진나라 병사에 파격적인 전술로 대항하던 조괄은 보급 로가 끊겨 40일을 버티다 자신도 화살에 맞아 죽고 조나라의 대군이 진나라 에 투항하였으나 백기가 이들 40만 명을 모두 생매장하니, 이것이 중국 역사 상 가장 참혹한 장평전투(長平戰鬪)이다. 　이 유명한 장평전투에서 크게 패한 조나라는 결국 멸망하게 되었고, 진나라 는 중국을 통일할 수 있는 기반을 마련하게 되었다.

고사 성어	**217. 토사구팽(兎死狗烹)**
한자	兎 토끼 토, 死 죽을 사, 狗 개 구, 烹 삶을 팽
의미	토끼 사냥이 끝나면 사냥개를 삶아 먹는다. 즉 필요할 때에는 사용하고 필요가 없으면 야박하게 버린다.
반의어	①**각골난망(刻骨難忘):** 입은 은혜의 고마운 마음이 뼈에까지 사무쳐 잊히지 　않는다. ②**견리사의(見利思義):** 사사로운 이익보다 의로움을 먼저 생각한다. ③**결초보은(結草報恩):** 죽은 뒤에라도 은혜를 잊지 않고 갚는다. ④**일낙천금(一諾千金):** 한번 승낙한 약속은 천금과 같다.
출전	사기(史記) 회음후열전(淮陰侯列傳)
유래	한나라의 뛰어난 장수 한신(韓信)은 항우를 물리치고 유방(훗날 한나라 고 조)이 천하를 통일하는 데 큰 공을 세웠다. 유방은 황제에 오르자 한신이 세 운 공을 높이 치하하며 그를 초나라 왕으로 임명했다. 그런데 시간이 흐르면 서 한신의 이름이 점점 더 높아지고 힘이 커지는 데다 그가 반란을 꾀한다는 소문이 떠돌았다. 이에 불안을 느낀 유방은 신하인 진평(陳平)과 의논한 뒤 그의 책략을 따른다. 즉 한신이 다스리는 초나라의 운몽(雲夢)을 순행하며 사 냥한다는 핑계를 들어, 모든 지역 제후들을 모이게 하였다. 　유방은 순행과 잔치 및 사냥을 핑계 댔지만, 이는 한신을 사로잡으려는 계 책이었다. 한신은 이 소식을 듣고 오랫동안 고민하며 말했다 　'나를 사로잡으려는 계책인 것 같은데 어떻게 하면 잘 넘어갈 수 있을까?'하 며 깊이 고민하는데 부하 중 한 사람이 말했다. 　"황제가 싫어하는 종리매(鍾離昧)를 잡아서 그의 목을 황제께 바친다면 모 든 의구심(疑懼心)을 풀 수 있지 않겠습니까?" 　종리매는 본디 항우 밑에 있던 뛰어난 장수였으나 항우가 죽고 한나라에 항 복해서 한신에게 의지하고 있었다. 　황제 유방은 항우와 겨루며 각을 세울 때부터 종리매에게 원한이 있었고, 제후 한신에게 그의 머리를 베어 오라고, 이미 오래전에 황명(皇命)을 내린 상태였다. 　그러나 한신은 비록 적군이었으나 종리매는 과거부터 막역한 사이였고, 그 를 숨겨 두고 황제 명령을 따르지 않았다. 이미 항복한 사람을 죽이는 일은 대장부가 할 짓이 아닐뿐더러,

유래

종리매는 능력과 재능이 많아 죽이기에는 아까운 인물이었기 때문이다.

한신은 고민 끝에 어느 날, 종리매를 찾아가서 그동안 있었던 자초지종을 털어놓자 종리매는 몹시 화난 얼굴로 말했다.

"유방이 그동안 당신을 치지 못한 까닭은 우리가 같이 있었기 때문이오. 그런데 이제 유방에게 비위를 맞추려고 나를 잡으려 한다면 내 스스로 여기에서 목숨을 내놓겠소. 다만, 내가 없어지면 그다음은 당신 차례임을 명심하시오!"

이렇게 말한 종리매는 스스로 목을 찔러 자결했다. 그 목을 가지고 간 한신은 유방의 오해를 풀 수 있으리라 생각했지만 결과는 정반대였다. 유방은 종리매가 죽었다는 소식에 즉시 한신을 붙잡아 묶었다. 한신은 탄식하며 말했다.

"과연 사람들의 말과 같구나. 교활한 토끼가 죽었으니 충성스러운 사냥개를 삶아 먹고, 높이 나는 새들이 없으면 아무리 좋은 활이라도 쓰지 못하며 적국이 타파되니 신하도 버림받네. 천하가 평정되었으니 이제 나도 팽당하는구나(果若人言. 狡兎死良狗烹 飛鳥盡良弓藏 敵國破謀臣亡. 天下已定 我固當烹. 과약인언. 교토사양구팽 비조진양궁장 적국파모신망. 천하이정 아고당팽)."

결국 한신은 토끼몰이가 끝나자 버림받은 사냥개 신세가 되고 말았다.

고사 성어	**218. 파죽지세(破竹之勢)**
한자	破 깨뜨릴 파, 竹 대 죽, 之 어조사 지, 勢 기세 세
의미	대나무를 쪼개는 것 같은 거침없는 기세. 즉 거침없이 적을 물리치며 진군하는 형세.
유의어	①세여파죽(勢如破竹): 대나무를 쪼개는 것과 같은 기세. ②영도이해(迎刀而解): 첫마디만 쪼개면 전체가 쉽게 쪼개짐. ③영인이해(迎刃而解): 첫마디만 쪼개면 전체가 쉽게 쪼개짐.
출전	삼국지 진서(晉書) 두예전(杜預傳)
유래	중국의 삼국시대(위, 촉, 오)가 끝나고 촉(蜀)나라가 멸망하면서, 사마염(司馬炎)은 진나라를 건국하게 된다. 사마염의 목표는 오(吳)나라만 점령하면 중국 대륙을 통일할 수 있었던 것이다. 이에 사마염은 두예(杜預)라는 장수에게 오나라를 공격하라고 명령하고 군사를 움직이게 하였다. 출병한 이듬해 음력 2월, 무창(武昌)을 점령한 두예는 휘하 장수들과 오나라를 공략할 마지막 작전 회의를 열었다. 이때 한 장수가 의견을 내는데, "곧 여름이 되니, 홍수와 장마로 나라에 물이 넘쳐흐르고, 돌림병이 동반하여 일어날 것입니다. 겨울이 오기를 기다려서, 다시 군사를 일으켜야 함이 마땅합니다(今向暑 水潦方降 疾疫將起. 宜俟來冬 更爲大擧. 금향서 수료방강 질역장기. 의사래동 갱위대거)." 그러자 두예가 말했다. "옛날에 악의(樂毅) 장군은 제서(濟西)의 일전을 바탕으로 강한 제나라를 물리쳤습니다. 지금 병사들이 이미 위세를 떨치고 있으니, 비유하면 대나무를 쪼개는 것과 같습니다. 몇 마디를 쪼갠 뒤에는 모두 칼날을 대면 갈라져서, 다시 보충하여 손을 댈 곳이 없을 것입니다(昔樂毅藉濟西一戰以并彊齊. 今兵威已振 譬如破竹. 數節之後 皆迎刃而解 無復著手處也. 석악의차제서일전이병강제. 금병위이진 비여파죽. 수절지후 개영인이해 무부저수처야)."라며 군사를 보내 오나라를 공격했다. 오나라의 도읍인 건업으로 진격했다. 두예가 단숨에 건업을 함락시키자 오나라 왕 손호(孫晧)는 신하들에게 말했다. "내 손을 뒤로 묶고 수레에 관을 실어라." 오나라 왕 손호는 사죄의 뜻을 보이며 항복했다. 이리하여 진나라가 삼국을 통일하게 되었다. 두예는 오나라를 평정한 공으로 당양현후(當陽縣侯)라는 벼슬에 봉해졌으나, 만년(晚年)에는 학자로서 학문과 저술에 힘을 기울였다. 이렇게 하여 마지막 남은 오나라가 멸망하게 되었고, 파죽지세(破竹之勢)라는 사자성어가 유래되었다.

고사 성어	**219. 팔방미인(八方美人)**
한자	八 여덟 팔, 方 방향 방, 美 아름다울 미, 人 사람 인
의미	팔방 어디에서 보나 아름다운 사람. 즉 다방면에 뛰어난 사람.
유의어	①**다재다능(多才多能):** 재주와 능력이 여러 가지로 많음. ②**재고팔두(才高八斗):** 뛰어난 재주가 여덟 말을 차지함. ③**팔면영롱(八面玲瓏):** 어느 쪽에서 봐도 아름답게 빛나고 환하게 맑음.
출전	구전(口傳) 용어(用語)

유래	'팔방(八方)'은 동·서·남·북의 사방과 동북·동남·서북·서남의 네 모퉁이를 총 칭하는 여덟 방위를 나타내는 말로 여러 방면 또는 모든 방면을 말한다. '미 인(美人)'은 외모가 아름다운 여인을 뜻하며 모든 분야에서 성적이 뛰어난 사 람을 가리키기도 한다.
	  팔방미인(八方美人)은 팔방과 미인 두 단어가 합쳐진 말로 어느 모로 봐도 아름답거나 두루 뛰어난 사람을 의미한다.
	
	  (주 1) 한국에서는 팔방미인(八方美人)은 '다재다능한 재간꾼'을 칭찬하는 말로 사용하지만, 일본에서는 '누구에게 잘 보이기 위해 약삭빠르게 처세한 다.'라는 부정적인 의미로 사용하므로 일본사람을 칭찬하는 의미로 사용하면 낭패를 볼 수 있다.
	  (주 2) 한국에서는 애인(愛人)이 '사랑하는 사람'이라는 의미로 쓰이지만, 일본에서 는 '결혼한 사람이 배우자 이외에 사귀는 사람' 즉 '불륜의 대상'을 말한다.

고사 성어	**220. 포복절도(抱腹絕倒)**
한자	抱 안을 포, 腹 배 복, 絕 끊을 절, 倒 넘어질 도
의미	배를 부둥켜안고 넘어질 정도로 몹시 웃는다.
유의어	①**가가대소(呵呵大笑):** 껄껄거리며 한바탕 크게 웃는다. ②**박장대소(拍掌大笑):** 손뼉을 치며 크게 웃는다. ③**봉복절도(捧腹絕倒):** 배를 안고 넘어질 정도로 몹시 웃는다. ④**파안대소(破顔大笑):** 얼굴이 찢어지도록 크게 웃는다.
출전	구전(口傳) 용어(用語)
유래	포복절도(抱腹絕倒)라는 말은 전해오는 이야기가 없으며 고사성어도 아니 다. 다만 사람들 입에서 입으로 이 말이 전해지면서 오늘날 사람들이 많이 사 용하게 되었다.

고사 성어	**221. 표리부동(表裏不同)**
한자	表 겉 표, 裏 속 리, 不 아닌가 부(불), 同 한가지 동
의미	겉과 속이 같지 않다. 즉 겉과 속의 마음이 다르다.
유의어	①**권상요목(勸上搖木):** 나무에 오르라 부추겨 놓고 흔들어 떨어뜨린다. ②**양두구육(羊頭狗肉):** 양의 머리를 걸어놓고 개고기를 판다. 즉 겉으로 내 　세우는 것과 속의 생각은 다르다. 현양두매구육(懸羊頭賣狗肉)이 줄어서 　양두구육(羊頭狗肉)이 되었다.
반의어	**표리일체(表裏一體):** 겉과 속이 하나이다. 즉 말과 행동이 일치한다.
출전	왕과 관리(官吏)의 대화(對話), 왕희지의 글씨에 얽힌 이야기
유래	원래 표(表)는 거친 흰 무명의 겉감이란 뜻이고, 리(裏)는 거친 흰 무명의 안감이라는 뜻이다. 　표리(表裏)는 설날에 왕과 조정 관리들이 모인 자리에서 검소한 생활을 하고 가난한 백성들의 어려움을 되새기자는 뜻으로 올리는 무명 옷감이었다. 그런데 실제로는 누구도 이 표리로 옷을 해 입는 사람이 없었고 단지 행사용으로 그치는 데에서 '표리가 부동하다.'라는 말이 나왔다. 　또한, 중국 동진시대(東晉時代)의 서성(書聖)이라고 불리는 서예가 왕희지(王羲之)의 글씨에 얽힌 얘기에서 유래되었다. 　왕희지라는 글씨를 아주 잘 쓰는 사람이 있었다. 그런데 어떤 사람이 왕희지의 글씨를 시장에서 팔기에 구입하였다. 그런데 글씨를 잘 판별하는 사람에게 진위여부를 의뢰한 결과 그 글씨는 가짜라는 것을 알려 주었고, 다시 시장으로 갔지만 이미 때는 늦은 상태였다. 　이렇게 사기꾼처럼 겉과 속이 다르게 행동하여 물건을 판 것을 빗대는 말을 표리부동이라고 하였다고 한다. 　그런데 오늘날 표리부동(表裏不同)이라는 의미가 '겉에 보이는 언행과 속의 생각이 다르다.'라고 변하면서 '말과 행동이 같지 않은 것'을 나타내게 되었다.

고사 성어	**222. 풍수지탄(風樹之嘆)**
한자	風 바람 풍, 樹 나무 수, 之 어조사 지, 嘆 탄식할 탄
의미	바람의 탄식과 나무의 탄식. 즉 부모님이 살아 계실 때 효도하지 않으면 돌아 가신 뒤에 후회한다.
유의어	①**풍목지비(風木之悲):** 바람과 나무의 슬픔. 즉 효도를 다하지 못한 채 부모 를 여읜 자녀의 슬픔. ②**풍수지감(風樹之感):** 바람과 나무의 느낌. 즉 효도를 다하지 못한 채 돌아 가신 부모를 생각하는 자녀의 슬픈 감정. ③**풍수지비(風樹之悲):** 바람과 나무의 슬픔. 즉 효도를 다하지 못한 채 어버 이를 여읜 자녀의 슬픔.
출전	한영(韓嬰)의 한시외전(韓詩外傳)
유래	풍수지탄(風樹之嘆)이라는 고사성어는 한영이 지은 한시외전(韓詩外傳) 제 9권에 나오는 말로 수욕정이풍부지(樹欲靜而風不止)에서 유래되었다. 　공자(孔子)께서 뜻을 펼치기 위해 여기저기 유랑하다 무덤 앞에서 슬피 울 고 있는 고어(皐魚)라는 사람을 만났다. 공자는 그에게 그 까닭을 물었다. 그 는 다음과 같이 답했다. 　"제게는 세 가지 한(恨)이 되는 잘못이 있습니다. 　첫째는 공부한다고 집을 떠났다가 고향에 와보니 부모님이 이미 세상을 뜬 것이요. 　둘째는 저를 알아줄 군주를 어디에서도 만나지 못한 것이며, 　셋째는 서로 속마음을 터놓던 친구와 사이가 멀어진 것입니다. 　이어서 그는 '나무는 조용히 있고자 하나 바람 잘 날이 없고, 　자식이 부모를 모시고자 하나 부모는 이미 안 계신 것입니다(樹欲靜而風不 止 子欲養而親不待 수욕정이풍부지 자욕양이친부대).' 　이제는 그럴 생각으로 찾아가도 뵐 수 없는 것이 부모입니다." 이 말을 마치 고 그는 마른 나무에 기대어 죽고 말았다. 　공자께서 제자들에게 말했다. "이 말을 명심해 두어라. 훈계로 삼을 만하지 아니한가?" 　이날의 충격으로 깊은 감명을 받은 공자의 제자 중 고향으로 돌아가 부모를 섬긴 사람이 세 명이나 되었다고 한다.

고사 성어	**223. 풍전등화(風前燈火)**
한자	風 바람 풍, 前 앞 전, 燈 등잔 등, 火 불 화
의미	바람 앞의 등불. 즉 사물이 매우 위태로운 처지에 놓여 있는 상태.
유의어	①**풍전등촉(風前燈燭):** 바람 앞의 촛불. 즉 위급한 상태. ②**풍전지등(風前之燈):** 바람 앞의 등불. 즉 위급한 상황.
출전	백제 의자왕(義慈王) 이야기, 중국 옛 시인의 그림자놀이
유래	풍전등화(風前燈火)는 백제 의자왕의 이야기에서 유래되었다. 　백제 의자왕은 초기에는 백성을 잘 다스리고, 이웃 신라를 침략해서 여러 성을 빼앗을 만큼 용맹스러웠다. 그런데 차츰 초심을 잃고 주색(酒色)에 빠져 국사를 게을리하기 시작했다. 의자왕이 삼천 궁녀를 거느리며 주색에 빠져 충신을 멀리하고 간신들을 가까이하면서 더욱 국가는 어려워졌다. 　이런 상황에서 신라가 쳐들어올 것을 대비하지 못했다. 백성들은 신라와 당나라 연합군이 쳐들어온다는 소식에 불안에 떨고 있었다. 결국, 신라와 당나라 연합군이 쳐들어오자 의자왕은 자신과 백성들의 상황이 풍전등화(風前燈火) 같다고 하였다. 　또한, 옛날 중국에 한 시인이 있었는데 그가 그림자놀이를 감상하며 불안한 마음을 느끼며 그 이유를 찾다가 자신의 모습이 바람에 흔들리는 등불 그림자와 닮았다는 것을 깨닫게 되었다. 이후 이러한 불안한 모습을 풍전등화라고 표현하게 되었다고 한다.

고사 성어	**224. 학이시습(學而時習)**
한자	學 배울 학, 而 말이을 이, 時 때 시, 習 익힐 습
의미	배우고 때때로 익힌다. 즉 배운 것을 복습하고 연습하면 그 참뜻을 알게 된다.
출전	논어(論語) 학이편(學而篇)
유래	이 말은 논어의 첫머리에 나오는 말로 원문은 다음과 같다. 　'배우고 때로 익히면 또한 기쁘지 아니한가(學而時習之不亦說乎. 학이시습지불역열호). 벗이 있어 먼 곳으로부터 오면 또한 즐겁지 아니하는가(有朋自遠方來不亦樂乎. 유붕자원방래불역낙호). 사람이 몰라도 노여워하지 않으면 또한 군자가 아니겠는가(人不知而不慍不亦君子乎. 인부지이불온불역군자호).'라는 말이 나오는데 학이시습(學而時習)이라는 말은 여기에서 유래되었다.

고사 성어	**225. 합연기연(合緣奇緣)**
한자	合 합할 합, 緣 가선 연, 奇 기이할 기
의미	기이하게 결합하는 인연. 즉 부부가 되는 인연.
유의어	①**애연기연(愛緣奇緣):** 은애(恩愛)로 맺은 인연과 기이한 인연. ②**천생가연(天生佳緣):** 하늘이 맺어준 인연.
출전	구전(口傳) 용어(用語)
유래	합연기연(合緣奇緣)이라는 말은 확실한 출전이나 전해져 내려오는 이야기는 없다. 다만 인연(因緣)을 중히 여기는 사람들이 즐겨 쓰면서 입에서 입으로 전해져 내려오면서 사자성어가 되었다.

고사 성어	**226. 화룡점정(畵龍點睛)**
한자	畵 그림 화, 龍 용 룡(용), 點 점 점, 睛 눈동자 정
의미	용을 그리고 마지막으로 눈동자를 찍어 넣다. 즉 일의 마무리를 완벽하게 끝내다.
출전	장언원(張彦遠)의 역대명화기(歷代名畵記)

유래	중국 남북조 시대 양나라에 3대 화가(고개지, 육탐미, 장승요)로 이름을 날렸던 장승요(張僧繇)라는 화가가 있었다. 장군과 태수 등의 벼슬을 지낸 그는 이후 사직하고 그림만을 그리고 있었다. 그러던 어느 날 금릉(金陵)의 안락사(安樂寺)란 사찰에서 벽면에 용을 그려달라는 간곡한 부탁을 받았다.
	  '장승요가 금릉 안락사에서 벽에 네 마리의 용을 그렸는데 눈동자는 점찍지 아니하였다.
	  그는 항상 말하기를 점을 찍으면 (용이) 날아간다고 했다. 사람들이 거짓말이라고 하여 그중 한 마리에 점을 찍으니 눈 깜짝할 사이에 천둥 번개가 치고 벽을 부수고 용 한 마리가 구름을 타고 하늘로 올라갔다. 눈동자를 그려 넣지 않은 용들은 그대로 남아 있었다(張僧繇於金陵安樂寺 畵四龍於壁 不點睛. 每日點之則飛去. 人以爲誕因點其一 須臾雷電破壁 一龍乘雲上天. 不點睛者見在. 장승요어금릉안낙사 화사룡어벽 부점정. 매왈 점지칙비거. 인이위탄인점기일 수유뢰전파벽 일룡승운상천. 부점정자견재).' 이때부터 화룡점정(畵龍點睛)은 가장 중요한 부분을 마무리하여 일을 완벽하게 완성할 때 쓰이는 말이 되었다.

고사 성어	**227. 환골탈태(換骨奪胎)**
한자	換 바꿀 환, 骨 뼈 골, 奪 빼앗을 탈, 胎 아이밸 태
의미	뼈를 바꾸고 태아를 빼낸다. 즉 보다 나은 방향으로 사람이 변해 딴사람처럼 된다.
출전	남송 혜홍(惠洪)의 냉제야화(冷齊夜話)
유래	환골탈태(換骨奪胎)는 선가(仙家)에서 나온 말로 연단법(鍊丹法)에 의해 새로운 사람이 되는 것을 말하는 것이었다. 황정견(黃庭堅, 호 산곡 山谷)과 소식(蘇軾, 호 동파 東坡)은 북송을 대표하는 시인이다. 황정견은 박식(博識)으로 알려졌지만, 박식을 자랑하여 함부로 인용(引用)하는 일이 없고, 그것을 완전히 소화시켜서 내 것처럼 자유롭게 씀으로써 독자적인 세계를 이루었다. 그의 이 같은 수법은 도가의 용어를 빌려 표현한 것이다. 남송의 스님 혜홍이 쓴 냉제야화(冷濟夜話)에 있는 이야기다. 황정견이 다음과 같이 말했다. "그 뜻은 바꾸지 않으면서 그 말만 새로 만드는 것을 환골법이라 하고, 그 뜻에 깊이 파고 들어서 그대로 형용하는 것을 탈태법이라 한다(不易其意而造其語 謂之換骨法 窺入其意而形容之 謂之奪胎法. 불역기의이조기어 위지환골법, 규입기의이형용지 위지탈태법)." 여기에서 환골탈태라는 말이 생기게 되었다.

고사 성어	**228. 허심탄회(虛心坦懷)**
한자	虛 빌 허, 心 마음 심, 坦 평평할 탄, 懷 품을 회
의미	마음을 비운 채 너그럽고 마음을 편하게 가진다.
출전	이계원의 시 부용산칠언(芙蓉山七言), 허준의 동의보감(東醫寶鑑)
유래	허심탄회(虛心坦懷)는 고려 문장가 이계원이 부용산칠언이라는 시에서 '허심탄회의 정신을 전달하며 이러한 태도를 통해 인간이 진실을 찾아내고 올바른 길을 걸을 수 있다.'라는 메시지를 전달한 데서 유래하였다. 또한, 허준이 집필한 동의보감(東醫寶鑑)에 허심탄회라는 말이 나온다. '사람이 허심탄회하게 되면 천지간의 도와 합치되는 것이요, 야심이 있으면 도에서 멀어진다.' 이후 사람들의 입에서 입으로 허심탄회(虛心坦懷)라는 말이 전해오면서 일상생활에서 많이 사용하게 되었다.

고사 성어	**229. 허장성세(虛張聲勢)**
한자	虛 빌 허, 張 베풀 장, 聲 소리 성, 勢 기세 세
의미	비어있는 채로 목소리의 기세만 높인다. 즉 실력은 없으면서 허세를 부린다.
유의어	①**수상개화(樹上開花):** 나무 위에 꽃을 피운다. 즉 꽃을 피울 수 없는 나무에 　조화를 꽃처럼 장식하여 상대방을 속인다. ②**호왈백만(號曰百萬):** 말로는 백만을 일컬으나 실상은 얼마 안 된다.
출전	한유(韓愈)의 시문집인 창려선생집(昌黎先生集), 춘추시대 진(晉)나라의 장군 선진(先軫)의 일화
유래	허장성세(虛張聲勢)는 중국 당나라의 문인 한유(韓愈)가 시문집인 창려선 생집 논회서사의상에서 이소(李愬)가 오원제를 토벌할 때, 치청과 항기지방 의 관리들이 오원제(吳元濟)를 구원할 생각을 갖고 있었으나 겁 많고 나약한 자들이었기 때문에 그저 허장성세(虛張聲勢)했을 뿐이라고 쓴 데서 유래하 게 되었다. 　또한, 다른 고사는 진나라 장수가 오록성(伍鹿城)을 공략할 때 사용한 기치 전략의 고사에서 유래되었다고 한다. 　옛날 전국시대 진(晉)나라 장수 위주(魏犨)와 선진(先軫)이 위(魏)나라 오록 성(伍鹿城)으로 쳐들어갔을 때의 일이다. 선진은 군사들에게 기치를 많이 들 고 나가서 산이나 언덕을 지날 때마다 마구 꽂아두라고 명하여 숲은 수많은 기치가 나부끼게 되었다. 　이에 위주가 '군사는 소리 없이 적을 향해 쳐들어가야 하는데 이렇게 많은 기치를 꼽아두고 적들로 하여금 미리 방비하게 하는 이유를 도저히 모르겠 다.'라고 하자, 선진이 말하기를 '곳곳에 기치를 많이 꽂아 강대국의 침입을 두려워하고 있는 위나라 백성들에게 위압감을 느끼게 해 주려고 한다.'라고 말했다. 　진나라 군사가 쳐들어온다는 소식을 들은 위나라 백성들이 성 위에 올라가 보니 진나라의 기치가 온 산과 언덕을 덮고 펄럭이고 있었다. 이를 본 위나라 백성들은 두려움에 떨며 달아났고 오록성의 관리들도 달아나는 백성들을 도 저히 막을 수가 없었다. 　결국, 진나라 군사가 오록성에 이르렀을 때는 성을 지키는 사람이 아무도 없어 선진은 무사히 오록성을 함락할 수 있었다. 　유래에서 알 수 있듯이 허장성세가 예전에는 긍정적인 의미로 쓰였는데 요 즘에는 부정적인 의미로 사용되고 있다.

고사 성어	**230. 현하지변(懸河之辯)**
한자	懸 매달 현, 河 물 하, 之 어조사 지, 辯 말 잘할 변
의미	물줄기가 거침없이 흐르듯이 매끄럽고 유창하게 잘하는 말솜씨. 즉 물 흐르듯 유창하게 엮어 나가는 말솜씨.
유의어	①**현하구변(懸河口辯):** 물이 거침없이 흐르듯 잘하는 말씨. ②**현하웅변(懸河雄辯):** 물이 거침없이 흐르듯 잘하는 웅변.
출전	진서(晉書) 곽상전(郭象傳)
유래	현하지변(懸河之辯)이라는 고사성어는 진(晋)나라 학자 곽상이라는 사람의 달변(達辯)을 빗대어 한 말에서 유래하였다. 　진나라 역사책인 곽상전(郭象傳)에 곽상이라는 사람이 변론을 펼치는 것을 보고 왕연(王衍)은 다음과 같이 평가하였다. 　"곽상이 말하는 것을 들으면 마치 산 위에서 곧장 떨어지는 물줄기가 그치지 않음과 같다(聽象語 如懸河瀉水 注而不竭. 청상어 여현하사수 주이불갈)." 이같이 격찬한 데서 생기게 되었다.

고사 성어	**231. 혈혈단신(孑孑單身)**
한자	孑 외로울 혈, 單 홑 단, 身 몸 신
의미	의지할 곳이 없는 매우 외로운 홀몸.
유의어	①**고독단신(孤獨單身):** 도와주는 사람이 없는 외로운 몸. ②**고신척영(孤身隻影):** 외로운 홀몸과 외롭게 비친 그림자. ③**단독일신(單獨一身):** 일가친척이 없는 단지 혼자의 몸. ④**혈연단신(孑然單身):** 의지할 곳이 없는 외로운 홀몸.
출전	박완서(朴婉緒)의 '미망'상편, 판소리 춘향가
유래	혈혈단신(孑孑單身)에 대한 확실한 출전이나 유래는 밝혀지지 않았다. 그러나 박완서의 '미망'상편과 판소리 '춘향가'에 혈혈단신이라는 사자성어가 나온다. 　혈혈단신이란 말은 '혈혈(孑孑)'은 외로울 혈(孑) 두 글자가 붙어 매우 외로운 상태를 뜻하고, '단신(單身)'은 혼자라는 뜻을 가진 말이다. 이 두 말이 합쳐져서 '매우 외로운 의지할 곳이 없는 혼자'란 의미를 갖고 있다. 　따라서 혈혈단신은 '매우 외로운 의지할 곳 없는 혼자의 몸'을 가리키게 되었다.

고사 성어	**232. 형설지공(螢雪之功)**
한자	螢 반디(개똥벌레) 형, 雪 눈 설, 之 갈 지, 功 공 공
의미	반딧불과 눈빛으로 이룬 공. 즉 어려운 생활 속에서 고생하며 꾸준하게 학문을 닦는 자세.
유의어	①**손강영설(孫康映雪):** 손강이 쌓인 눈빛에 비추어 책을 읽음. ②**차윤취형(車胤聚螢):** 차윤이 반디를 모아서 책을 읽음.
출전	이한(李瀚)의 몽구(蒙求)에 실린 손강(孫康)과 차윤(車胤)의 일화
유래	송강(孫康)과 차윤(車胤)은 집이 가난하여 제대로 공부할 여건이 갖춰지지 않아서, 송강은 눈의 빛으로 공부하여 이부상서 벼슬까지 지냈고, 차윤은 반딧불로 공부하여 어사대부 벼슬까지 지냈다는 고사에서 형설지공(螢雪之功)이란 말이 생기게 되었다. 손씨세록에 이르기를, 손강은 집이 가난하여 기름이 없어서 항상 눈에 비추어 글을 읽었다(孫氏世祿曰 康家貧無油 常映雪讀書. 손씨세록왈 강가빈무유 상영설독서). 젊은 시절에는 탐욕이 없고 강직하였으며 사귀고 노는 것이 잡스럽지 않았다. 후에 어사대부 벼슬에 이르렀다(少小淸介 交遊不雜. 後至御史大夫. 소소청개 교유부잡. 후지어사대부). 진나라 사람 차윤(자 무자)은 남평 사람으로 어려서부터 예의 바르고 부지런하고, 게으르지 않았으며, 책을 많이 읽어서 여러 방면에 능통했는데, 집이 가난하여 기름을 구하기가 어려웠다. 그래서 여름이면 명주 주머니를 만들어 반딧불이 수십 마리를 넣어서 그것으로 책을 비추어 밤낮으로 읽었다. 결국 이부상서 벼슬까지 올랐다(晉車胤字武子南平人 幼恭勤不卷 博覽多通 家貧不常得油 夏月則練囊盛數十螢火 以照書以夜繼日焉. 終吏部尙書. 진차윤자무자남평인 유공근불권 박람다통 가빈불상득유 하월칙련낭성수십형화 이조서이야계일언 종리부상서). (주) 몽구(蒙求)는 당나라 학자 이한(李瀚)이 지은 문자교육용 아동교재로서 8자를 한 구(句)로 하여 중국 역대의 뛰어난 인물과 그 행적을 소개하는 형식으로 구성되어 있다.

고사 성어	**233. 호가호위(狐假虎威)**
한자	狐 여우 호, 假 거짓 가, 虎 범 호, 威 위엄 위
의미	여우가 범의 위세를 빌려 호기(豪氣)를 부린다. 즉 강한 자의 힘을 빌려서 위세 를 부리거나 위협한다.
유의어	①**가호위호(假虎威狐)**: 여우가 범의 위세를 부린다. ②**차호위호(借虎爲狐)**: 여우가 범의 위엄을 부린다.
출전	전국책(戰國策)의 초책(楚策)
유래	초나라 선왕(宣王)이 여러 신하에게 물었다. 내가 듣기로는 북쪽 국가들이 소해 휼(昭奚恤)을 두려워한다는데 과연 사실인가? 여러 신하가 대답을 못하니 강을 이 대답했다(荊宣王問群臣曰. 吾聞北方之畏昭奚恤也 果誠何如 群臣莫對 江乙 對曰. 형선왕문군신왈. 오문북방지외소해휼야 과성하여 군신막대 강을대왈). 범은 모든 짐승을 찾아 잡아먹는데 여우를 잡으니 여우가 말했다. 그대는 감히 나를 잡아먹지 못할 것이다. 천제께서 나를 모든 짐승의 우두머리로 삼으셨으니 지금 그대가 나를 잡아먹으면 이는 천제의 명을 거역하는 것이다(虎求百獸而食 之 得狐 狐曰. 子無敢食我也. 天帝使我長百獸 今子食我 是逆天帝命也. 호구백 수이식지 득호 호왈. 자무감식아야. 천제사아장백수 금자식아 시역천제명야). 그대가 나를 믿지 못하겠으면 내가 그대보다 앞서서 갈테니 그대는 내 뒤를 따라서 모든 짐승이 나를 보고 감히 달아나지 않는지를 보겠는가? 범은 그럴 듯하다고 생각하여 여우와 함께 갔다. 짐승들은 그를 보고 모두 달아났다(子 以我爲不信 吾爲子先行 子隨我後 觀百獸之見我而敢不走乎? 虎以爲然 故遂 與之行. 獸見之皆走. 자이아위불신 오위자선행 자수아후 관백수지견아이감 불주호? 호이위연 고수여지행. 수견지개주). 범은 짐승들이 자기가 두려워서 달아난 것을 알지 못하고 여우를 두려워한 다고 생각했다(虎不知獸畏己而走也. 以爲畏狐也. 호불지수외기이주야. 이 위외호야). 지금 왕의 땅이 사방 오천리에 갑옷을 입은 병사가 백만인데 모두 소해휼에 게 맡겨놓으셨기 때문에 북쪽 국가들이 소해휼을 두려워하는 것이며 이는 왕 의 군대를 두려워하는 것이니 모든 짐승이 범을 두려워하는 것과 같습니다(今王之地方五千里 帶甲百萬 而專屬之昭奚恤 故北方之畏奚恤也 其實畏王 之甲兵也 猶百獸之畏虎也. 금왕지지방오천리 대갑백만 이전속지소해휼 고 북방지외해휼야 기실외왕지갑병야 유백수지외호야). 위의 고사에서 호가호위(狐假虎威)라는 말이 생기게 되었다.

고사 성어	**234. 호미난방(虎尾難放)**
한자	虎 범 호, 尾 꼬리 미, 難 어려울 난, 放 놓을 방
의미	한번 잡은 범의 꼬리는 놓기가 어렵다. 즉 위험한 일에 손대어 그만두기도 어렵고 계속하기도 어려운 난처한 상황이다.
유의어	①**기호지세(騎虎之勢):** 범의 등을 타고 달리는 기세. ②**기호난하(騎虎難下):** 범의 등을 타고 달리다 도중에서 내리기가 어렵다.
출전	구전(口傳) 이야기
유래	옛날에 한 선비가 산길을 가다 잠시 쉬고 있었다. 다시 일어나 길을 가려고 하는데 옆에 있는 지팡이를 잡는다는 것이 그만 바위 옆에서 쉬고 있는 범의 꼬리를 덥석 잡았다. 그러자 범은 꼬리에 매달린 선비를 잡아먹기 위해서 빙빙 돌았다. 선비는 범의 꼬리를 놓으면 범에게 잡아먹힐 위기에 놓이게 되었다. 그래서 그는 꼬리를 놓지 못한 채, 범의 주위를 빙빙 돌고만 있었다. 그때 마침 그곳으로 한 스님이 다가왔다. 그러자 선비는 "아이고, 스님! 저기 저 나뭇가지로 이 범을 때려잡아 주십시오." 하면서 다급한 목소리로 스님에게 애원했다. 그런데도 스님은 목숨 가진 생명체를 함부로 죽일 수는 없다며 선비의 요청을 한마디로 거절하였다. 선비는 한 가지 꾀를 내어 이렇게 말했다. "스님, 제가 지금 뒤가 급해서 그러니 잠시만 이 꼬리를 잡고 계셔 주십시오." 그 말에는 스님도 차마 거절할 수가 없어서 선비가 잡고 있던 범의 꼬리를 대신 잡아 주었다. 그러자 선비는 사람의 목숨이 왔다갔다하는 순간에도 태연자약하게 있던 스님을 못마땅하게 여겨, 스님이 범의 꼬리를 잡는 순간 '걸음아 날 살려라.'라며 도망을 치고 말았다. 며칠 후에 선비가 다시 그곳에 와 보니, 스님은 그때까지도 범의 꼬리를 잡은 채 제자리를 뱅뱅 돌고 있었다. 스님은 다 죽어가는 목소리로 애원하였다. "아이고, 선비님! 내가 죽으려 해도 죽을 짬이 없으니, 나 대신 이 범을 좀 죽여 주시오." 스님은 자기 발등의 불을 꺼야 할 형편이 되자, 불과 며칠 전에 자기가 선비에게 했던 말은 까맣게 잊고 선비에게 애원하며 매달렸다. 이 이야기에서 호미난방(虎尾難放)이라는 말이 유래되었다.

고사 성어	**235. 호사다마(好事多魔)**
한자	好 좋을 호, 事 일 사, 多 많을 다, 魔 마귀 마
의미	좋은 일에는 방해되는 일이 많다.
반의어	**일범풍순(一帆風順):** 순풍에 돛을 올리듯 일이 순조롭게 진행되다.
출전	동해원(董解元)의 서상(西廂), 조설근(曹雪芹)의 홍루몽(紅樓夢)
유래	호사다마(好事多魔)라는 말은 금(金)나라의 동해원(董解元)이 지은 서상에 다음과 같은 말에서 유래되었다. 　"참으로 이른바 좋은 시기는 얻기 어렵고, 좋은 일을 이루려면 많은 풍파를 겪어야 한다(眞所謂佳期難得 好事多磨 진소위가기난득 호사다마)." 　또한 청(淸)나라의 조설근(曹雪芹)이 지은 홍루몽(紅樓夢)에 다음과 같은 말에서 유래되었다. 　"그런 홍진 세상에 즐거운 일들이 있지만, 영원히 의지할 수는 없는 일이다. 하물며 또 옥에도 티가 있고, 좋은 일에는 탈도 많다(美中不足 好事多魔 미중부족 호사다마)."

고사 성어	**236. 호시탐탐(虎視眈眈)**
한자	虎 범 호, 視 볼 시, 眈 노려볼 탐
의미	범이 눈을 부릅뜨고 먹이를 노려본다. 즉 남의 것을 빼앗기 위하여 형세를 살피며 가만히 기회를 노린다.
출전	주역(周易) 이괘편(頤卦篇)
유래	호시탐탐(虎視眈眈)이라는 말은 주역 이괘의 효사(爻辭)에 다음과 같은 말에서 유래되었다. 　역으로 길러지는 것도 길하다. 범이 노려보듯 하여 그 하고자 하는 바대로 쫓아가면 허물이 없다(顚頤吉 虎視眈眈 其欲逐逐 无咎. 전이길 호시탐탐 기욕축축 무구). 　이괘(頤卦)는 천자를 보좌하여 천하의 만민을 기르는 대신의 지위에 비유할 수 있는데, 음유(陰柔)함으로 힘이 부족하여 혼자의 힘으로는 천하의 만민을 기르기는커녕 자기의 몸을 기르는 일조차도 불안하다. 그러므로 백성과 천자의 도움이 필요하다. 　위에 있는 사람이 호시탐탐(虎視眈眈)하여 위엄이 있으면서 사납지 않은 태도로 정중하게 행동하면 아랫사람도 감히 깔보지 못하고 윗사람을 받들게 될 것이다.

고사성어	**237. 호연지기(浩然之氣)**
한자	浩 클 호, 然 그러할 연, 之 어조사 지, 氣 기운 기
의미	온 세상에 가득 찬 넓고 평온한 기운.
출전	맹자(孟子)의 공손추장구(公孫丑章句)
유래	호연지기(浩然之氣)라는 고사성어(故事成語)는 맹자와 공손추의 대화에서 유래되었다. 맹자의 제자인 공손추가 물어 말하기를, 선생님께서 제나라의 경상의 직책을 맡으시어 도를 행함을 얻게 되면 비록 이것으로 말미암아 패자나 왕자가 될지라도 조금도 이상할 것이 없으니 이와같이 하면 마음을 움직이겠습니까? 아니 움직이겠습니까(公孫丑問曰, 夫子加齊之卿相 得行道焉 雖由此霸王 不異矣 如此則動心 否乎? 공손축문왈, 부자가제지경상 득행도언 수유차 패왕 불이의 여차칙동심 부호)? 맹자가 답해 말하기를, "아니다. 나는 40부터 마음을 움직이지 아니하였느니라." 공손추가 말하기를, "그렇다면 선생님은 맹분보다 훨씬 더 뛰어나십니다(否 我四十不動心 曰若是則夫子過孟賁 遠矣. 부 아사십부동심 왈약시칙 부자과맹분 원의)." 맹자가 대답해 말하기를 "이것은 어렵지 아니하니 고자도 나보다 먼저 마음을 움직이지 아니했느니라" 공손추가 말하기를 마음을 움직이지 않는 것에 어떤 방법이 있습니까(曰是不難 先我不動心 曰不動心 有道乎? 왈시불난 선 아부동심 왈부동심 유도호)? 맹자가 말하기를, 있느니라. 북궁유라는 사람이 말하기를 용기를 기르는 데 있어서 살을 찔러도 움찔하지 아니하며 눈을 찔러도 깜빡거리지 아니하며 털 끝만큼이라도 남에게 꺾이면 저자나 조정에서 매 맞은 것같이 생각하니 헐렁 헐렁한 솜털옷을 입는 사람에게도 모욕을 받지 아니하며 또한 만승의 임금으 로부터도 멸시를 받지 아니하였다(曰有. 北宮黝之養勇也 不膚撓 不目逃 思 以一毫挫於人 若撻之於市朝 不受於褐寬博 亦不受於萬乘之君. 왈유. 북궁유 지양용야 불부요 불목도 사이일호좌어인 약달지어시조 불수어갈관박 역불 수어만승지군). 맹자는 고자가 이해하지 못하는 말을 억지로 설명하는 것은 소용이 없으며 그가 지언(知言)을 하며 나를 깎아내리는 사실을 알고 있지만, 지금은 호연지 기를 기르고 있다고 답변했다..

유래

"스승님 그렇다면 호연지기(浩然之氣)란 무엇입니까?"

"호연지기는 평온하고 너그러운 화기를 말하며 이는 하늘과 땅 사이에 넘치는 크고 강하고 곧은 것이며, 더 키우면 광대무변한 천지를 꽉 채우는 원기가 된다. 그러나 이 원기는 의와 도를 지키면서 쌓아 올릴 수 있지만 둘 중 하나만 지키지 못해도 모두 잃게 된다."

또한 호연지기(浩然之氣)는 마음에서 잊지 않아야 하지만 결과에 집착하지 않고 억지로 키워서는 안 된다.

고사성어	**238. 홍일점(紅一點)**
한자	紅 붉을 홍, 一 한 일, 點 점 점
의미	하나의 붉은 점. 즉 많은 남자 사이에 여자 한 사람이 있는 것. 원래 '수많은 것 중의 하나의 특색있는 것'을 가리키는 표현이었다.
반의어	**청일점(靑一點):** 많은 여자 사이에 남자 한 사람이 있는 것. 일본에서는 청일점을 흑일점(黑一点)이라 표현한다.
출전	왕안석(王安石)의 영석류시(詠石榴詩)
유래	홍일점(紅一點)은 왕안석의 영석류시에서 유래하였다. 어느 봄날 세상은 온통 파릇파릇 잎이 돋아나 봄빛으로 가득한데 왕안석(王安石)은 길을 따라 걷고 있었다. 그때 주위에 온통 초록 잎으로 가득한 나무에 빨간 꽃 한 송이가 피어 있었다. 빨간 꽃을 보는 순간 왕안석은 마음이 설레어 그 마음을 시로 썼다. 그 시가 바로 '영석류시(詠石榴詩)'인데 여기에 홍일점(紅一點)이라는 말이 등장한다. 홍일점은 '수많은 것 중에 하나의 특색있는 것'을 의미했으나 오늘날은 '많은 남자 사이에 있는 한 여자'를 비유적으로 가리키는 말이 되면서 그에 반대되는 상황으로 청일점(靑一點)이라는 말도 생겨났다. 금일 아침 5월 봄날 한창 맑고 따뜻한데 석류꽃 시 짓느라고 삼매경에 빠졌네 많은 푸른 잎 가운데 빨간 꽃 한 송이 사람 들뜨게 하는 봄의 경치는 그것으로 충분하네. 今朝五月正淸和 금조오월정청화 榴花詩句入禪那 유화시구입선나 萬綠叢中紅一點 만록총중홍일점 動人春色不須多 동인춘색불수다

고사성어	**239. 회벽유죄(懷璧有罪)**
한자	懷 품을 회, 璧 구슬 벽, 有 있을 유, 罪 허물 죄
의미	옥을 가지고 있는 것이 죄가 된다. 즉 분수에 맞지 않는 귀한 물건을 지니고 있으면 훗날 재앙을 부른다.
유의어	①**포벽유죄(抱璧有罪):** 옥을 안고 있는 것이 죄가 된다. ②**회옥유죄(懷玉有罪):** 옥을 품고 있는 것이 죄가 된다.
출전	좌구명(左丘明)의 춘추좌씨전(春秋左氏傳) 환공십년(桓公十年)
유래	춘추시대 우(虞)나라 임금 우공(虞公)의 동생인 우숙(虞叔)에게 아주 값진 명옥(名玉)이 하나 있었다. 흠집도 없고 아름다워 누구나 탐내던 명옥이었는데 형 우공도 욕심이 나서 그 옥을 달라고 했다. 처음에 거절했던 우숙은 얼마 후에 주(周)나라 속담을 생각하고 후회했다. '필부는 죄가 없어도 좋은 옥을 가지고 있으면 그것이 죄가 된다(匹夫無罪 懷璧其罪. 필부무죄 회벽기죄).' 공연히 이런 것을 가지고 있다가 재앙을 당할 필요가 없다며 사람을 시켜 우공에게 구슬을 바쳤다. 얼마 뒤 갖고 있는 보검(寶劍)을 우공이 또 달라고 하자 우숙은 고민했다. 우공의 욕심이 끝이 없는 것을 보니 나중에는 나의 목숨까지 달라고 할지 모른다며 반란을 일으켜 우공을 쳤다. 이 일로 우공은 홍지(洪池)로 도망을 쳤다.

고사성어	**240. 회자정리(會者定離)**
한자	會 모일 회, 者 놈 자, 定 정할 정, 離 떼놓을 리(이)
의미	만난 사람은 반드시 헤어진다. 즉 만나면 언젠가는 헤어지게 된다. 이별의 아쉬움을 나타내는 말이다.
반의어	**거자필반(去者必返):** 떠난 사람은 반드시 돌아온다.
출전	불교 경전 법화경(法華經)
유래	회자정리(會者定離)라는 말은 법화경에 실린 말로 불가(佛家)에서 사람들이 즐겨 쓰면서 유래되었다. 만나면 언젠가는 헤어지기 마련이고, 떠난 사람은 반드시 돌아올 것이며 태어난 사람은 반드시 죽는다(會者定離 去者必返 生者必滅. 회자정리 거자필반 생자필멸).

참고문헌

1. 구인환, 고사성어 따라잡기, 서울:신원문화사, 2002.

2. 동아출판사 편집부, 동아 새 국어사전, 서울:동아출판, 2018.

3. 민중서림편집국, 엣센스 한자사전, 서울:민중서관, 1999.

4. 이희승, 민중 엣센스 국어사전, 서울:민중서림, 1994.

5. 장원방, 고사성어 대백과사전, 서울:삼성서관, 2012.

6. 장삼식, 실용대옥편〈축소판〉, 서울:교학사, 2000.

7. 전관수, 한시어사전, 고양시:국학자료원, 2002.

8. 정원제, 고사성어로 읽는 정사 삼국지, 서울:이로츠, 2022.

좋은 속담과 고사성어

1판 1쇄 발행 2024년 05월 31일

저자 하태완

편집 김다인   **마케팅·지원** 김혜지

펴낸곳 (주)하움출판사   **펴낸이** 문현광

이메일 haum1000@naver.com   **홈페이지** haum.kr
블로그 blog.naver.com/haum1000   **인스타그램** @haum1007

ISBN 979-11-6440-579-4(03700)

좋은 책을 만들겠습니다.
하움출판사는 독자 여러분의 의견에 항상 귀 기울이고 있습니다.
파본은 구입처에서 교환해 드립니다.